애들아, 재미있는 딱지 놀이를 해 보자! 굿 잡!

이건 보통 딱지가 아니야. 영어 단어를 확실하게 외울 수 있는 스페셜 딱지란다. 이 딱지들을 결합하면 영어 문장까지 자유롭게 만들 수 있지. 앞으로 영어를 지키는 예스잉글리시단 단원이 되려면 이 딱지가 큰 도움이 될 테니깐 이 딱지는 무조건 다 모은다, 실시!

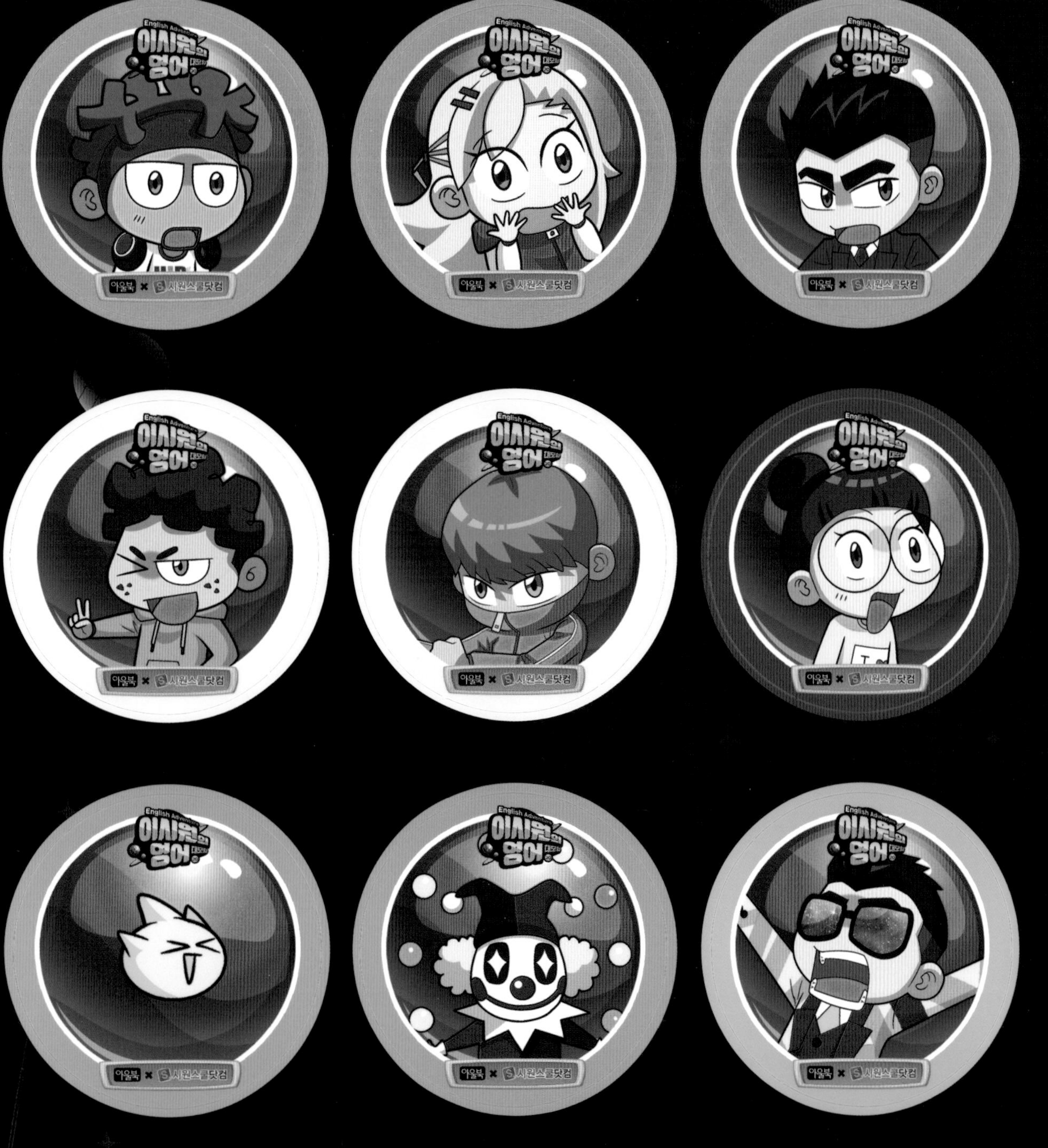
English Adventure
이시원의 영어 대모험
아울북 × 시원스쿨닷컴

English Adventure 이시원의 영어 대모험 20

코드네임 영어 딱지

자율안전확인신고필증번호
CB061H088-9007
품목 완구
모델명 코드 네임 영어 딱지
신고기관명 한국건설생활환경시험연구원
신고일 2019년 12월 30일

품질경영 및 공산품안전관리법에 의한 표시

품명 코드 네임 영어 딱지 **제조자명** ㈜북이십일
주소 경기도 파주시 회동길 201(문발동)
전화번호 031-955-2100 **제조연월** 2023년 7월
제조국명 대한민국 **사용연령** 3세 이상
주의사항 3세 미만 영·유아는 보호자의 지도가 필요합니다.

공격력 ★ 2111
방어력 ★ 1595
couple
[ˈkʌpl]
명사 두 사람

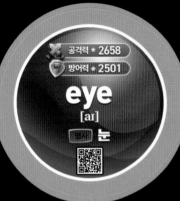

공격력 ★ 2658
방어력 ★ 2501
eye
[aɪ]
명사 눈

공격력 ★ 2635
방어력 ★ 2908
man
[mæn]
명사 남자

공격력 ★ 2344
방어력 ★ 1318
against
[əˈgeɪnst]
전치사 ~에 반대하여

공격력 ★ 1976
방어력 ★ 3588
alone
[əˈloʊn]
부사 혼자

공격력 ★ 1337
방어력 ★ 1541
however
[haʊˈevə(r)]
부사 하지만

공격력 ★ 2709
방어력 ★ 1419
If
[ɪf]
접속사 만약 ~면

공격력 ★ 1752
방어력 ★ 3072
would
[wʊd]
동사 ~일[할] 것이다

공격력 ★ 931
방어력 ★ 3808
cry
[kraɪ]
동사 울다

아울북 × 시원스쿨닷컴

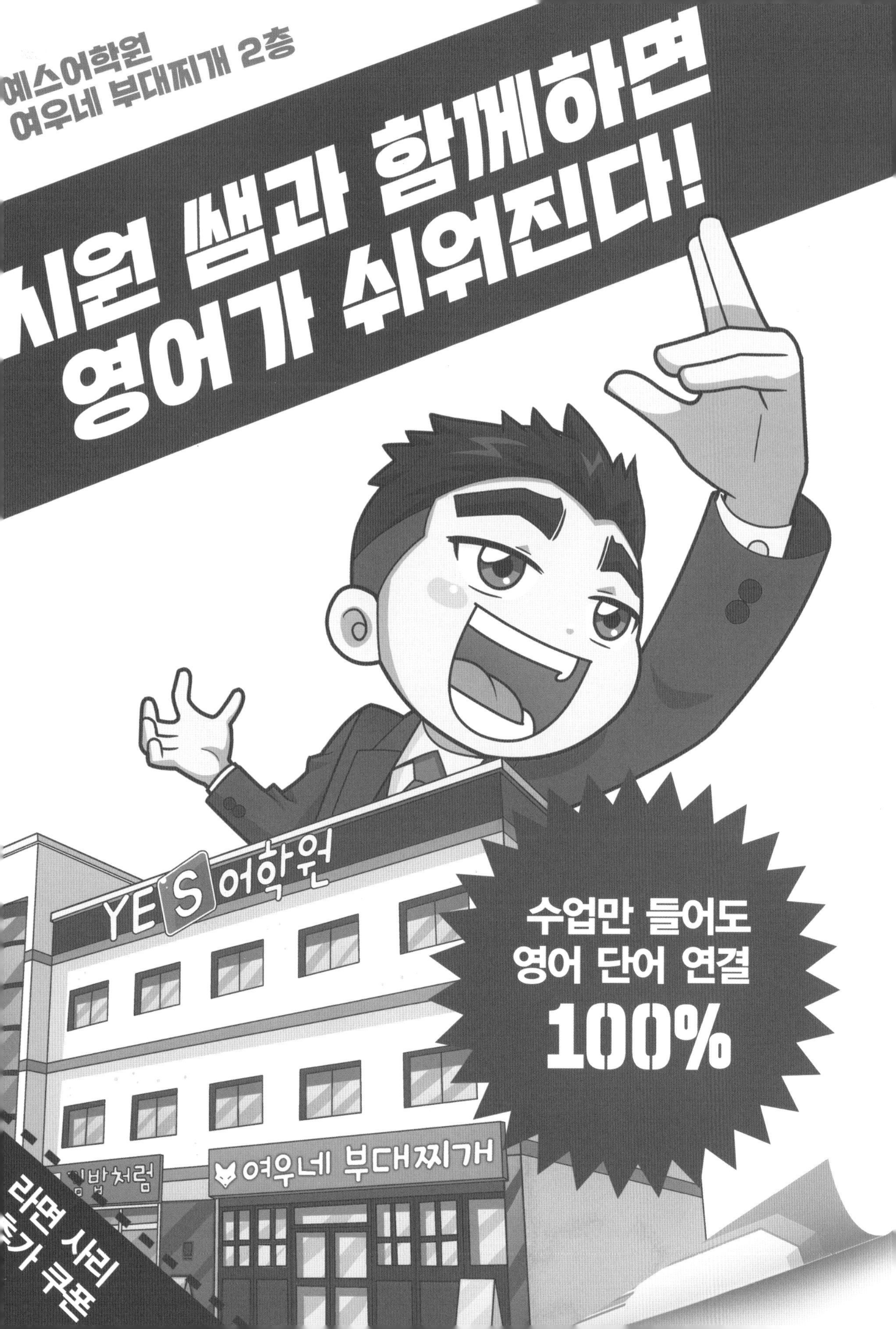

예스어학원
여우네 부대찌개 2층
시원 쌤과 함께하면
영어가 쉬워진다!
YES 어학원
수업만 들어도
영어 단어 연결
100%
여우네 부대찌개
라면 사리

예스잉글리시
신입 단원 모집

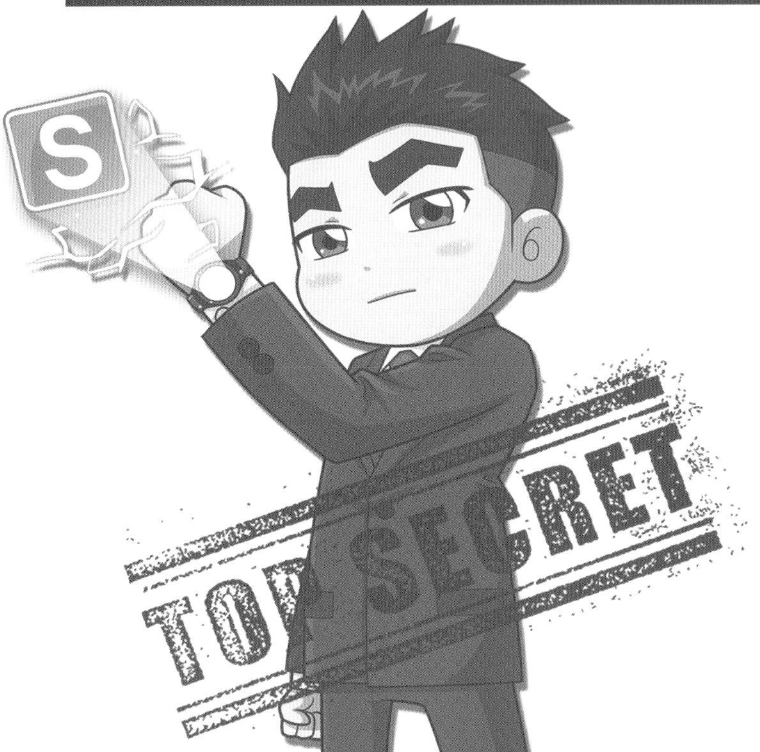
S
TOP SECRET

코드 네임 : 에스원 요원과
영어 유니버스를 구하라!

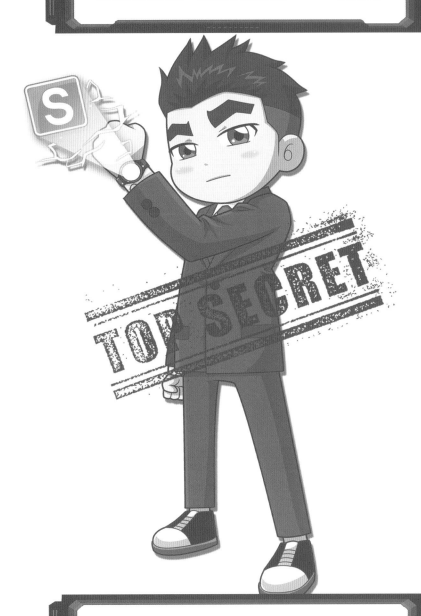

English Adventure

이시원의 영어 대모험

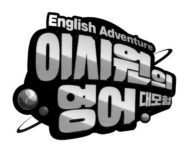

일러두기

이 책의 만화에 나오는 영어 문장 중 일부는 이야기의 자연스러운 이해를 위해 의역했습니다.
그 외의 영어 문장은 학습적인 이해를 돕기 위해 직역했습니다.

이시원의 영어 대모험 ⑳
가정법

기획 시원스쿨 | **글** 박시연 | **그림** 이태영

1판 1쇄 인쇄 | 2023년 7월 13일
1판 1쇄 발행 | 2023년 7월 25일

펴낸이 | 김영곤
이사 | 은지영
키즈스토리본부장 | 김지은
키즈스토리2팀장 | 윤지윤 **기획개발** | 강혜인 최지수
아동마케팅영업본부장 | 변유경
아동마케팅1팀 | 김영남 황혜선 이규림 정성은
아동마케팅2팀 | 임동렬 이해림 최윤아 손용우
아동영업팀 | 강경남 오은희 김규희 황성진
디자인 | 임민지

펴낸곳 | (주)북이십일 아울북
등록번호 | 제406-2003-061호
등록일자 | 2000년 5월 6일
주소 | 경기도 파주시 회동길 201(문발동) (우 10881)
전화 | 031-955-2155(기획개발), 031-955-2100(마케팅·영업·독자문의)
브랜드 사업 문의 | license21@book21.co.kr
팩시밀리 | 031-955-2177
홈페이지 | www.book21.com

ISBN 978-89-509-8511-0
ISBN 978-89-509-8491-5(세트)

- 잘못 만들어진 책은 **구입하신 서점**에서 교환해 드립니다.
- 가격은 책 뒤표지에 있습니다.

⚠ 주의 1. 책 모서리가 날카로워 다칠 수 있으니 사람을 향해 던지거나 떨어뜨리지 마십시오.
2. 보관 시 직사광선이나 습기 찬 곳을 피해 주십시오.

- **제조자명** : (주)북이십일
- **주소 및 전화번호** : 경기도 파주시 회동길 201(문발동) / 031-955-2100
- **제조연월** : 2023.7.25
- **제조국명** : 대한민국
- **사용연령** : 3세 이상 어린이 제품

만 화 로 시 작 하 는 이 시 원 표 초 등 영 어

English Adventure 이시원의 영어 대모험 20

기획 **시원스쿨**
글 **박시연**
그림 **이태영**

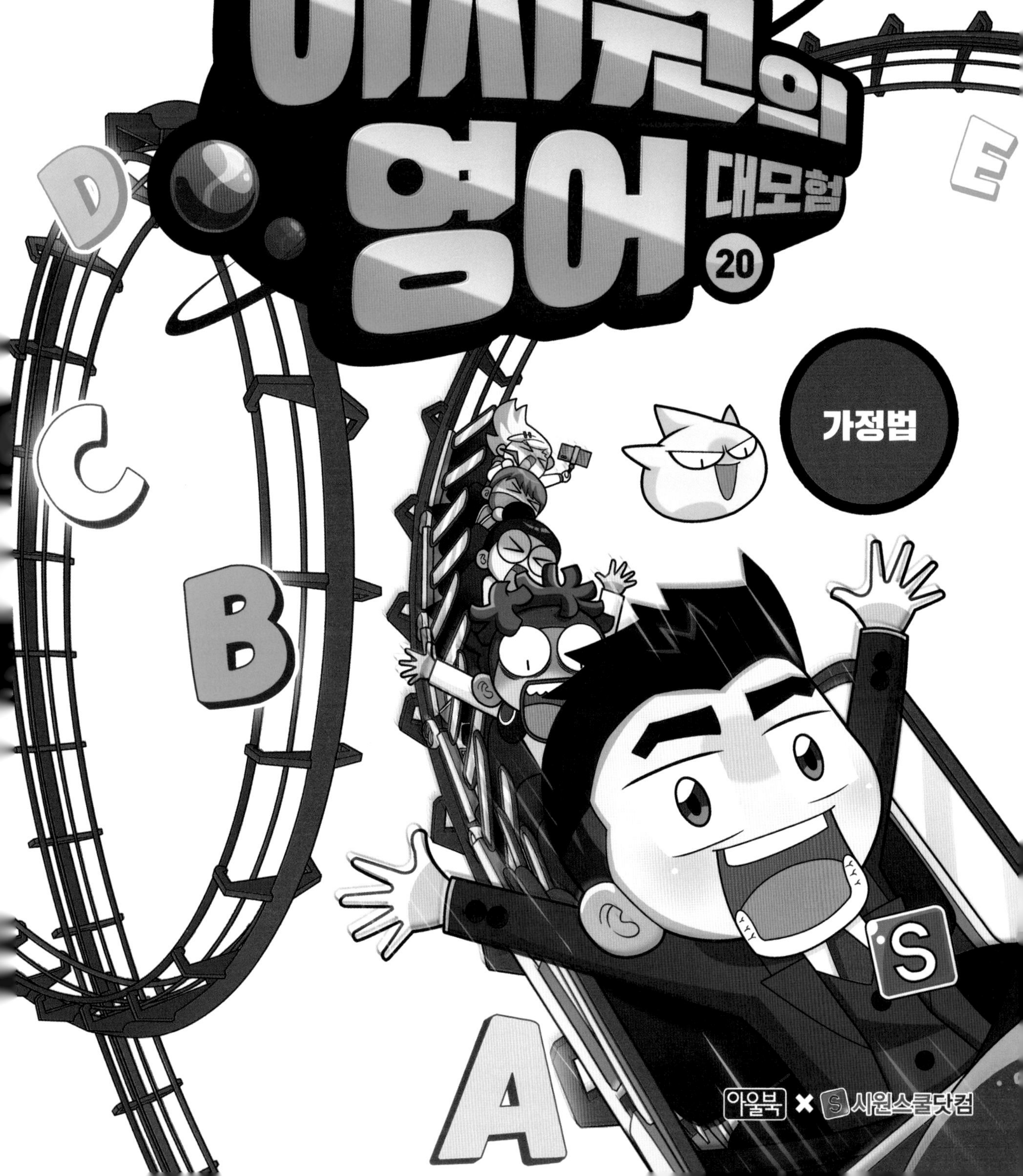

가정법

아울북 × 시원스쿨닷컴

작가의 말

안녕하세요? 시원스쿨 대표 강사 이시원 선생님이에요. 여러분은 영어를 좋아하나요? 아니면 영어가 어렵고 두려운가요? 혹시 영어만 생각하면 속이 울렁거리고 머리가 아프진 않나요? 만약 그렇다면 지금부터 선생님이 영어와 친해지는 방법을 가르쳐 줄게요.

하나, 지금까지 배운 방식과 지식을 모두 지워요!

보기만 해도 스트레스를 받고, 나를 힘들게 만드는 영어는 이제 잊어버려요. 선생님과 함께 새로운 마음으로 영어를 다시 시작해 봐요.

둘, 하나를 배우더라도 정확하게 습득해 나가요!

눈으로만 배우고 지나가는 영어는 급할 때 절대로 입에서 나오지 않아요. 하나를 배우더라도 완벽하게 습득해야 어디서든 자신 있게 영어로 말할 수 있어요.

셋, 생활 속에서 자주 쓰이는 표현을 배워요!

우리 생활에서 쓸 일이 별로 없는 단어를 오래 기억할 수 있을까요? 자주 사용하는 단어 위주로 영어를 배워야 쓰기도 쉽고 잊어버리지도 않겠죠? 자연스럽게 영어가 튀어나올 수 있도록 여러 번 말하고, 써 보면서 잊지 않게 하는 것이 중요해요.

이 세 가지만 지키면 어느새 영어가 정말 쉽고, 재밌게 느껴질 거예요. 그리고 이 세 가지를 충족시키는 힘이 바로 이 책에 숨어 있어요. 여러분이 〈이시원의 영어 대모험〉을 읽는 것만으로도 최소한 영어 한 문장을 습득할 수 있어요.

단어와 단어를 연결하는 방법도 자연스럽게 익히게 될 거예요. 게다가 영어에 관련된 흥미로운 이야기들을 알게 되면 영어가 좀 더 친숙하고 재미있게 다가올 거라 믿어요!

자, 그럼 만화 속 '시원 쌤'과 신나는 영어 훈련을 하면서 모두 함께 영어의 세계로 떠나 볼까요?

시원스쿨 기초영어 대표 강사 **이시원**

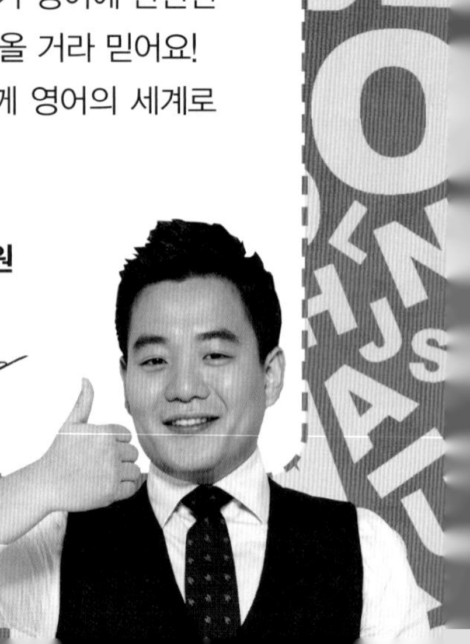

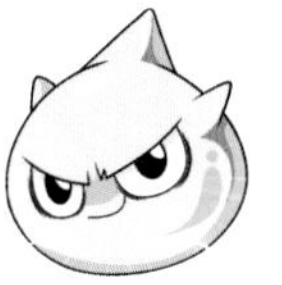

영어와 친해지는 영어학습만화

영어는 이 자리에 오기까지 수많은 경쟁과 위험을 물리쳤답니다. 영어에는 다른 언어와 부딪치고 합쳐지며 발전해 나간 강력한 힘이 숨겨져 있어요. 섬나라인 영국 땅에서 시작된 이 언어가 어느 나라에서든 통하는 세계 공용어가 되기까지는 마치 멋진 히어로의 성장 과정처럼 드라마틱하고 매력적인 모험담이 있었답니다. 이 모험담을 듣게 되는 것만으로도 우리 어린이들은 영어를 좀 더 좋아하게 될지도 몰라요.

영어는 이렇듯 강력하고 매력적인 언어지만 친해지기는 쉽지 않아요. 우리 어린이들에게 영어는 어렵고 힘든 시험 문제를 연상시키지요. 영어를 잘하면 장점이 많다는 것은 알지만 영어를 공부하는 과정은 어렵고 힘들어요. 이 책에서 시원 쌤은 우리 어린이 주인공들과 영어 유니버스라는 새로운 세계로 신나는 모험을 떠난답니다.

여러분도 엄청난 비밀을 지닌 시원 쌤과 미지의 영어 유니버스로 모험을 떠나 보지 않을래요? 영어 유니버스의 어디에선가 영어를 좋아하게 된 자신의 모습을 발견하게 될지도 몰라요.

글 작가 **박시연**

영어의 세계에 빠져드는 만화

영어 공부를 시작하는 어린이들은 모두 자기만의 목표를 가지고 있을 거예요. 영어를 잘해서 선생님께 칭찬받는 모습부터 외국 친구들과 자유롭게 영어로 소통하는 모습, 세계적인 유명인이 되어서 영어로 멋지게 인터뷰하는 꿈까지도요.

이 책에서는 어린이들이 공감할 수 있도록 영어를 배우며 느끼는 기분, 상상한 모습들을 귀엽고 발랄한 만화로 표현했어요. 이 책을 손에 든 어린이들은 만화 속 인물들에게 무한히 공감하며 이야기에 빠져들 수 있을 거예요. 마치 내가 시원 쌤과 함께 멋진 모험을 떠나는 것 같은 기분을 느낄 수 있도록요.

보는 재미와 읽는 재미를 함께 느낄 수 있는 만화를 통해 영어의 재미도 발견하기를 바라요!

그림 작가 **이태영**

차례

Good job!

예스어학원 수업 시간 · 124

등장인물

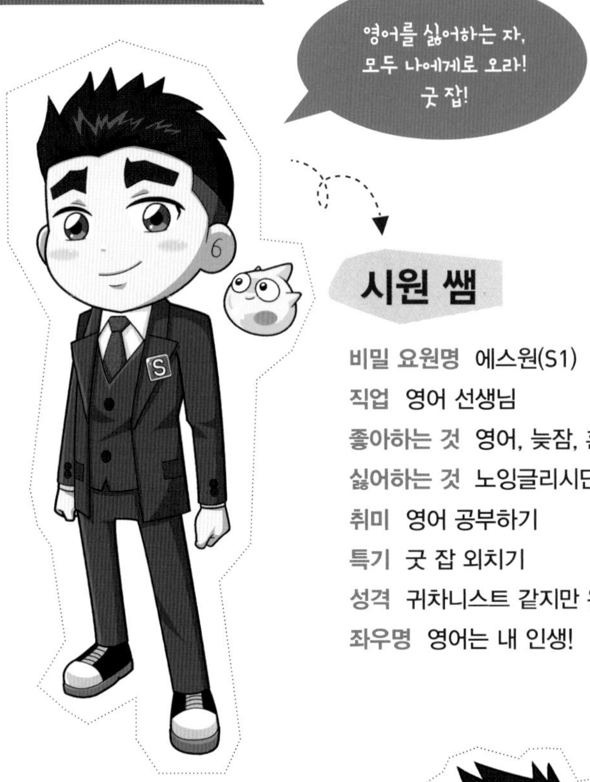
영어를 싫어하는 자,
모두 나에게로 오라!
굿 잡!

시원 쌤

비밀 요원명 에스원(S1)
직업 영어 선생님
좋아하는 것 영어, 늦잠, 훈련
싫어하는 것 노잉글리시단
취미 영어 공부하기
특기 굿 잡 외치기
성격 귀차니스트 같지만 완벽주의자
좌우명 영어는 내 인생!

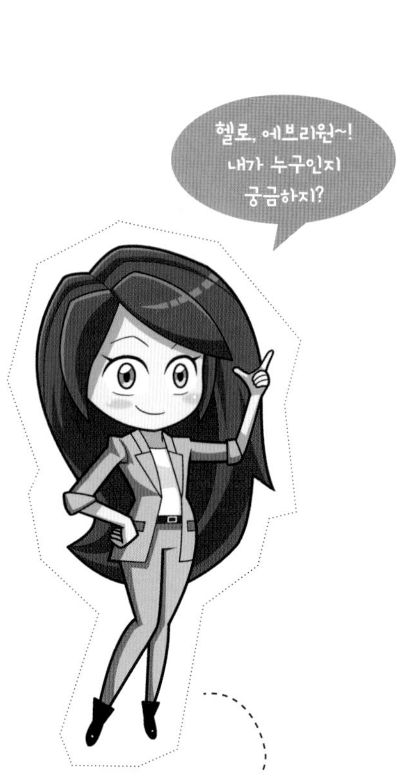
헬로, 에브리원~!
내가 누구인지
궁금하지?

줄리 쌤

비밀 요원명 제이원(J1)
특기 변장하기

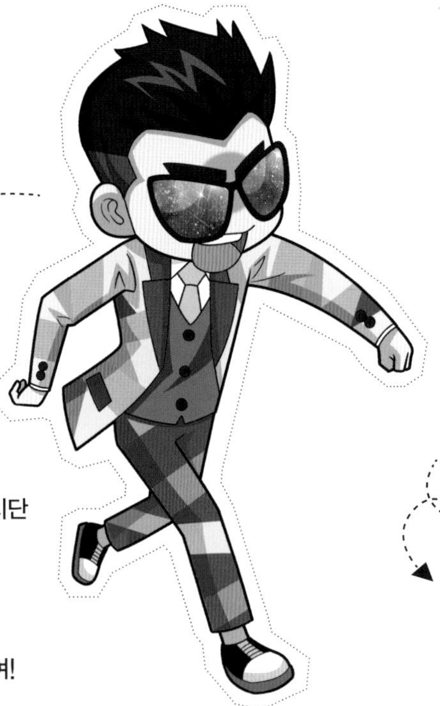

미스터 보스

직업 노잉글리시단 보스
좋아하는 것 지령서 쓰기
싫어하는 것 영어, 예스잉글리시단
취미 선글라스 모으기
특기 게임하기
성격 비밀제일주의
좌우명 영어 없는 세상을 위하여!

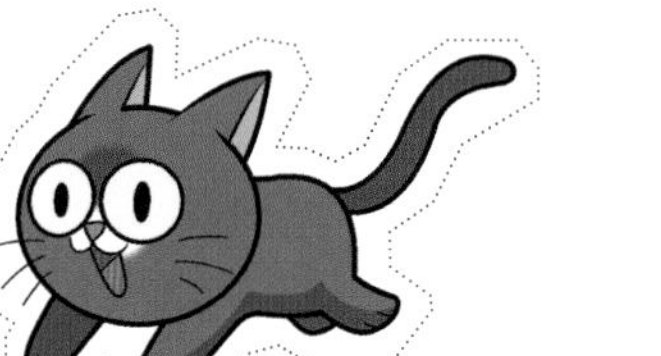

타이거

좋아하는 것 미스터 보스
싫어하는 것 예스잉글리시단

내 방송
꼭 구독 눌러 줘!

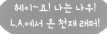
헤이~요! 나는 나우!
L.A.에서 온 천재 래퍼!

...

영어를 열심히 공부해서
훌륭한 우주인이 될래!

루시

좋아하는 것 너튜브 방송
싫어하는 것 나우, 우쭐대기
좌우명 일단 찍고 보자!

나우

좋아하는 것 랩, 힙합
싫어하는 것 혼자 놀기
좌우명 인생은 오로지 힙합!

후

좋아하는 것 축구
싫어하는 것 말하기
좌우명 침묵은 금이다!

리아

좋아하는 것 동물, 우주
싫어하는 것 빅캣 타임
좌우명 최선을 다하자!

롤

규칙 유니버스를
지켜야 해!

인형들

모든 것은 규칙이 우선~♪
승자만이 남는 규칙의 세계~♬

Chapter 1

노잉글리시단의 비밀 본부

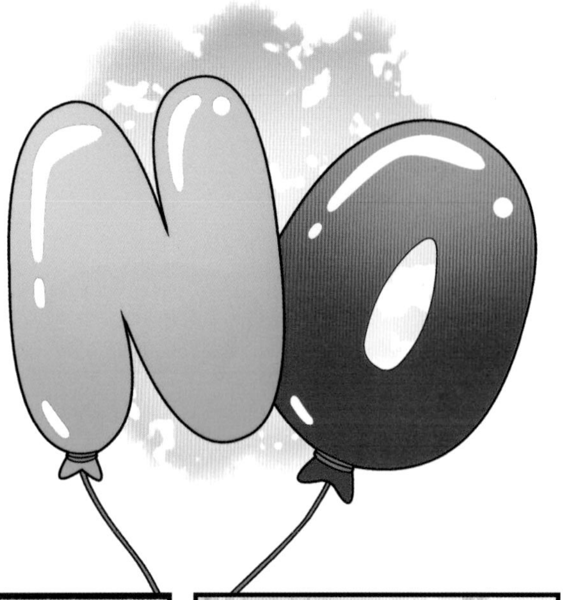
NO

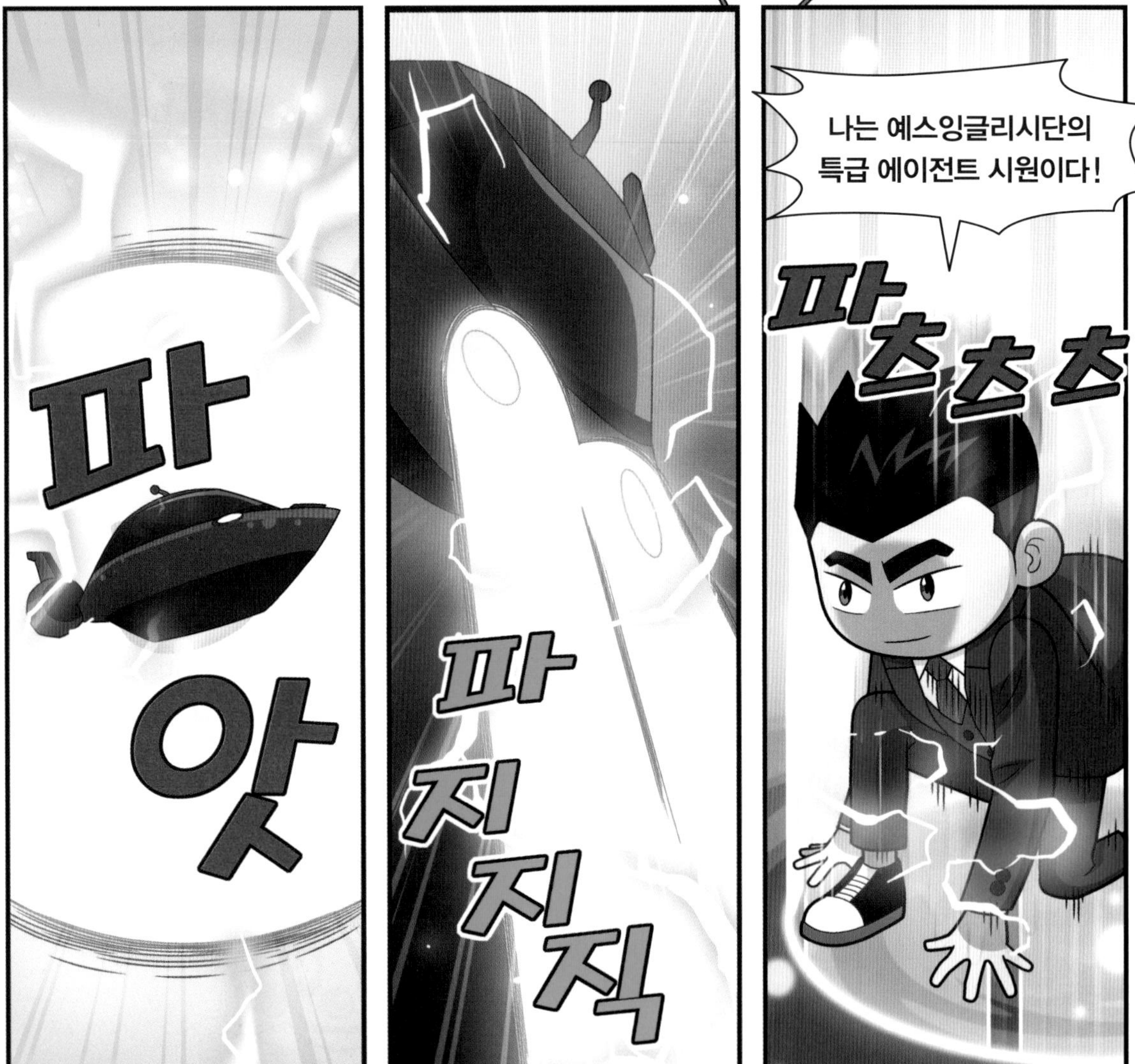
파앗
파지지직
나는 예스잉글리시단의 특급 에이전트 시원이다!
파츠츠츠

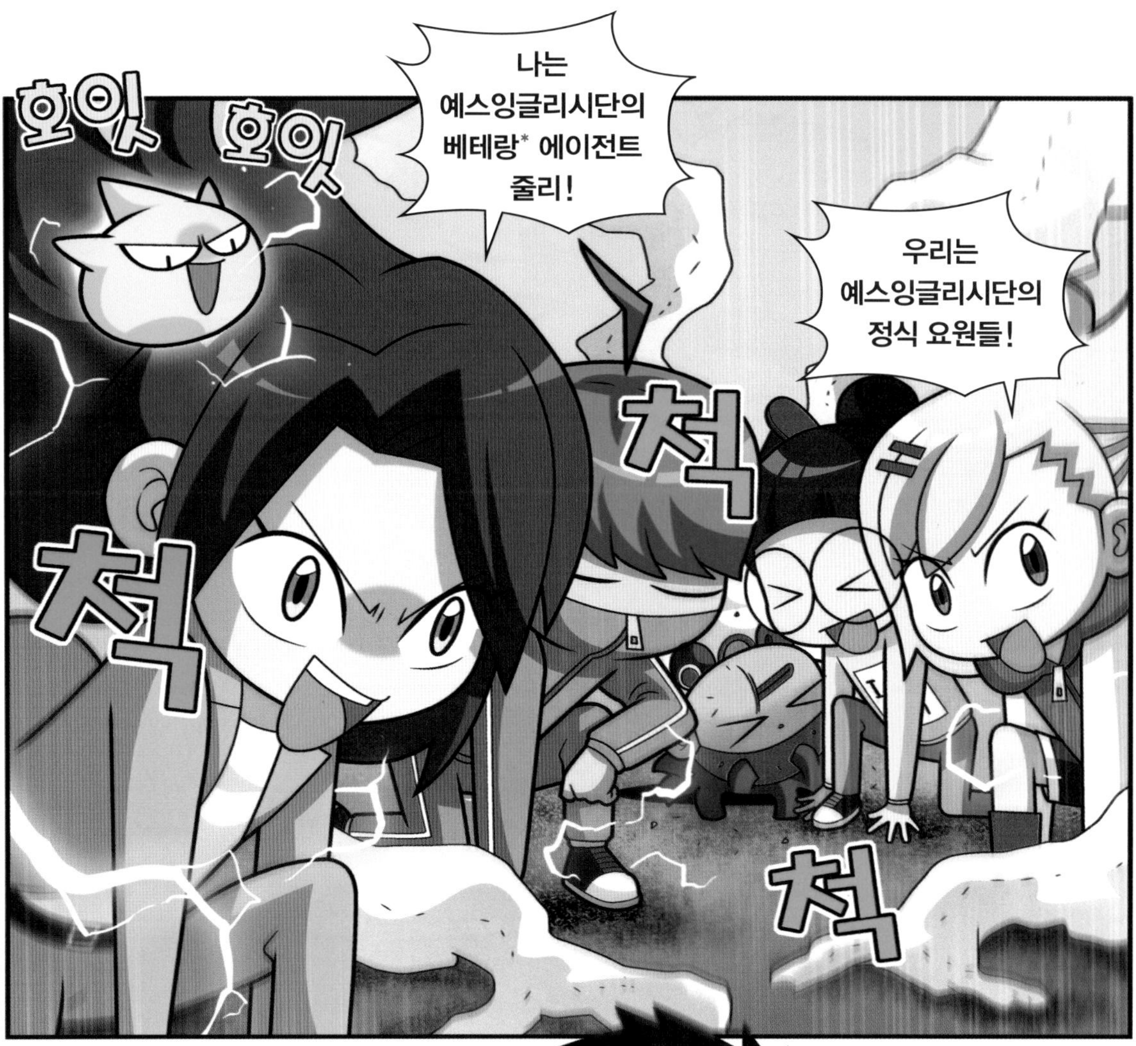
호잇 호잇
나는 예스잉글리시단의 베테랑* 에이전트 줄리!
우리는 예스잉글리시단의 정식 요원들!
척
척
척

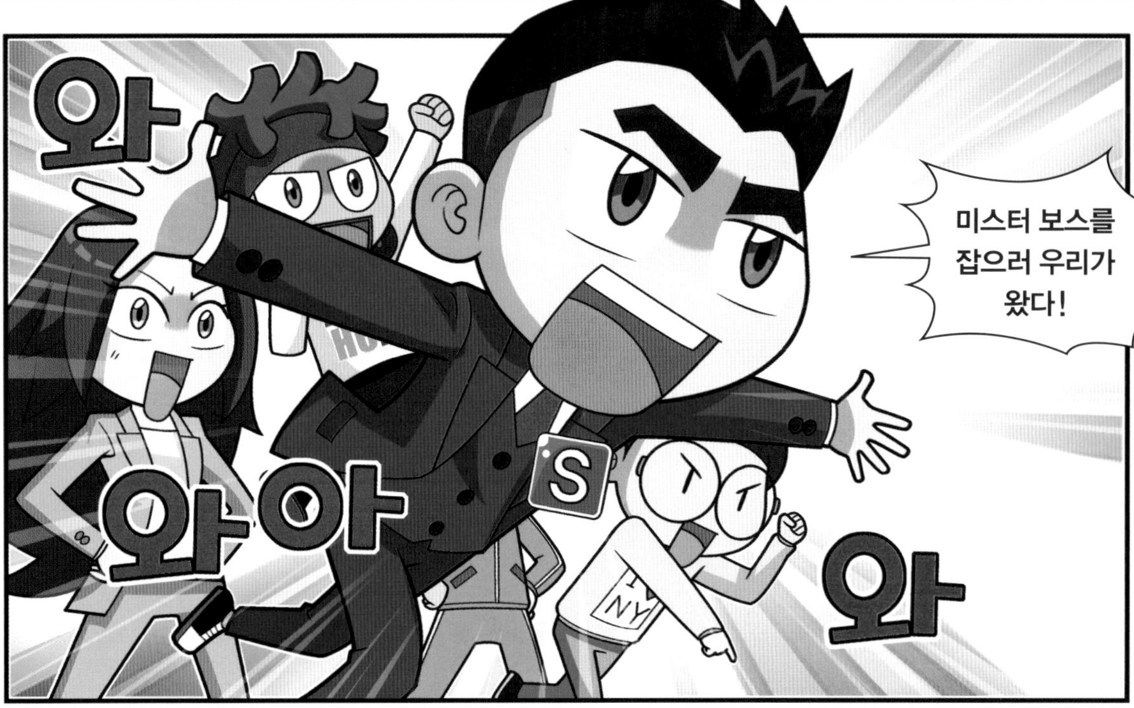
와
미스터 보스를 잡으러 우리가 왔다!
와아아
S
와

* veteran['vetərən]: 전문가.

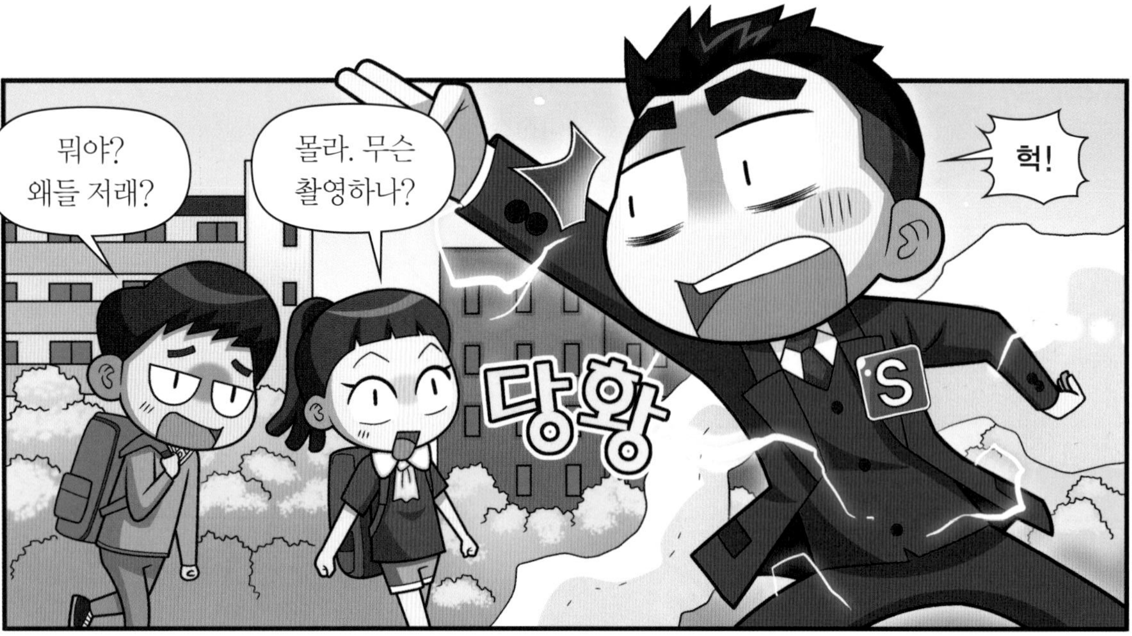
뭐야?
왜들 저래?
몰라. 무슨
촬영하나?
헉!
당황

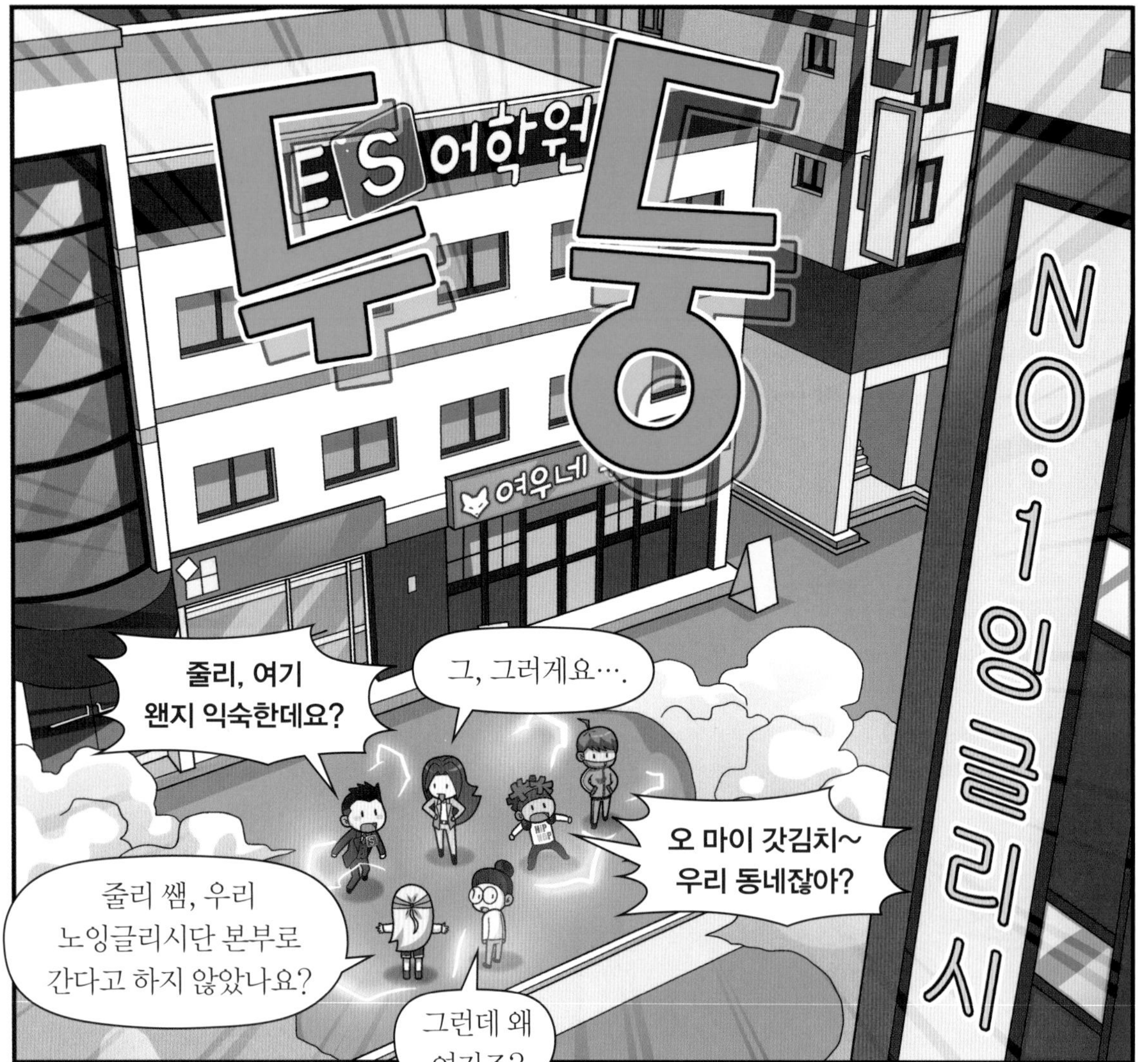
두둥
S 어학원
여우네
NO.1 잉글리시
줄리, 여기
왠지 익숙한데요?
그, 그러게요….
오 마이 갓김치~
우리 동네잖아?
줄리 쌤, 우리
노잉글리시단 본부로
간다고 하지 않았나요?
그런데 왜
여기죠?

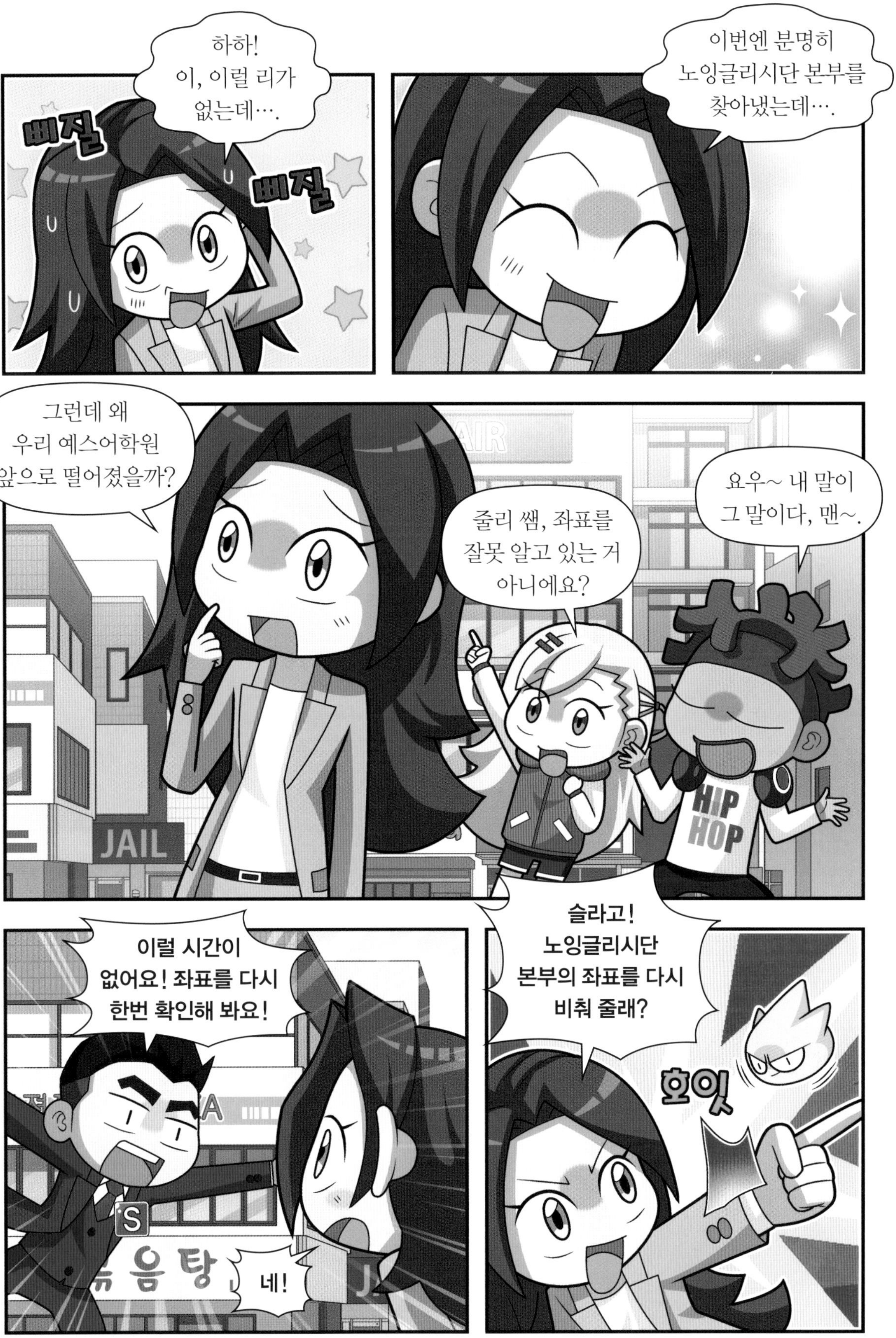
하하!
이, 이럴 리가
없는데….
삐질
삐질
이번엔 분명히
노잉글리시단 본부를
찾아냈는데….
그런데 왜
우리 예스어학원
앞으로 떨어졌을까?
줄리 쌤, 좌표를
잘못 알고 있는 거
아니에요?
요우~ 내 말이
그 말이다, 맨~.
AIR
JAIL
HIP
HOP
이럴 시간이
없어요! 좌표를 다시
한번 확인해 봐요!
네!
슬라고!
노잉글리시단
본부의 좌표를 다시
비춰 줄래?
호잇

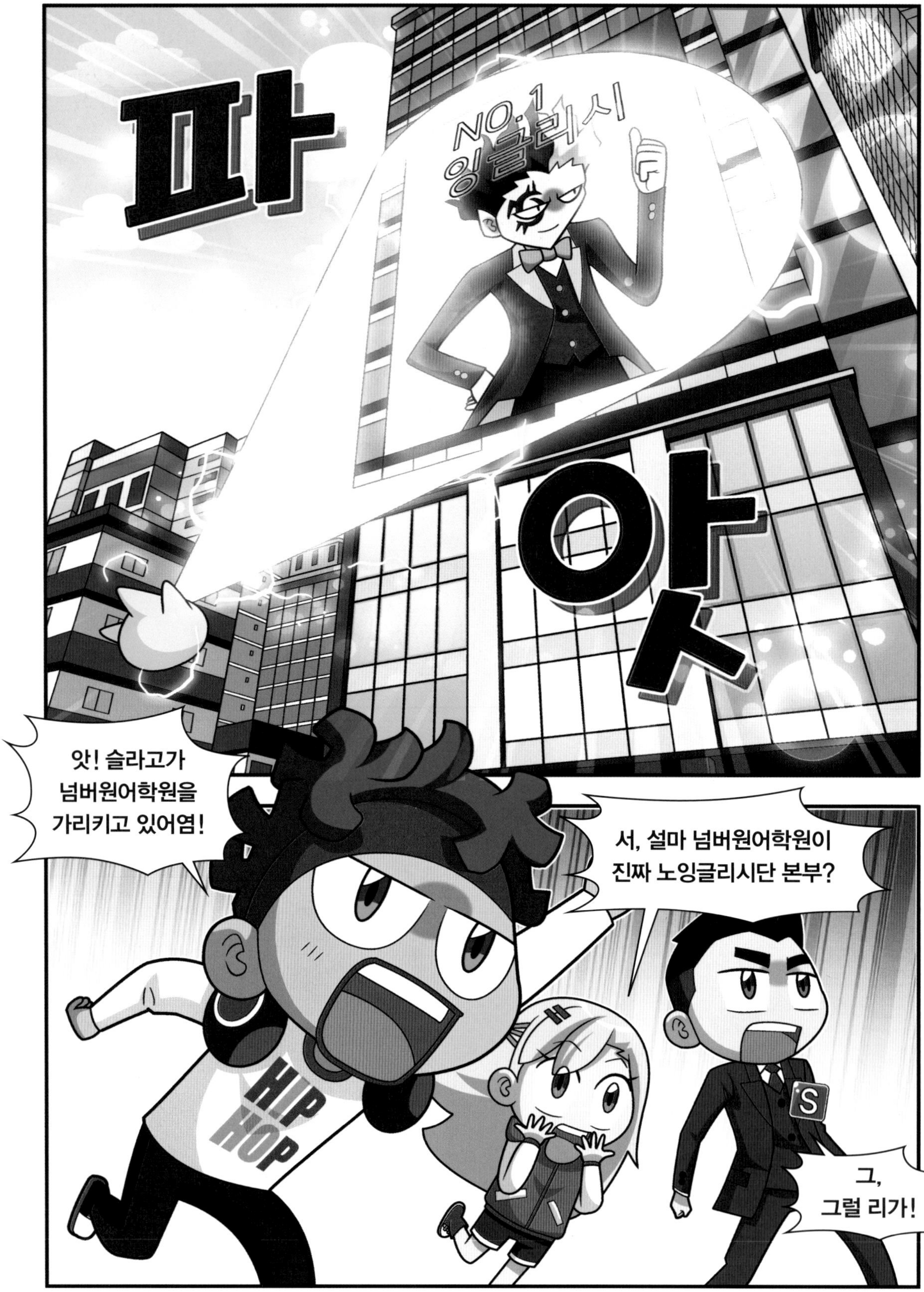

파
NO.1 잉글리시
아
앗! 슬라고가 넘버원어학원을 가리키고 있어염!
서, 설마 넘버원어학원이 진짜 노잉글리시단 본부?
HIP HOP
그, 그럴 리가!

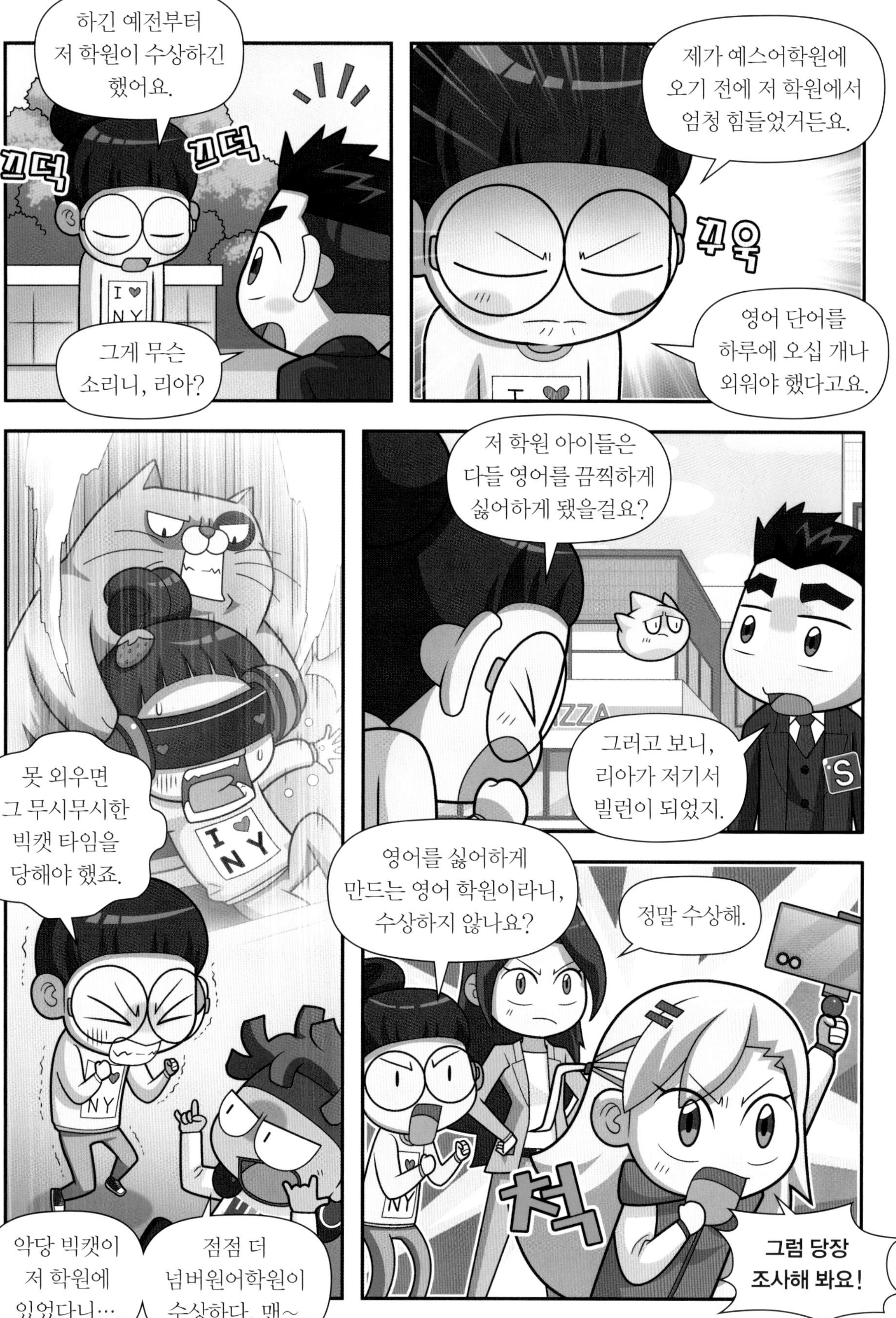

하긴 예전부터 저 학원이 수상하긴 했어요.
끄덕
끄덕
그게 무슨 소리니, 리아?
제가 예스어학원에 오기 전에 저 학원에서 엄청 힘들었거든요.
꾸욱
영어 단어를 하루에 오십 개나 외워야 했다고요.
못 외우면 그 무시무시한 빅캣 타임을 당해야 했죠.
악당 빅캣이 저 학원에 있었다니….
점점 더 넘버원어학원이 수상하다, 맨~.
저 학원 아이들은 다들 영어를 끔찍하게 싫어하게 됐을걸요?
그러고 보니, 리아가 저기서 빌런이 되었지.
영어를 싫어하게 만드는 영어 학원이라니, 수상하지 않나요?
정말 수상해.
척
그럼 당장 조사해 봐요!

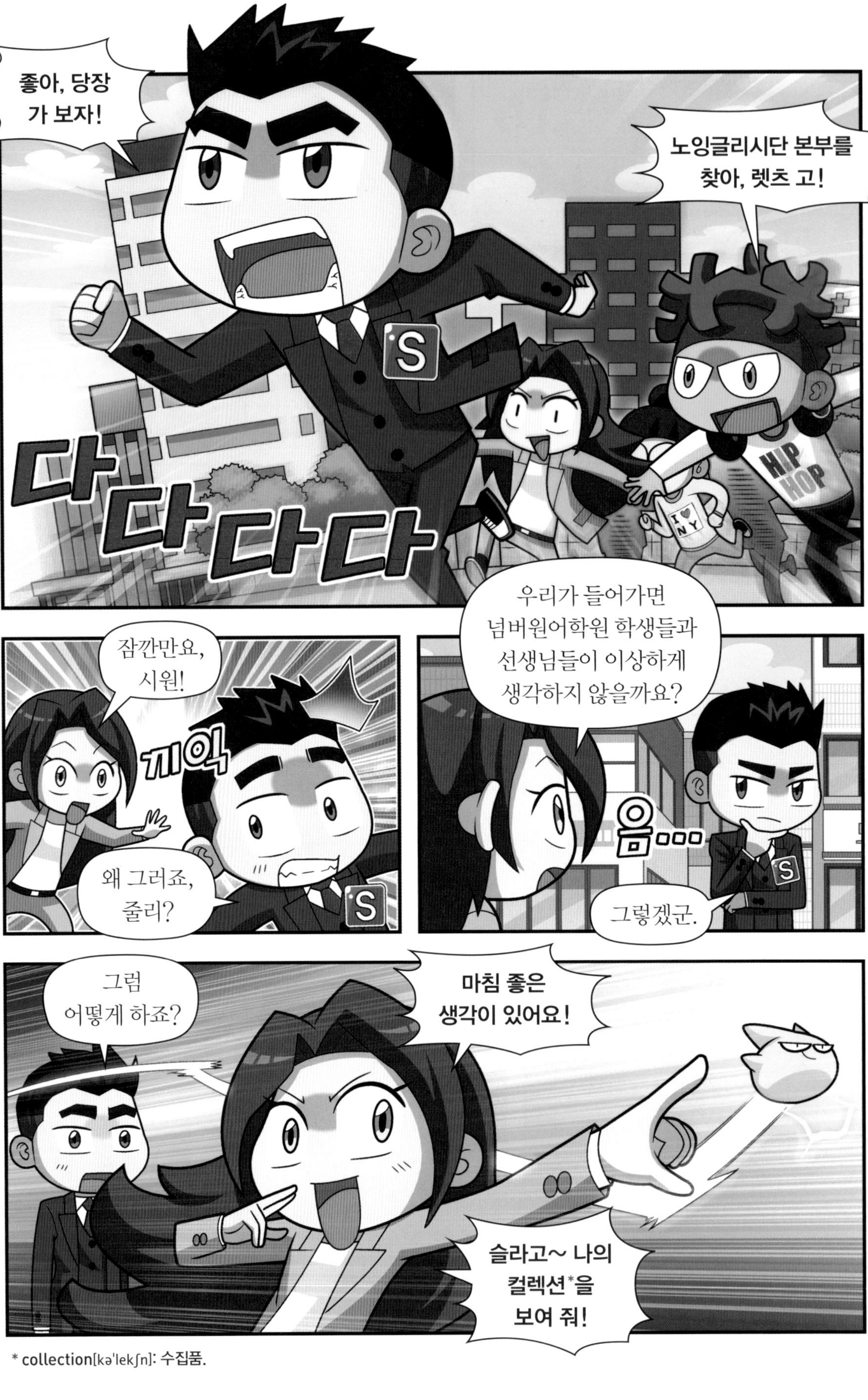
좋아, 당장 가 보자!
노잉글리시단 본부를 찾아, 렛츠 고!
다다다다다
잠깐만요, 시원!
끼익
왜 그러죠, 줄리?
우리가 들어가면 넘버원어학원 학생들과 선생님들이 이상하게 생각하지 않을까요?
음...
그렇겠군.
그럼 어떻게 하죠?
마침 좋은 생각이 있어요!
슬라고~ 나의 컬렉션*을 보여 줘!

* collection[kə'lekʃn]: 수집품.

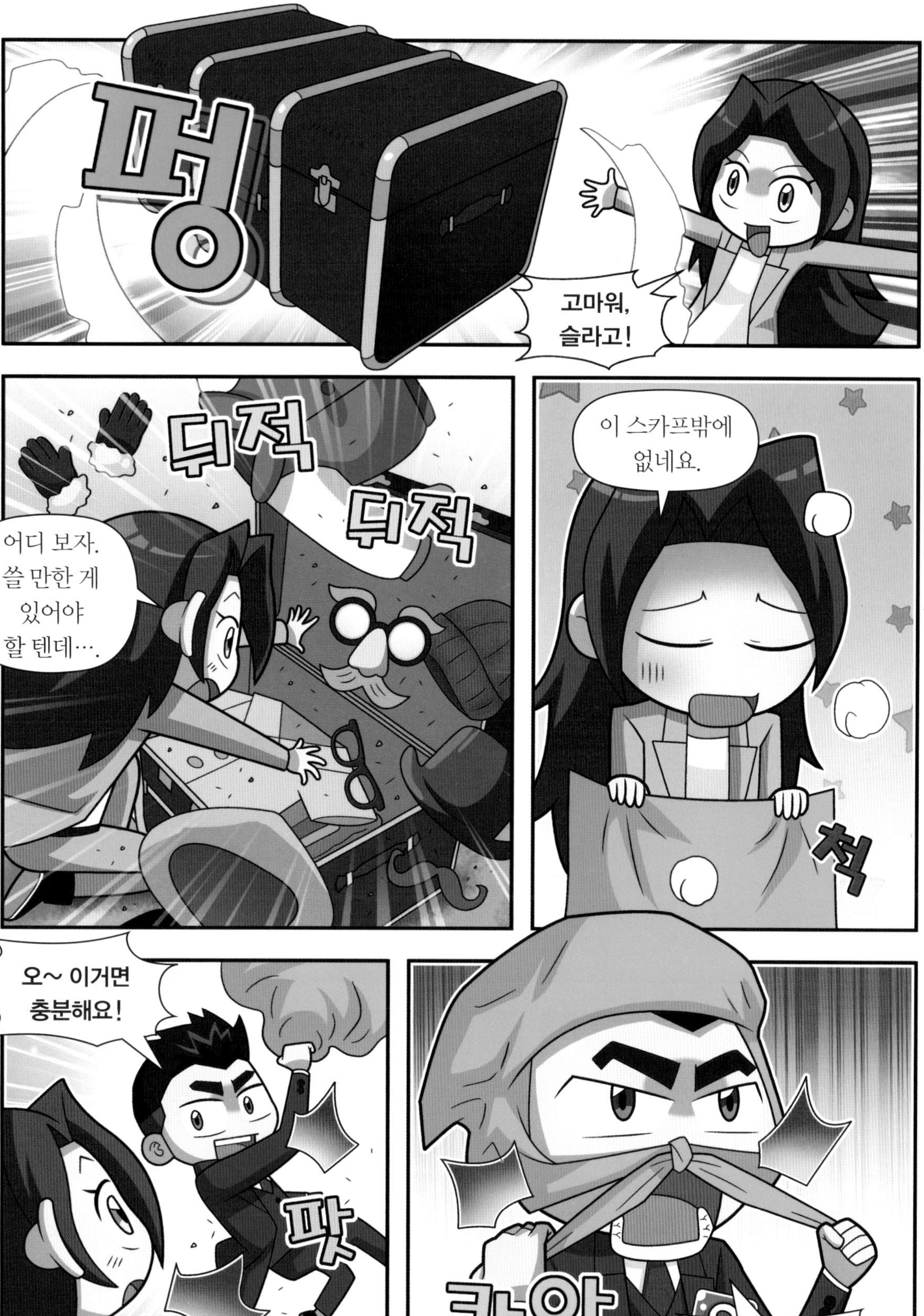

펑
고마워,
슬라고!
뒤적
뒤적
어디 보자.
쓸 만한 게
있어야
할 텐데….
이 스카프밖에
없네요.
척
오~ 이거면
충분해요!
팟
콰악
요원들! 모두
스카프로 변신 실시!

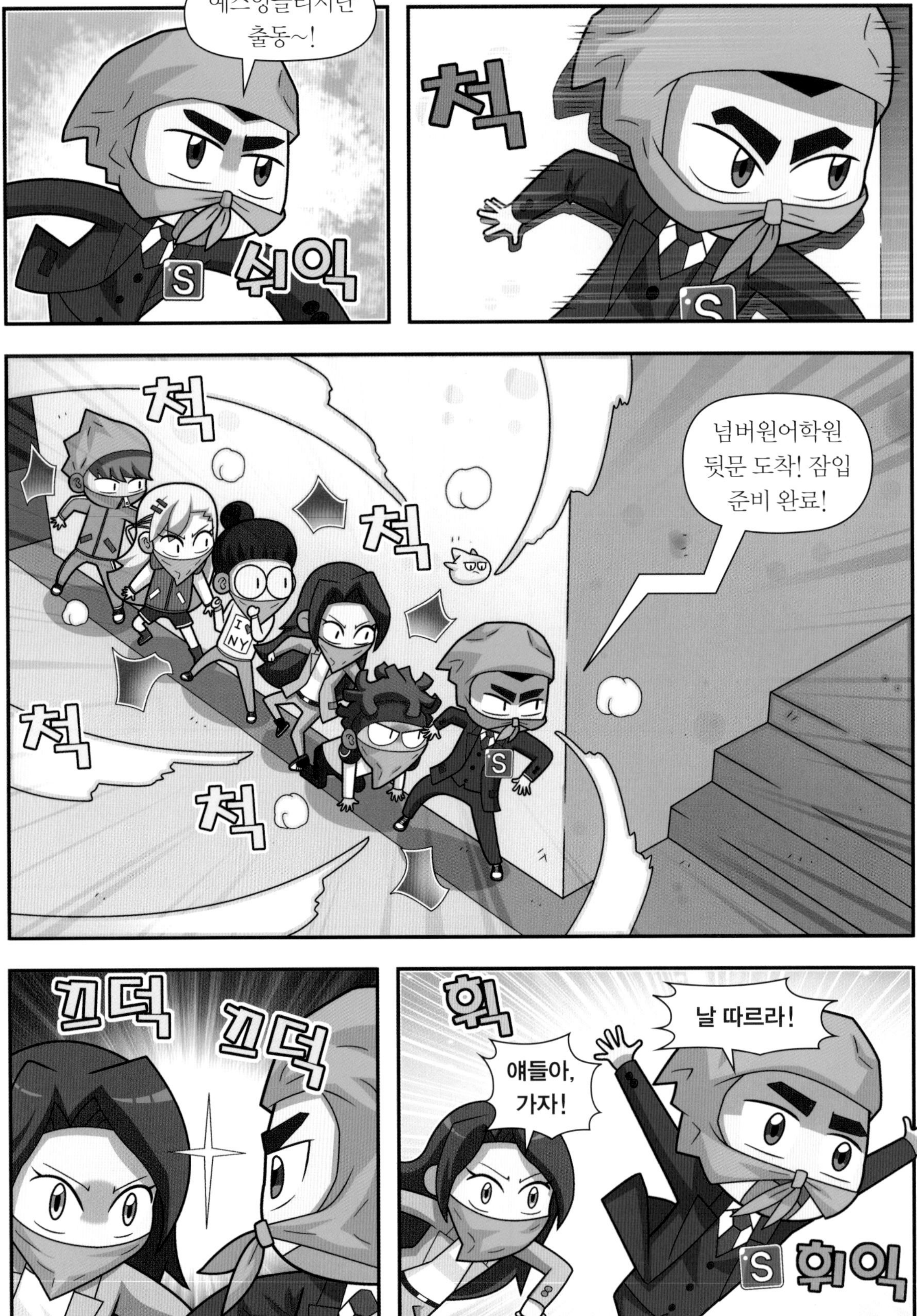
예스잉글리시단
출동~!
쉬익
척
척
척
척
척
넘버원어학원
뒷문 도착! 잠입
준비 완료!
끄덕
끄덕
휙
날 따르라!
얘들아,
가자!
휘익

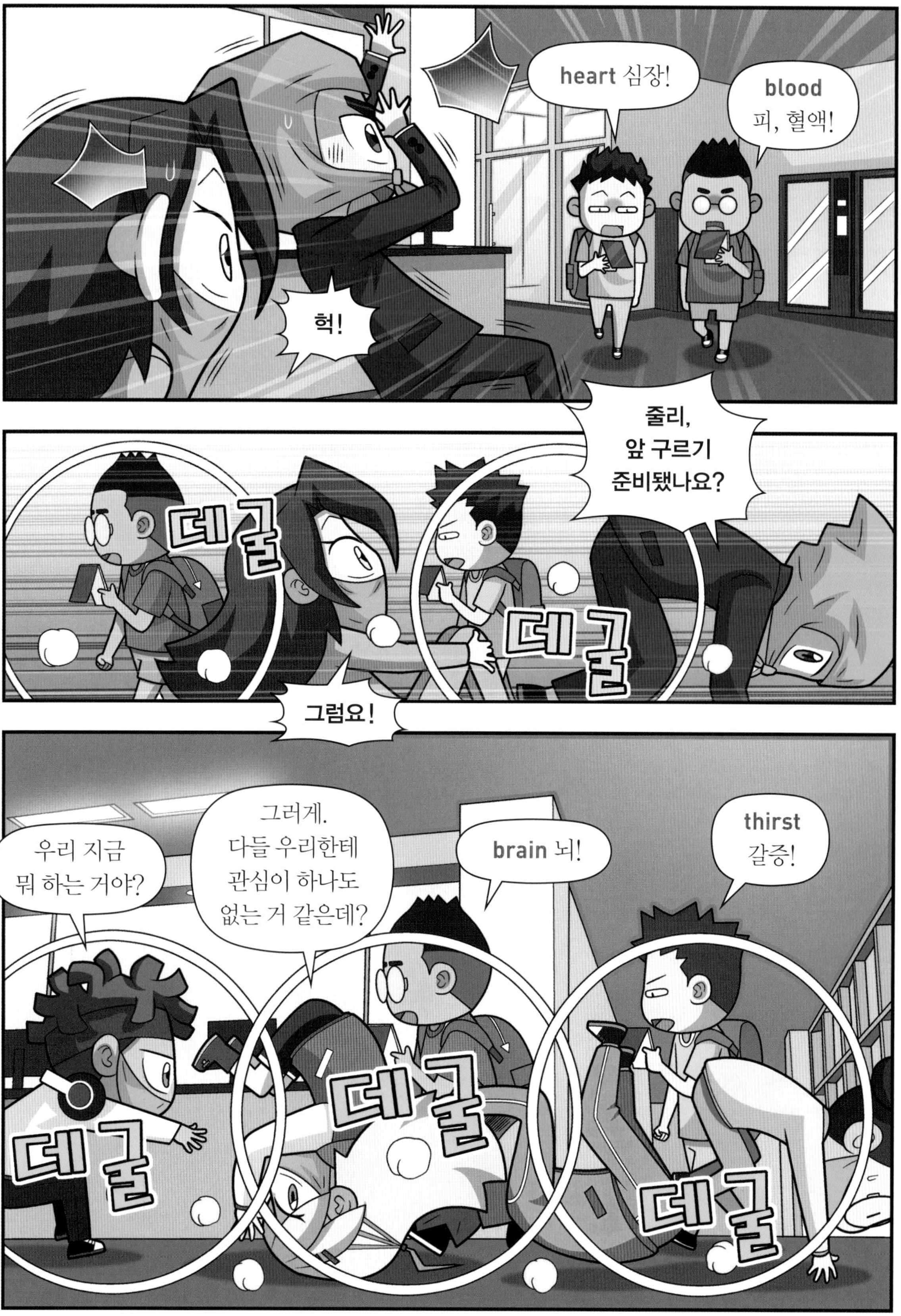
heart 심장!
blood 피, 혈액!
헉!
줄리, 앞 구르기 준비됐나요?
데굴
데굴
그럼요!
우리 지금 뭐 하는 거야?
그러게. 다들 우리한테 관심이 하나도 없는 거 같은데?
brain 뇌!
thirst 갈증!
데굴
데굴
데굴

* 분홍색 단어의 발음이 궁금하다면 127쪽을 펼쳐 보세요.

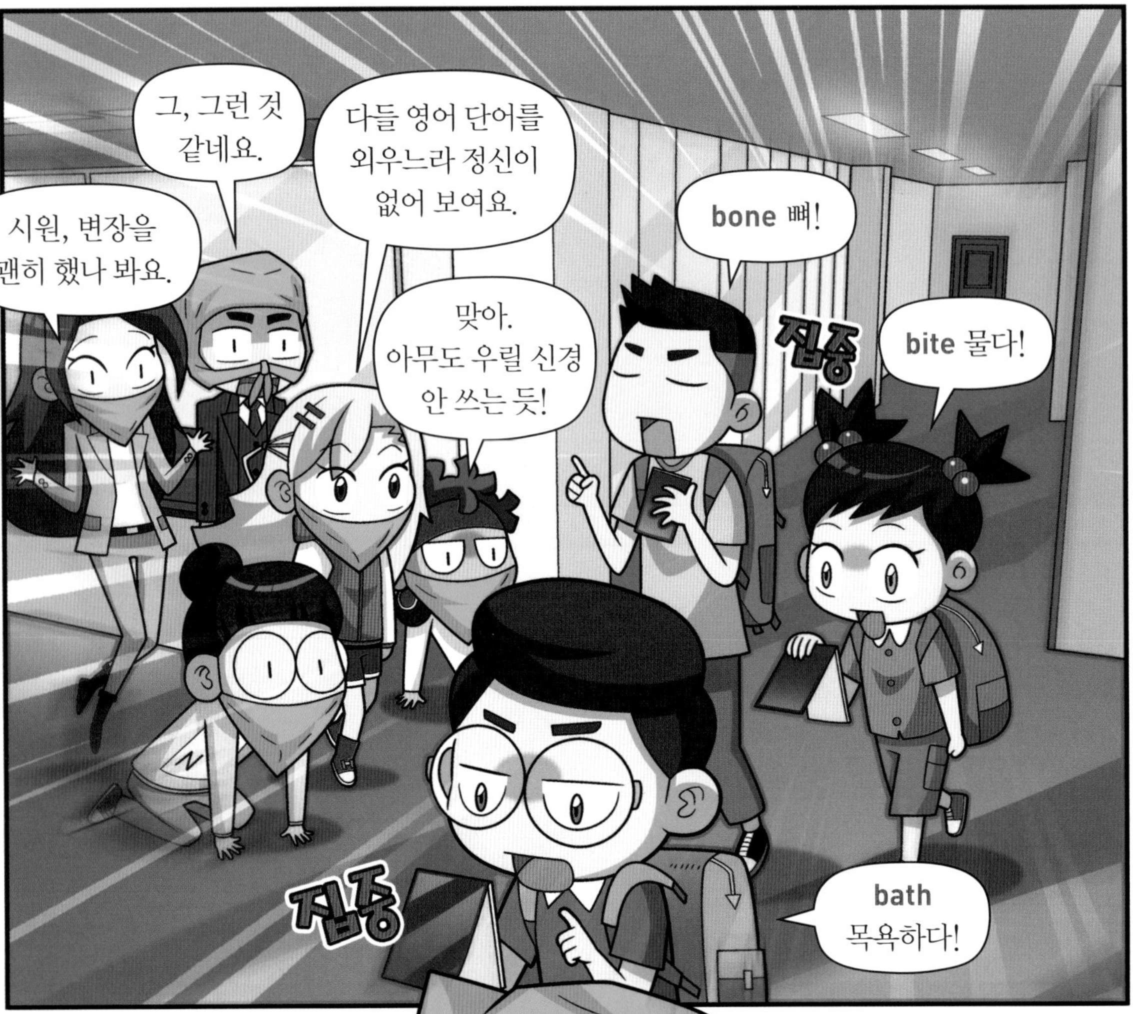
시원, 변장을 괜히 했나 봐요.
그, 그런 것 같네요.
다들 영어 단어를 외우느라 정신이 없어 보여요.
맞아. 아무도 우릴 신경 안 쓰는 듯!
bone 뼈!
집중
bite 물다!
집중
bath 목욕하다!

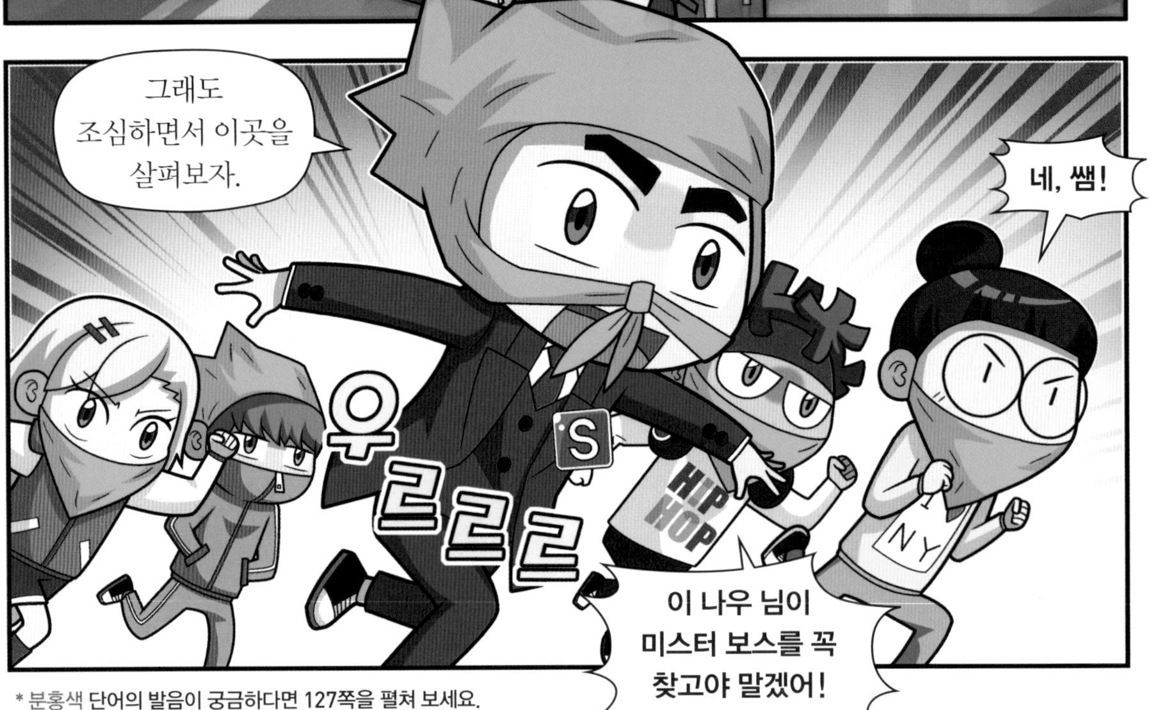
그래도 조심하면서 이곳을 살펴보자.
네, 쌤!
우르르르
이 나우 님이 미스터 보스를 꼭 찾고야 말겠어!

* 분홍색 단어의 발음이 궁금하다면 127쪽을 펼쳐 보세요.

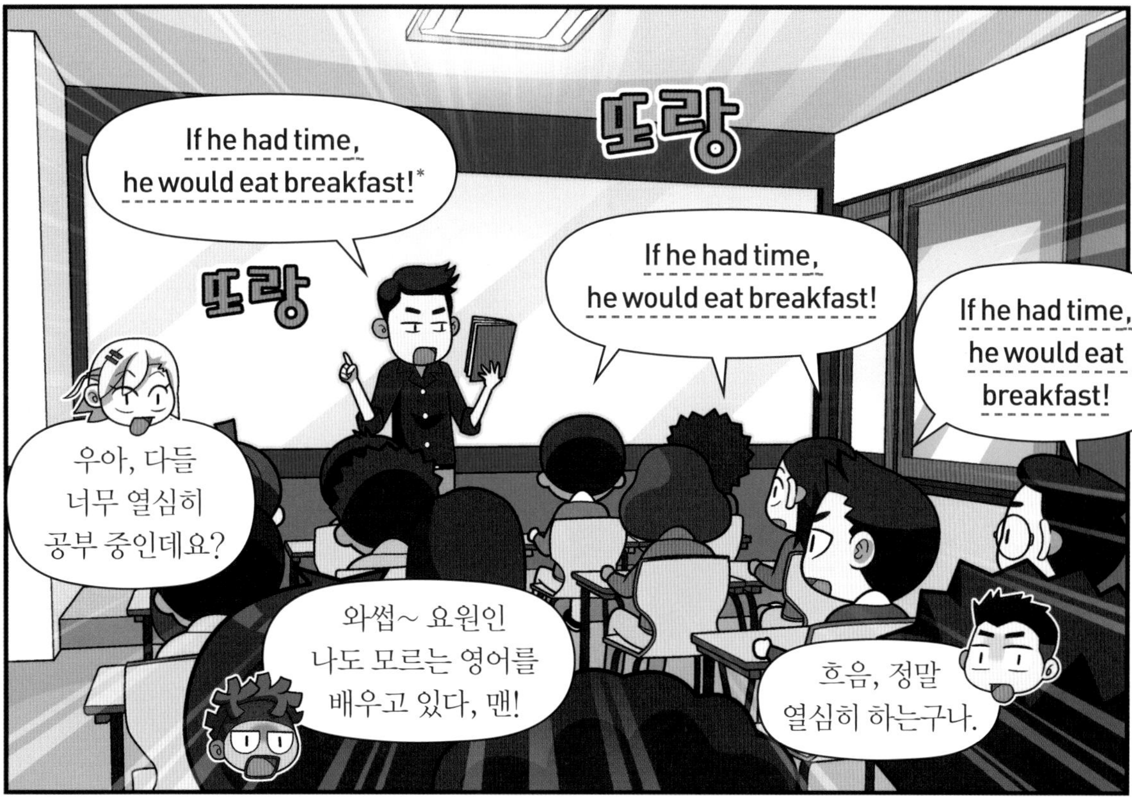
또랑
If he had time,
he would eat breakfast!*
또랑
If he had time,
he would eat breakfast!
If he had time,
he would eat
breakfast!
우아, 다들
너무 열심히
공부 중인데요?
와썹~ 요원인
나도 모르는 영어를
배우고 있다, 맨!
흐음, 정말
열심히 하는구나.

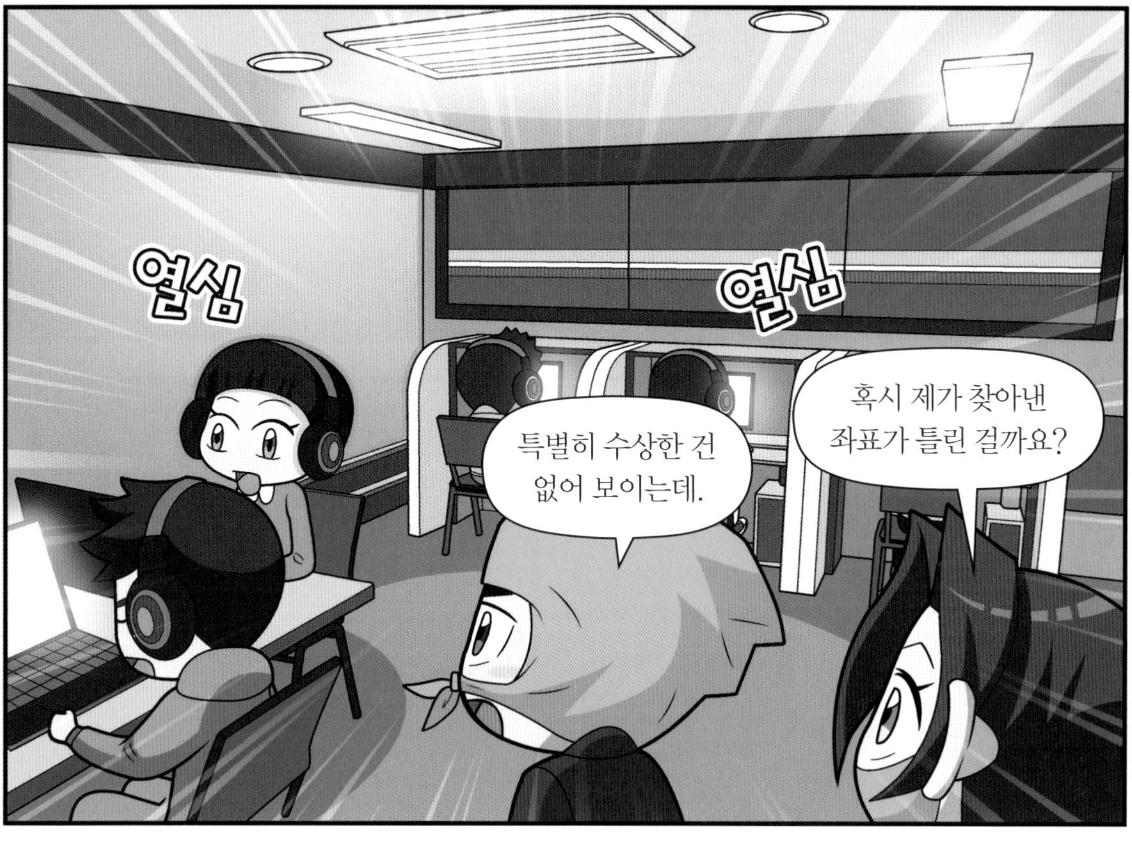
열심
열심
특별히 수상한 건
없어 보이는데.
혹시 제가 찾아낸
좌표가 틀린 걸까요?

* 만약 그가 시간이 있다면, 그는 아침을 먹을 것이다.

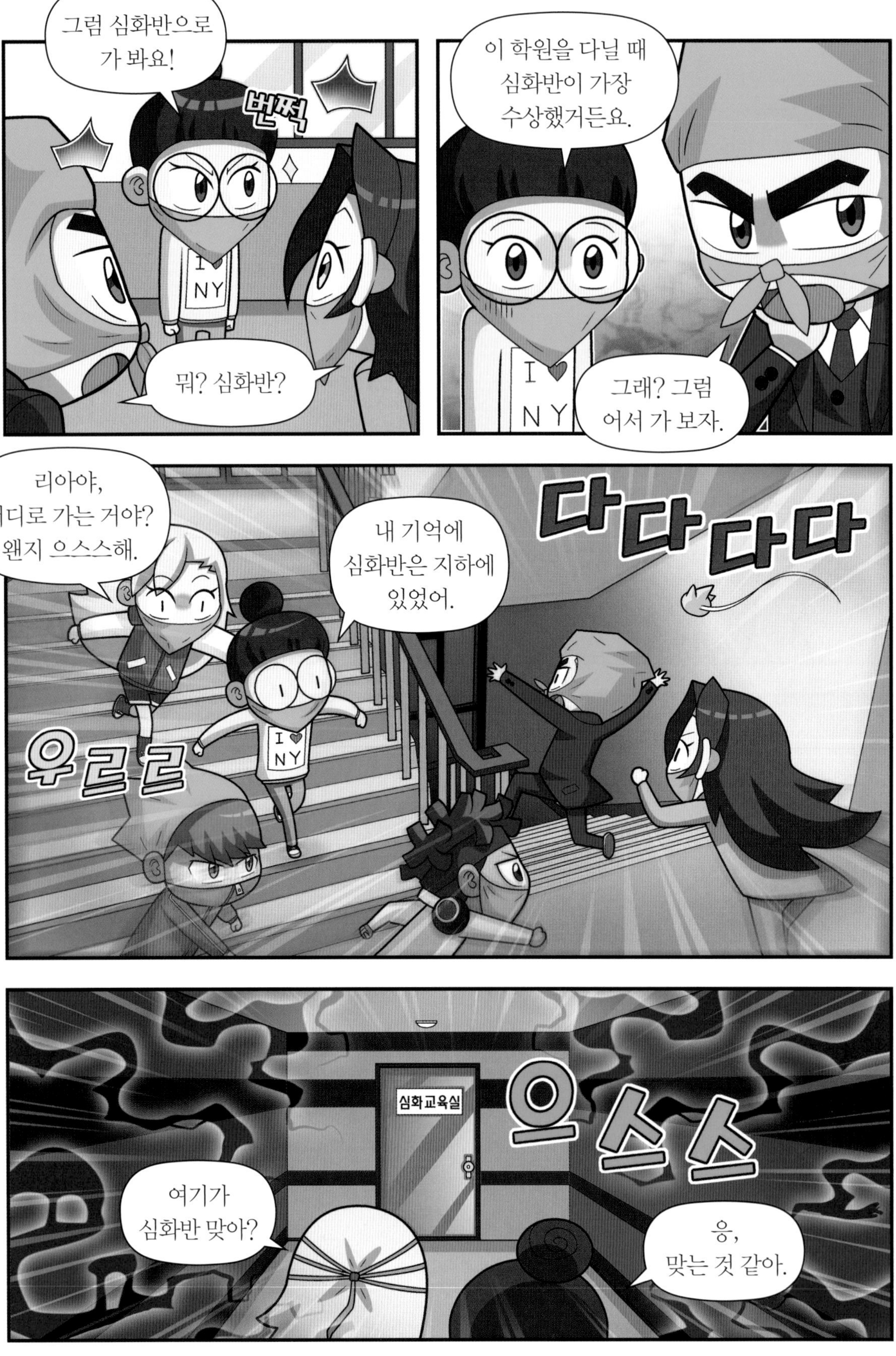
그럼 심화반으로
가 봐요!
번쩍
뭐? 심화반?
I NY
이 학원을 다닐 때
심화반이 가장
수상했거든요.
그래? 그럼
어서 가 보자.
리아야,
어디로 가는 거야?
왠지 으스스해.
내 기억에
심화반은 지하에
있었어.
다다다다
우르르
심화교육실
으스스
여기가
심화반 맞아?
응,
맞는 것 같아.

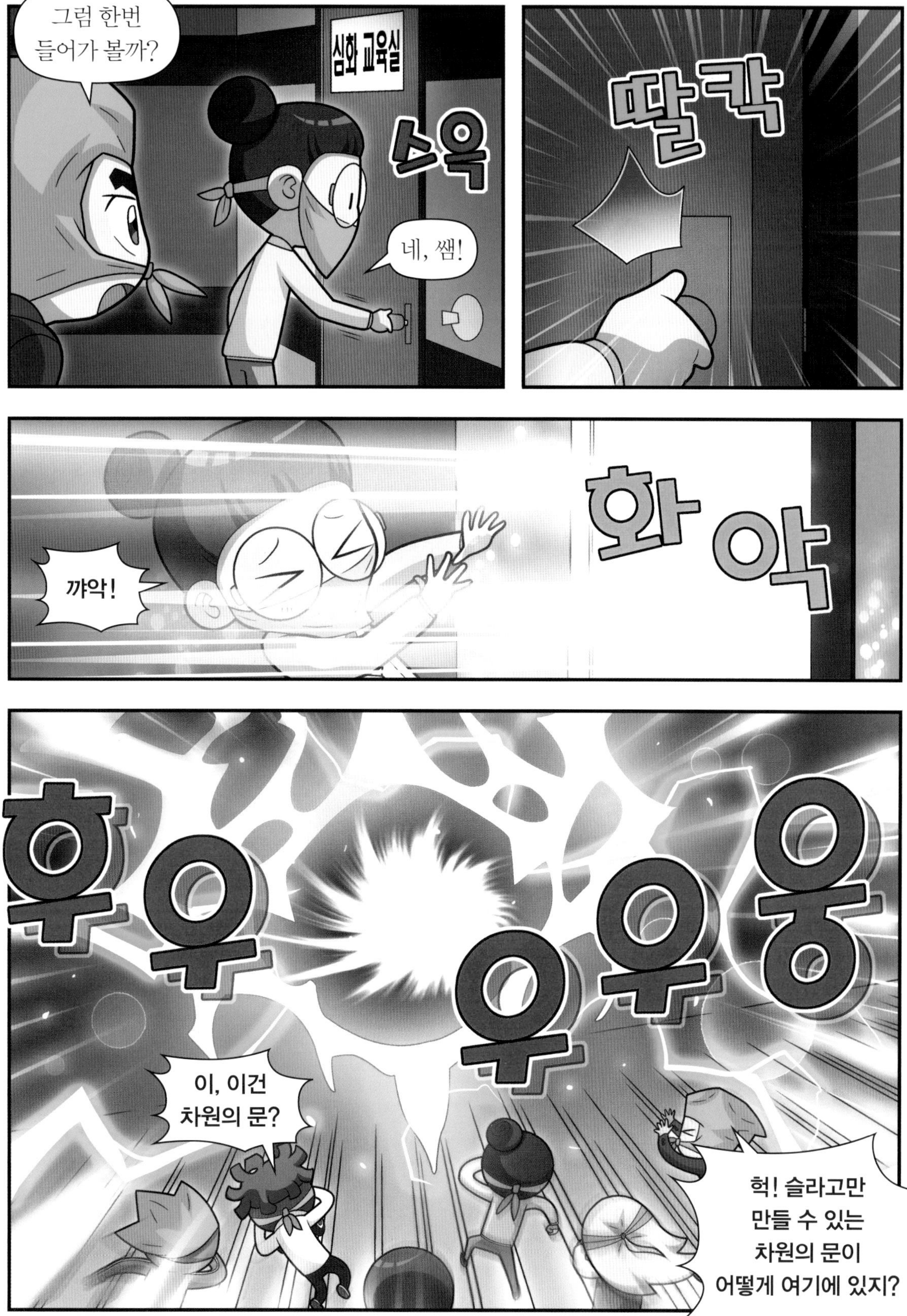
그럼 한번
들어가 볼까?
심화 교육실
스윽
네, 쌤!
딸칵
화악
꺄악!
후우우우웅
이, 이건
차원의 문?
헉! 슬라고만
만들 수 있는
차원의 문이
어떻게 여기에 있지?

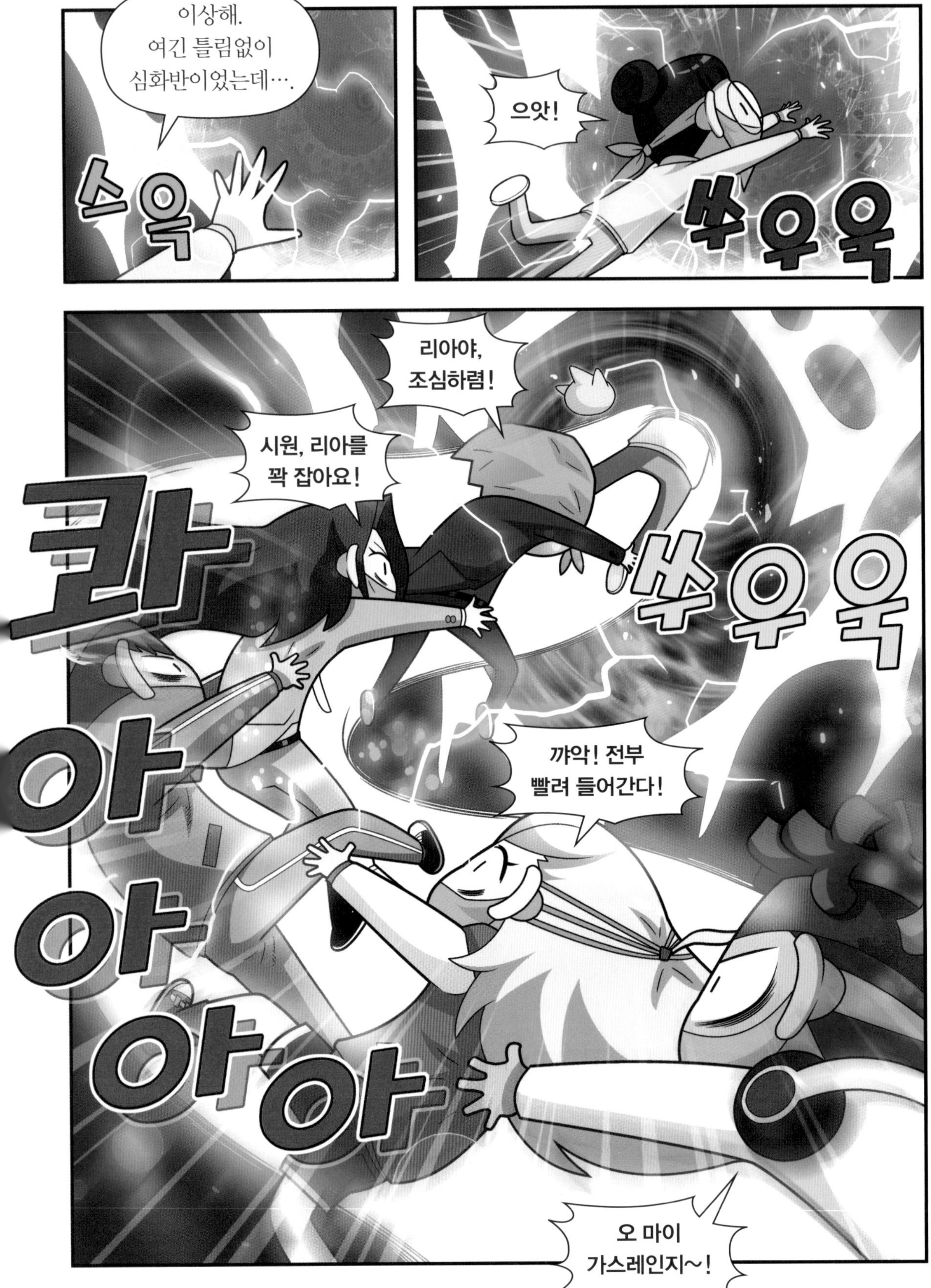

이상해.
여긴 틀림없이
심화반이었는데….
스윽
으앗!
쑤우욱
리아야,
조심하렴!
시원, 리아를
꽉 잡아요!
콰아아아
쑤우욱
꺄악! 전부
빨려 들어간다!
오 마이
가스레인지~!

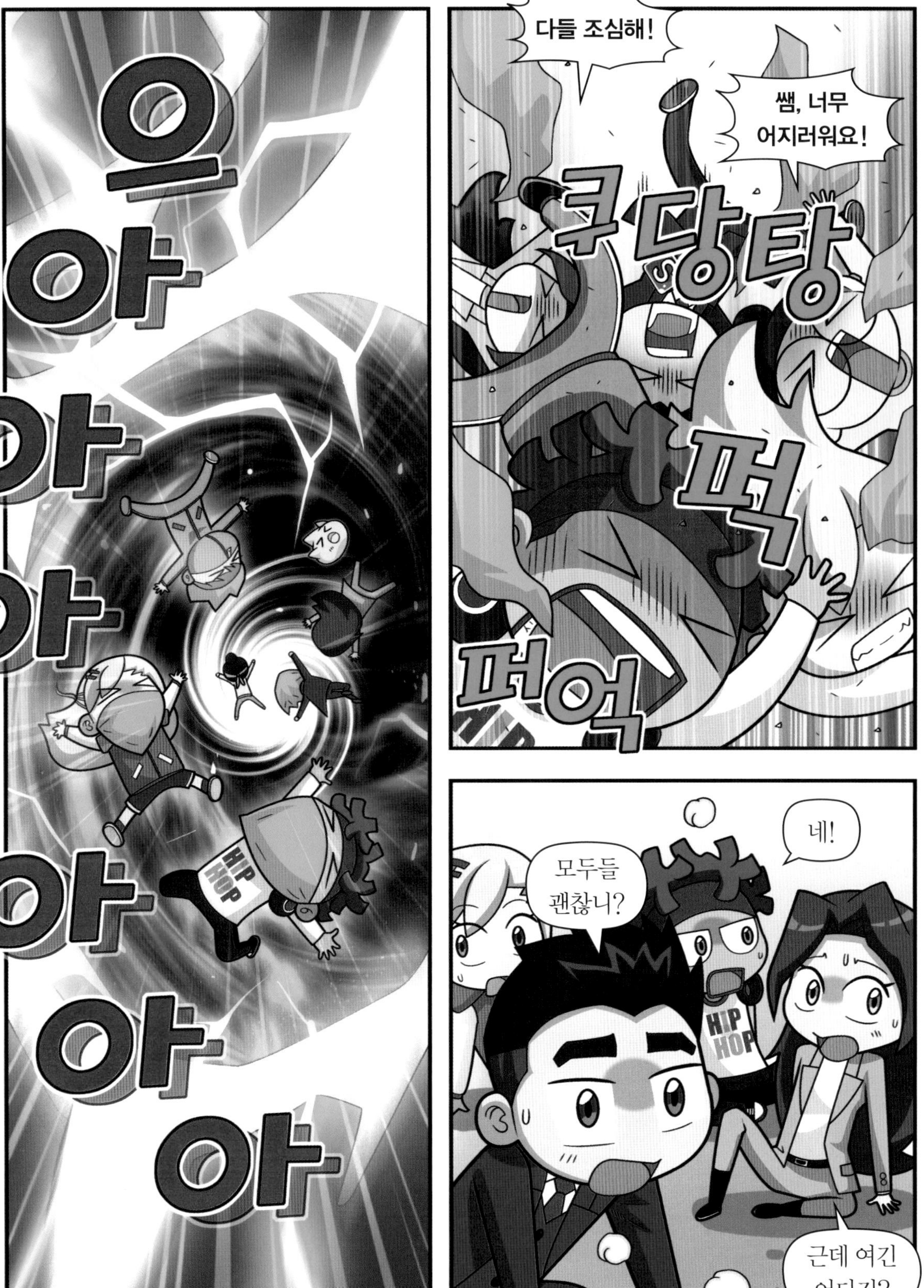
으
아
아
아
아
아
아
다들 조심해!
쌤, 너무
어지러워요!
쿠당탕
퍽
퍼억
HIP HOP
모두들
괜찮니?
네!
HIP HOP
근데 여긴
어디지?

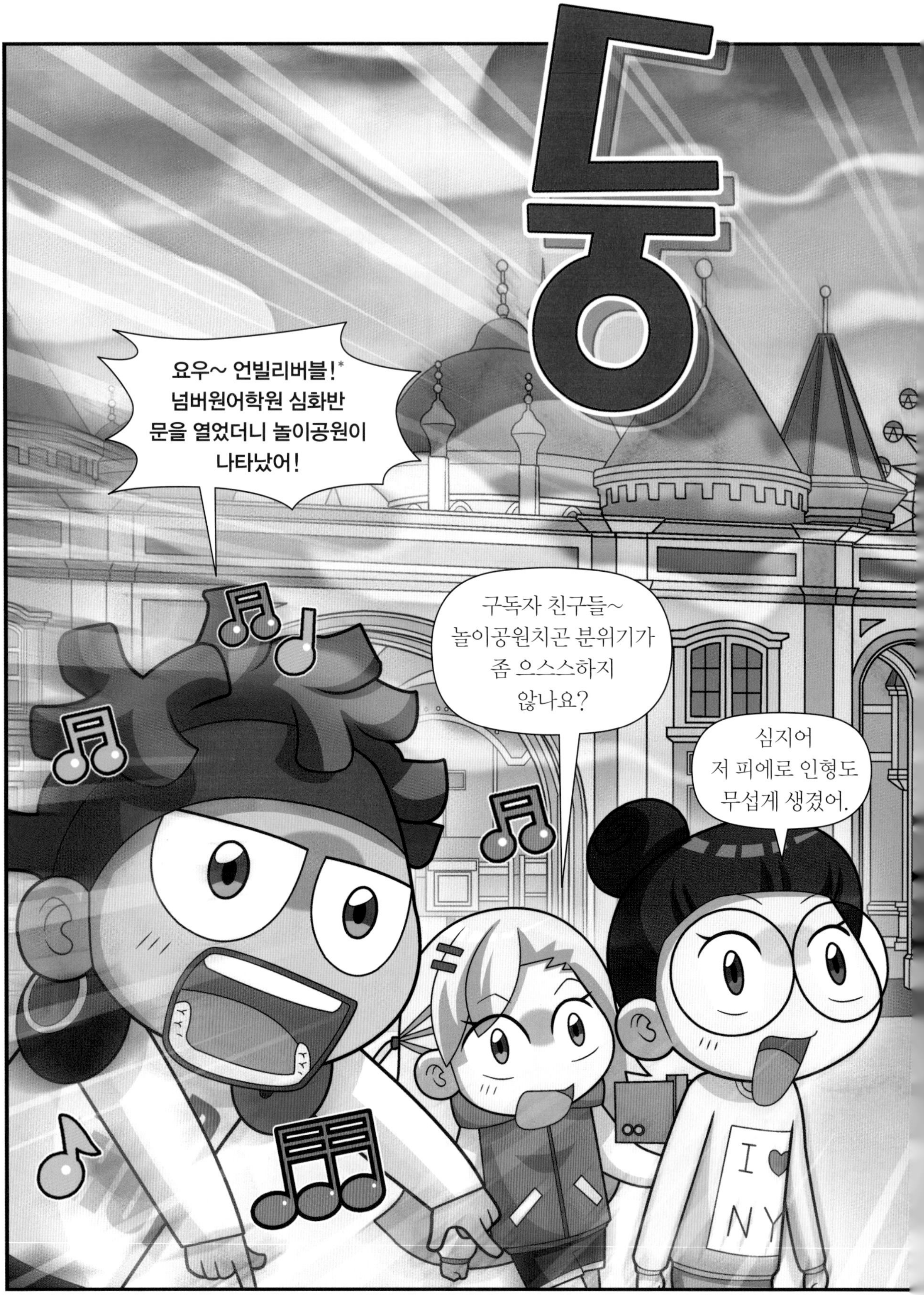
둥
요우~ 언빌리버블!*
넘버원어학원 심화반
문을 열었더니 놀이공원이
나타났어!
구독자 친구들~
놀이공원치곤 분위기가
좀 으스스하지
않나요?
심지어
저 피에로 인형도
무섭게 생겼어.
I ♥ NY

* unbelievable[ˌʌnbɪˈliːvəbl]: 믿기 어려울 정도인, 믿기 힘든.

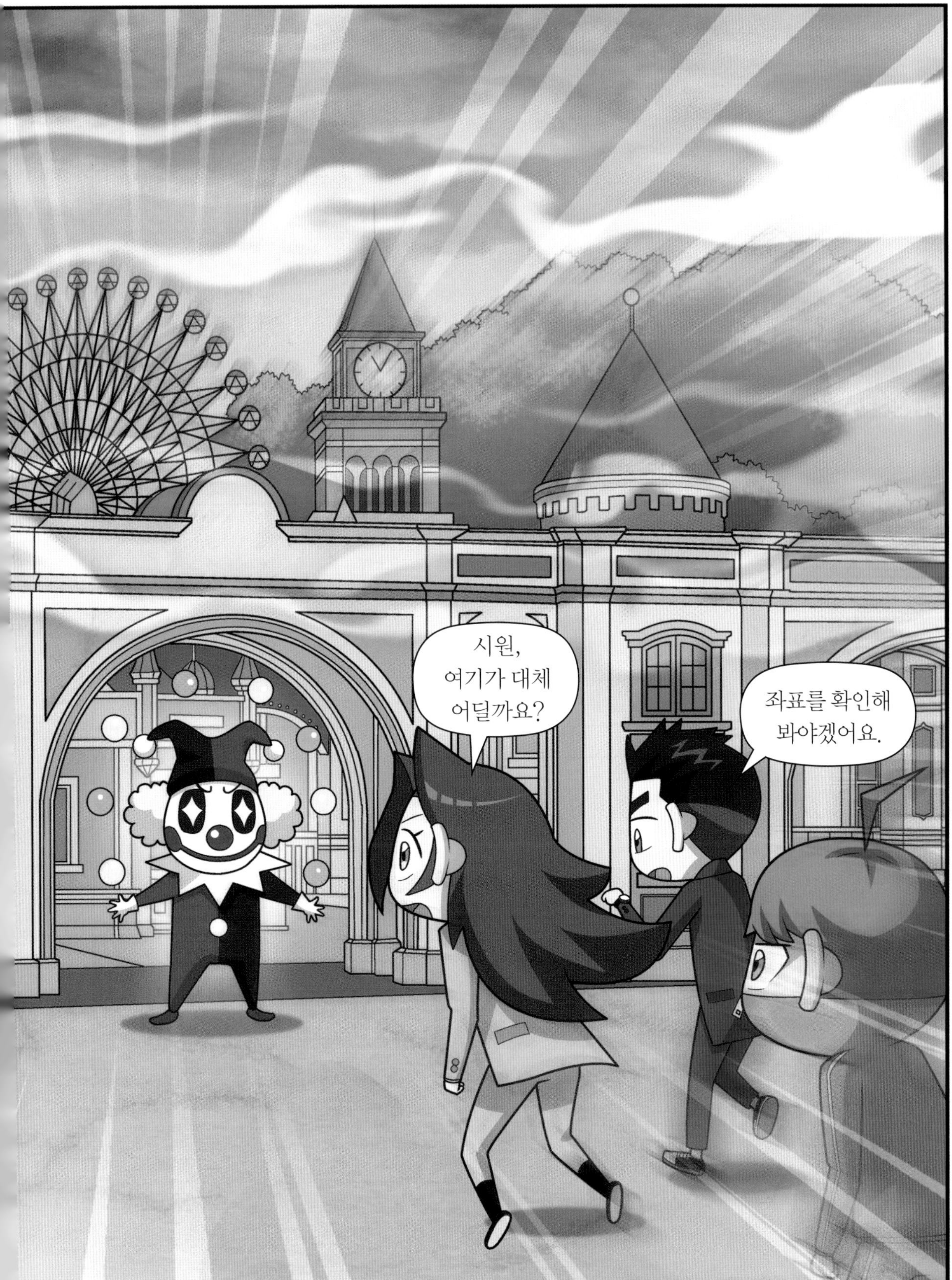
시원,
여기가 대체
어딜까요?
좌표를 확인해
봐야겠어요.

Chapter 2

규칙 유니버스

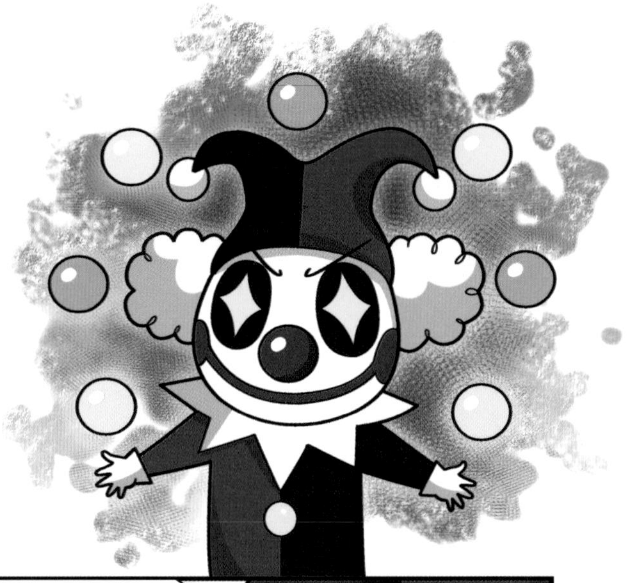

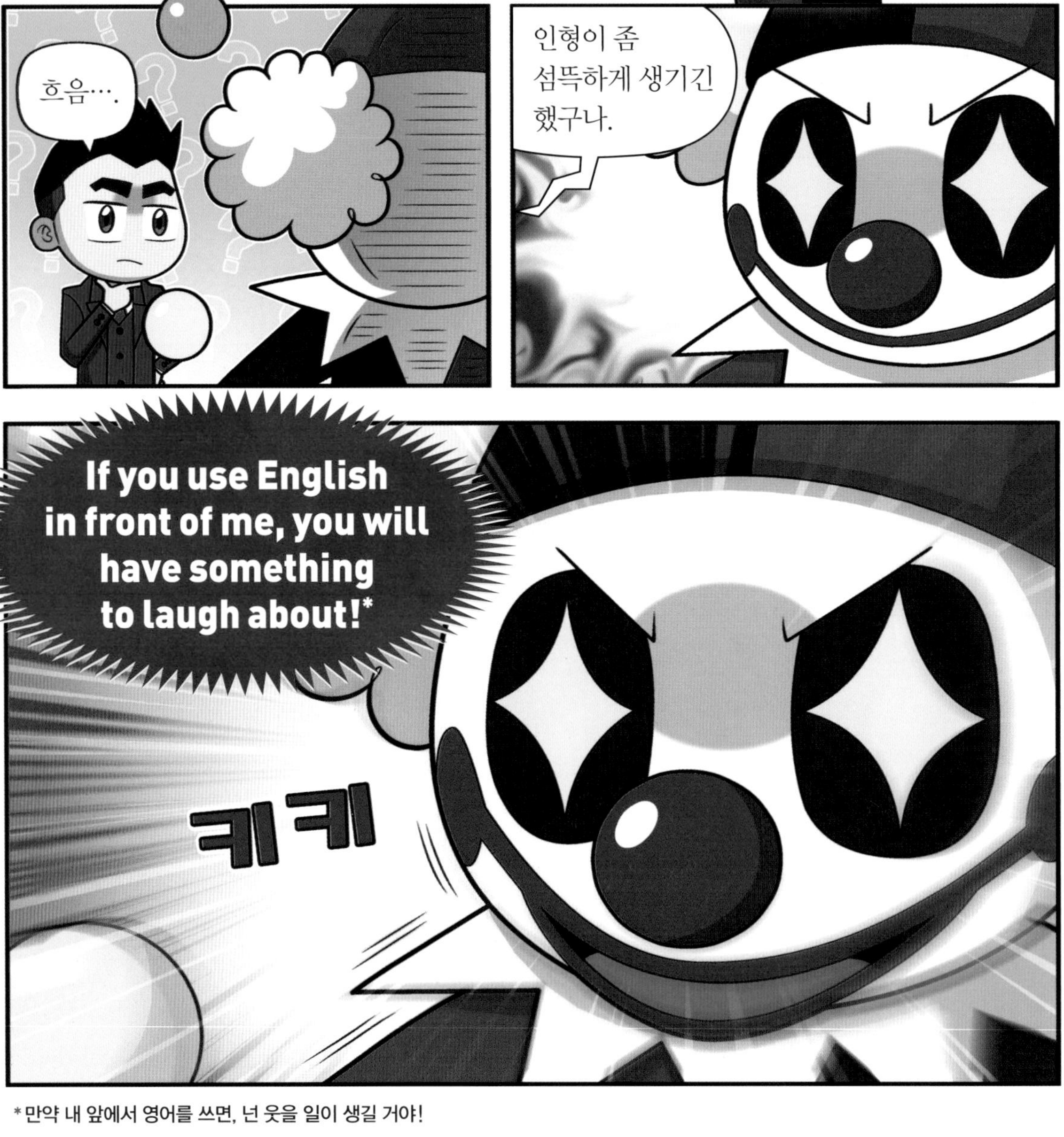
흐음….
인형이 좀 섬뜩하게 생기긴 했구나.
If you use English in front of me, you will have something to laugh about!*
키키

* 만약 내 앞에서 영어를 쓰면, 넌 웃을 일이 생길 거야!

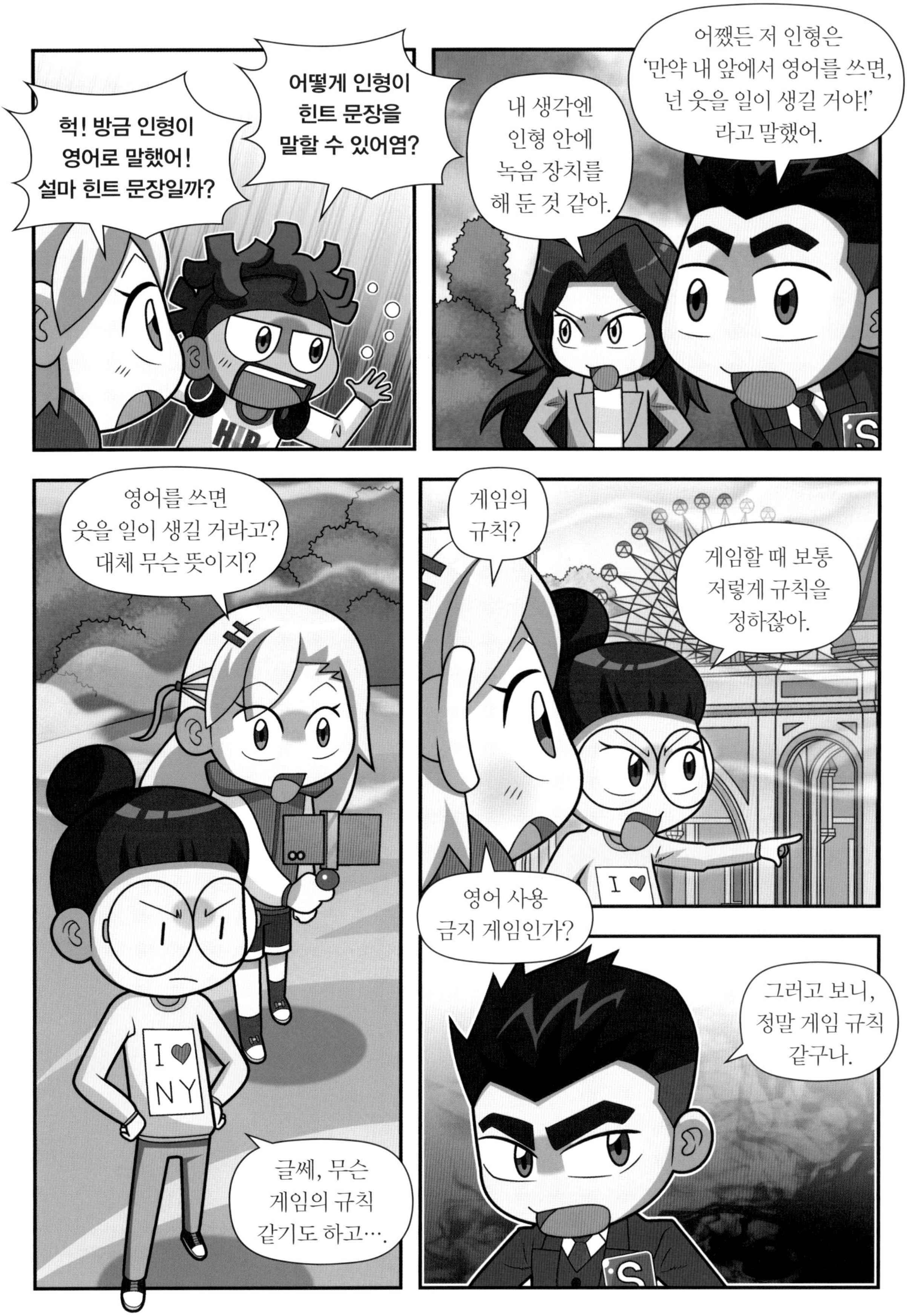
헉! 방금 인형이 영어로 말했어! 설마 힌트 문장일까?
어떻게 인형이 힌트 문장을 말할 수 있어염?
어쨌든 저 인형은 '만약 내 앞에서 영어를 쓰면, 넌 웃을 일이 생길 거야!' 라고 말했어.
내 생각엔 인형 안에 녹음 장치를 해 둔 것 같아.
영어를 쓰면 웃을 일이 생길 거라고? 대체 무슨 뜻이지?
글쎄, 무슨 게임의 규칙 같기도 하고….
게임의 규칙?
게임할 때 보통 저렇게 규칙을 정하잖아.
영어 사용 금지 게임인가?
그러고 보니, 정말 게임 규칙 같구나.

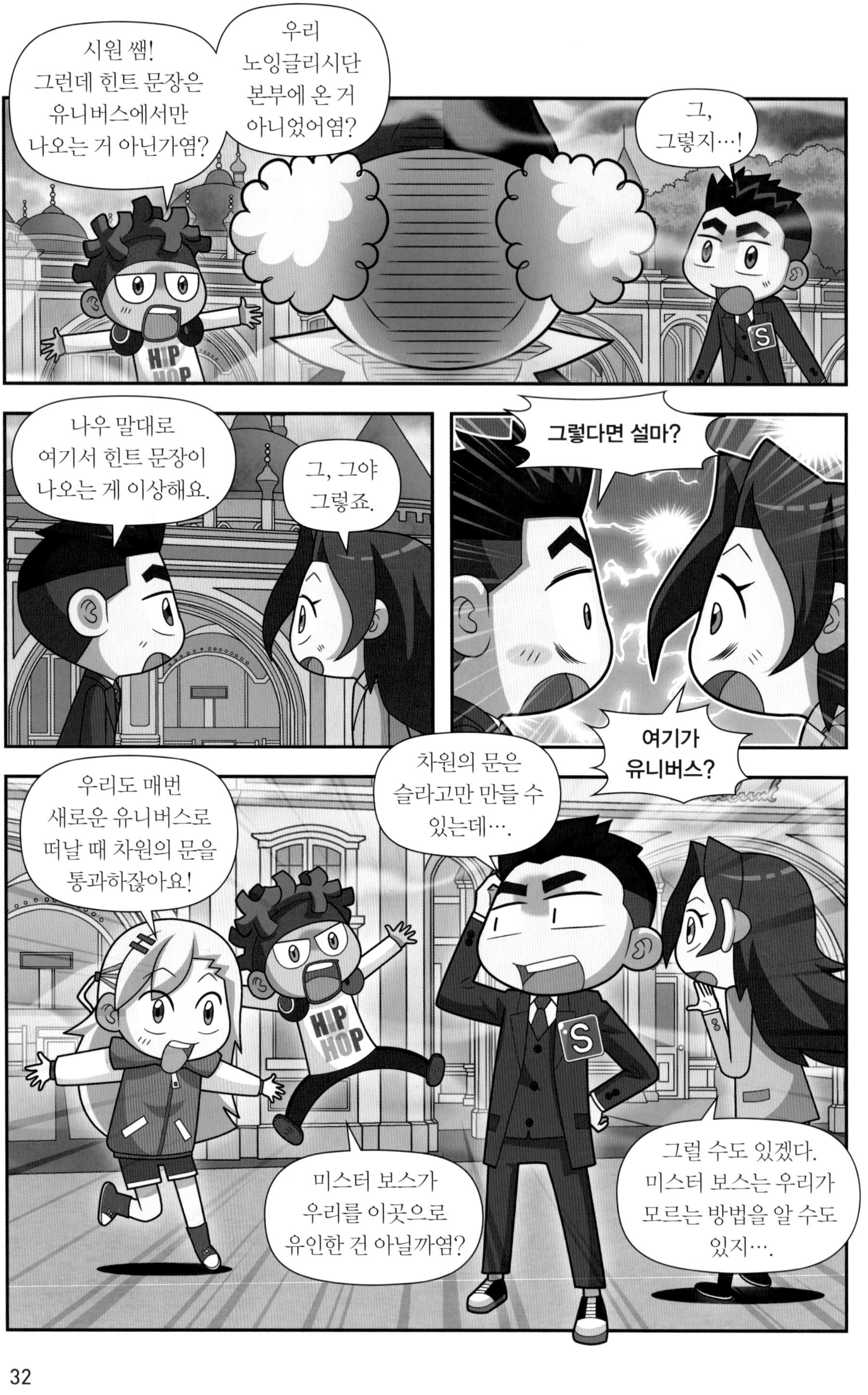
시원 쌤! 그런데 힌트 문장은 유니버스에서만 나오는 거 아닌가염?
우리 노잉글리시단 본부에 온 거 아니었어염?
그, 그렇지…!
나우 말대로 여기서 힌트 문장이 나오는 게 이상해요.
그, 그야 그렇죠.
그렇다면 설마?
여기가 유니버스?
우리도 매번 새로운 유니버스로 떠날 때 차원의 문을 통과하잖아요!
차원의 문은 슬라고만 만들 수 있는데….
미스터 보스가 우리를 이곳으로 유인한 건 아닐까염?
그럴 수도 있겠다. 미스터 보스는 우리가 모르는 방법을 알 수도 있지….

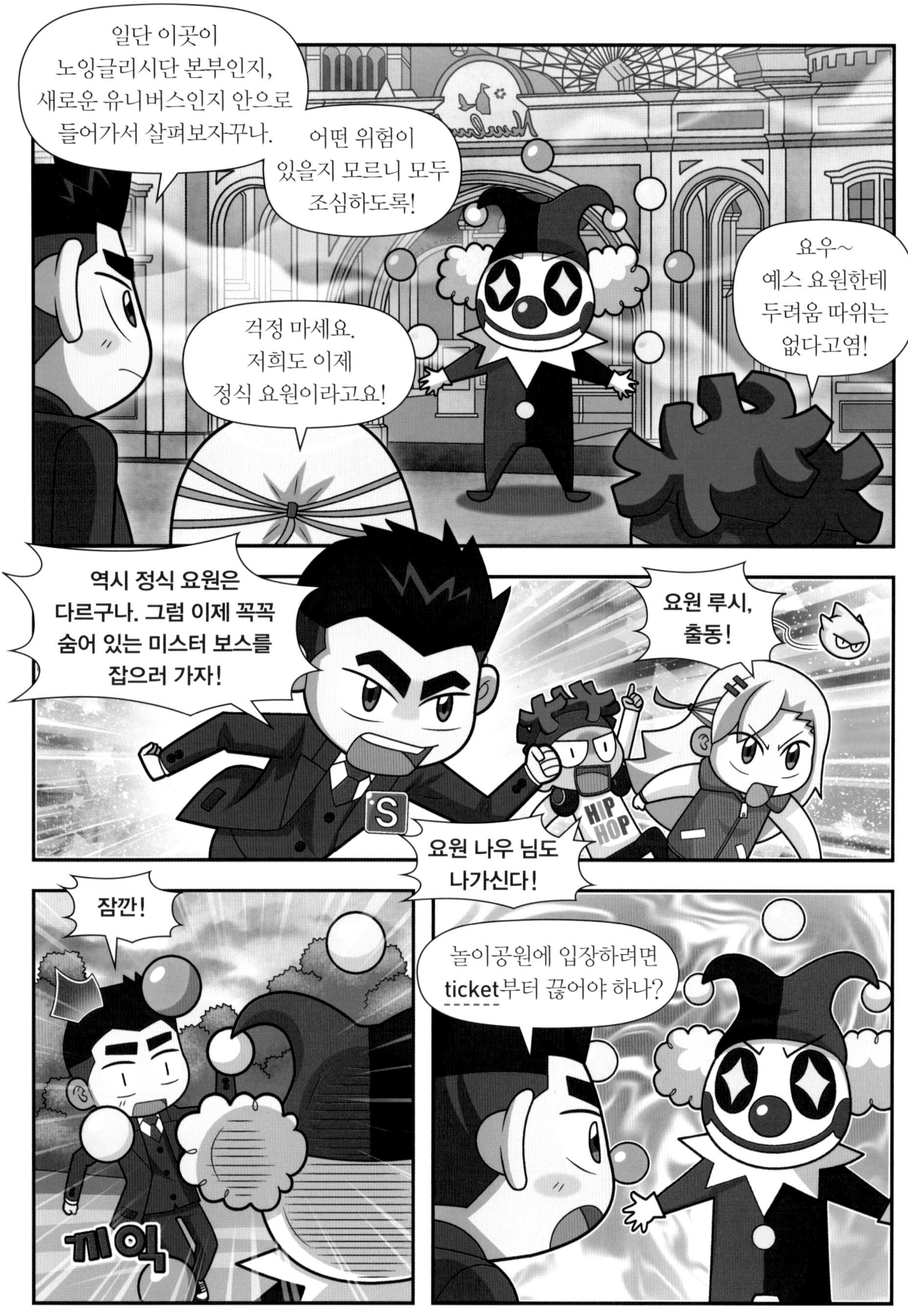
일단 이곳이 노잉글리시단 본부인지, 새로운 유니버스인지 안으로 들어가서 살펴보자꾸나.
어떤 위험이 있을지 모르니 모두 조심하도록!
걱정 마세요. 저희도 이제 정식 요원이라고요!
요우~ 예스 요원한테 두려움 따위는 없다고염!
역시 정식 요원은 다르구나. 그럼 이제 꼭꼭 숨어 있는 미스터 보스를 잡으러 가자!
요원 루시, 출동!
HIP HOP
요원 나우 님도 나가신다!
잠깐!
끼익
놀이공원에 입장하려면 ticket부터 끊어야 하나?

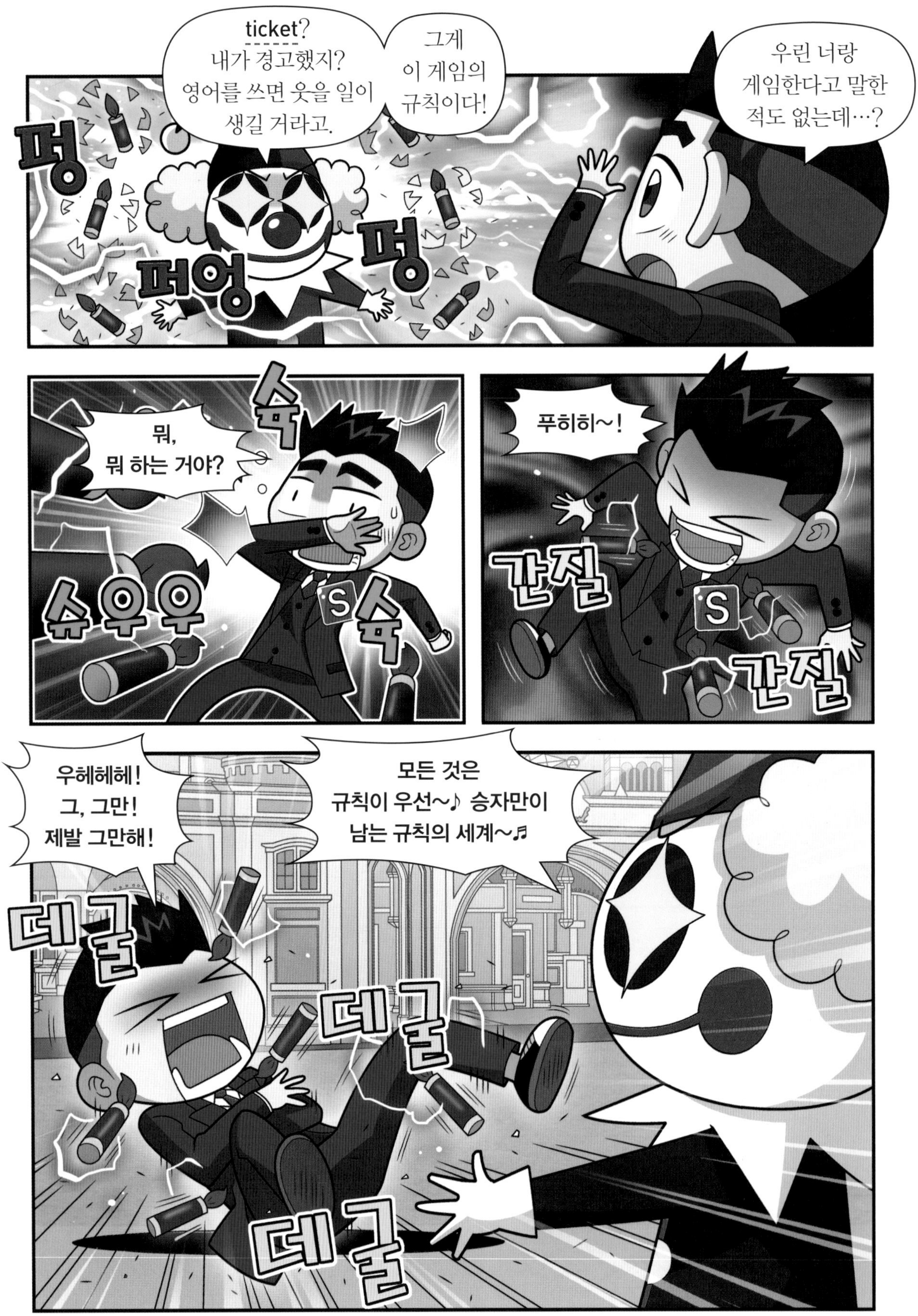
ticket?
내가 경고했지?
영어를 쓰면 웃을 일이
생길 거라고.
그게
이 게임의
규칙이다!
우린 너랑
게임한다고 말한
적도 없는데…?
펑
퍼엉
펑
뭐,
뭐 하는 거야?
슉
슈우우
슉
푸히히~!
간질
간질
우헤헤헤!
그, 그만!
제발 그만해!
모든 것은
규칙이 우선~♪ 승자만이
남는 규칙의 세계~♬
데굴
데굴
데굴

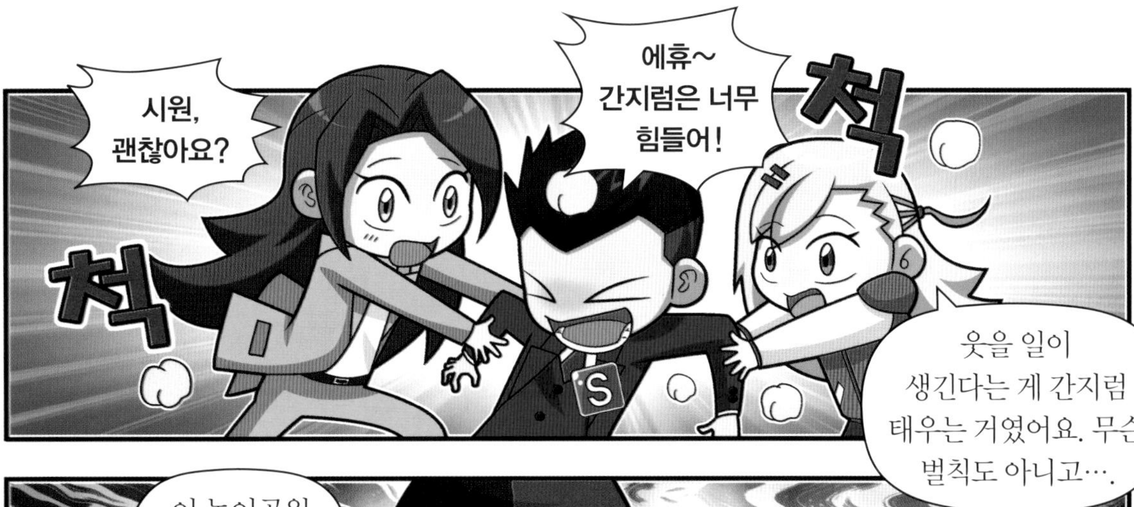

시원, 괜찮아요?
척
에휴~ 간지럼은 너무 힘들어!
척
웃을 일이 생긴다는 게 간지럼 태우는 거였어요. 무슨 벌칙도 아니고….

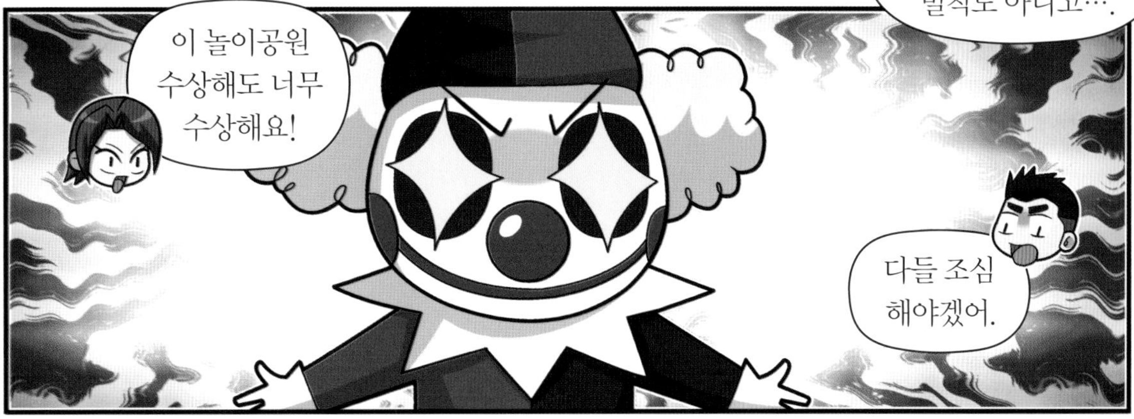

이 놀이공원 수상해도 너무 수상해요!
다들 조심 해야겠어.

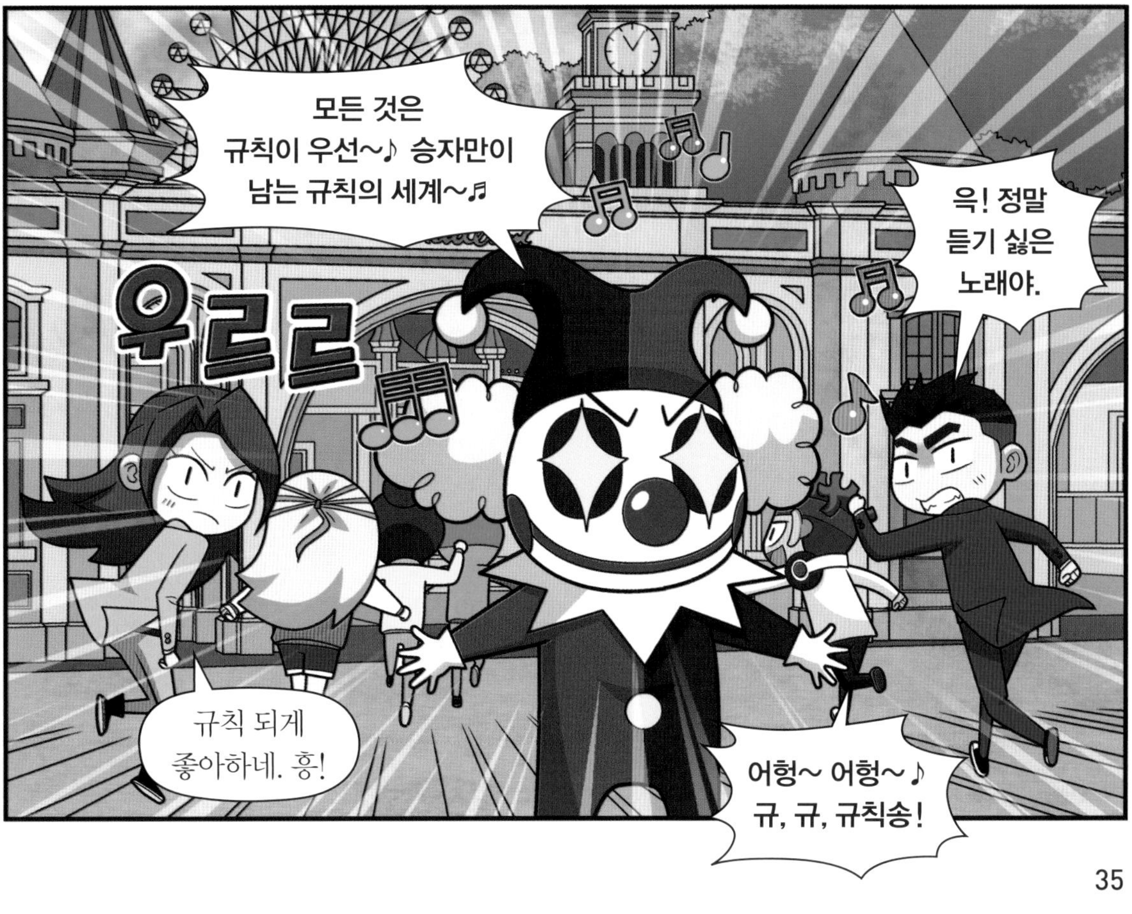

모든 것은 규칙이 우선~♪ 승자만이 남는 규칙의 세계~♬
우르르
윽! 정말 듣기 싫은 노래야.
규칙 되게 좋아하네. 흥!
어헝~ 어헝~♪ 규, 규, 규칙송!

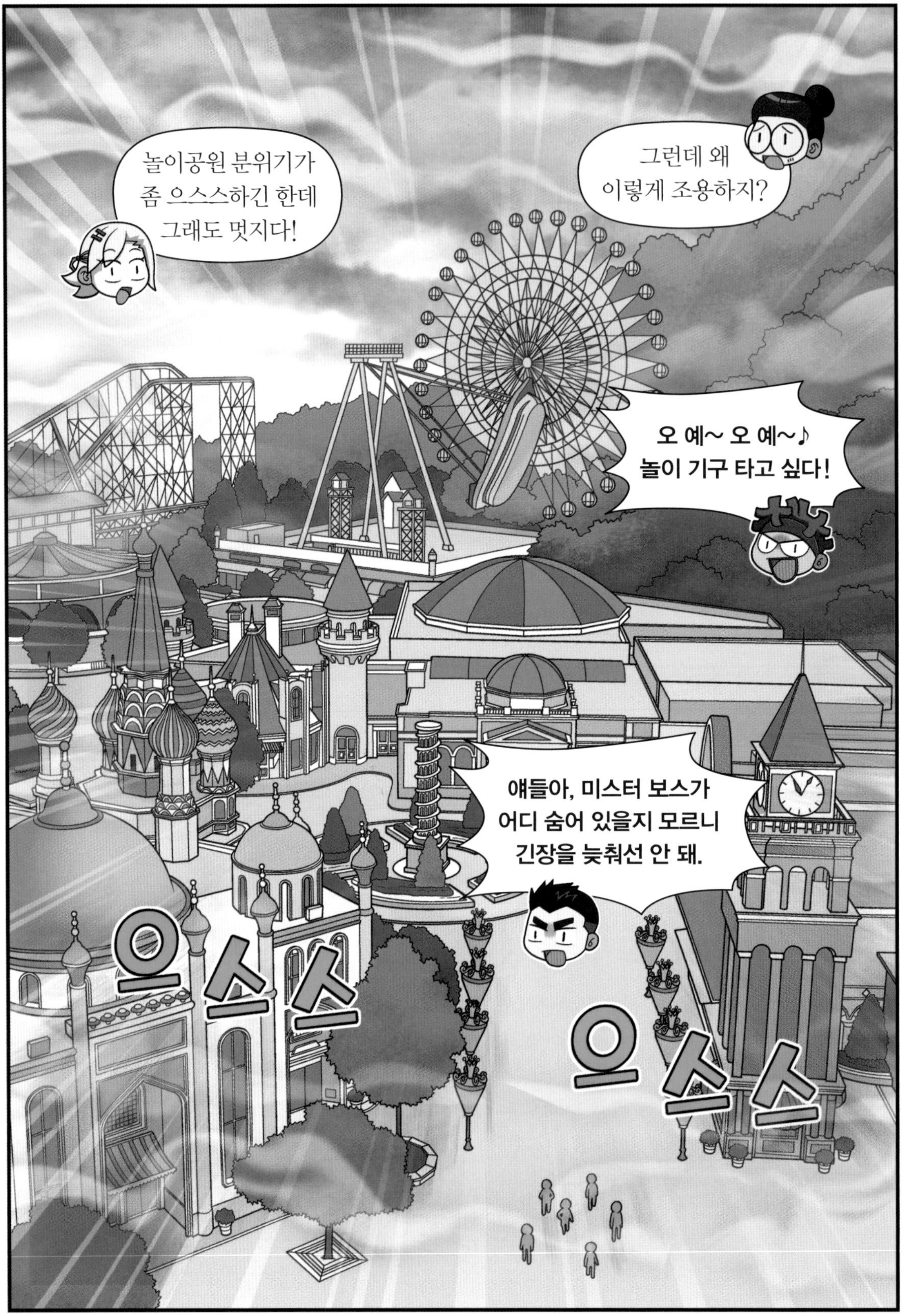

놀이공원 분위기가 좀 으스스하긴 한데 그래도 멋지다!
그런데 왜 이렇게 조용하지?
오 예~ 오 예~♪ 놀이 기구 타고 싶다!
얘들아, 미스터 보스가 어디 숨어 있을지 모르니 긴장을 늦춰선 안 돼.
으스스
으스스

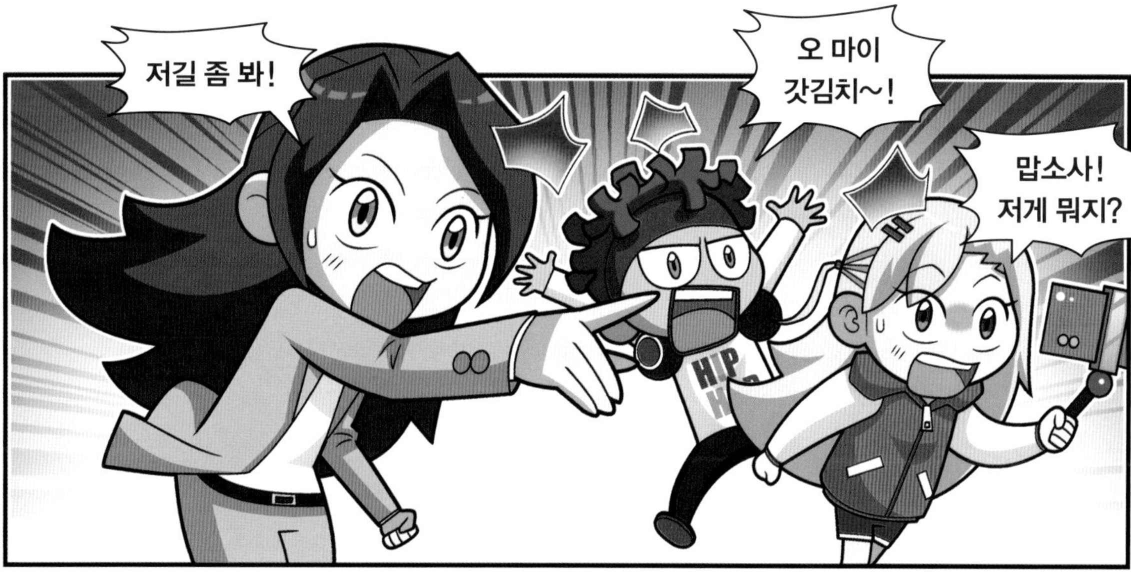
저길 좀 봐!
오 마이 갓김치~!
맙소사! 저게 뭐지?

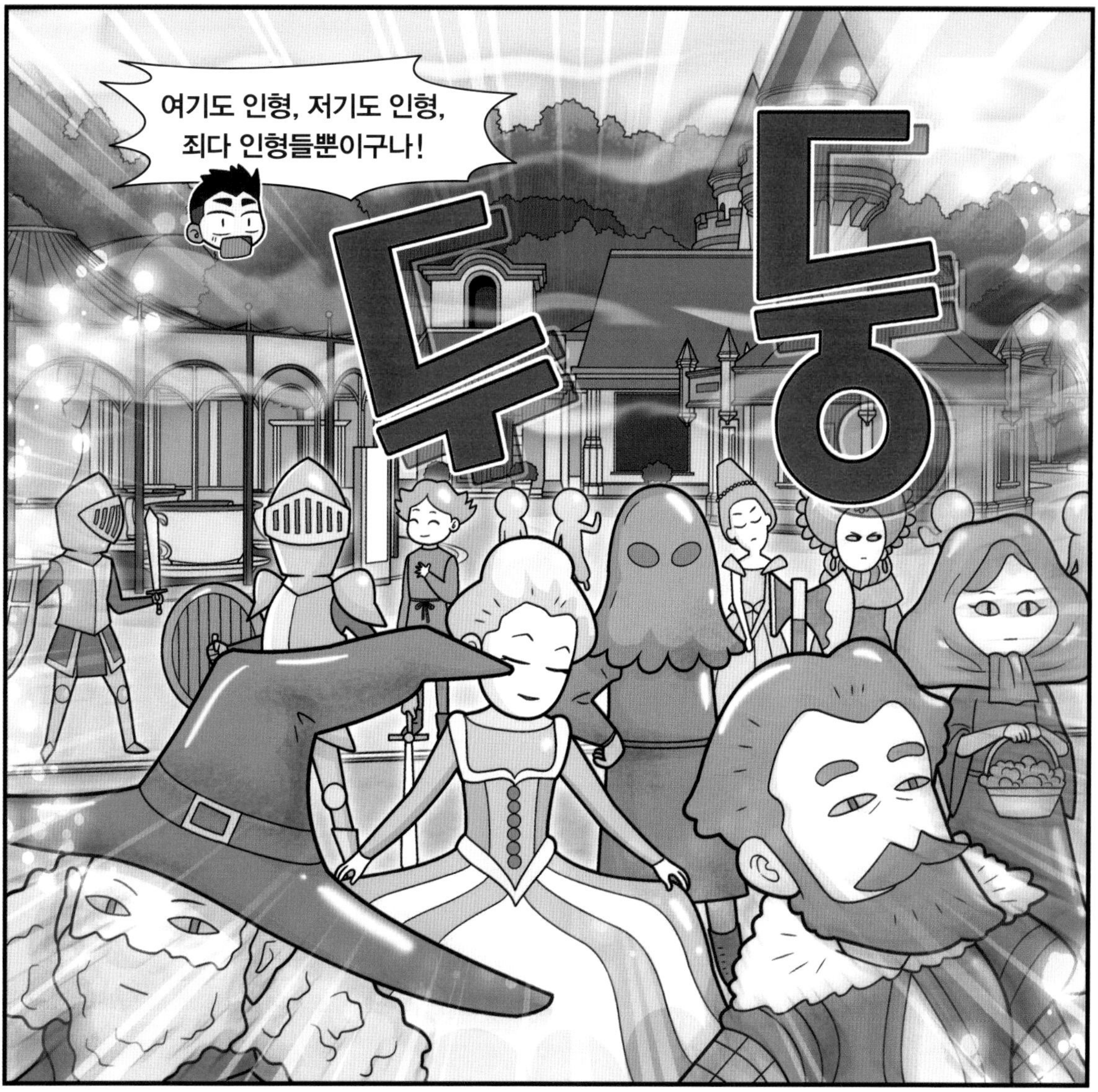
여기도 인형, 저기도 인형, 죄다 인형들뿐이구나!
두둥

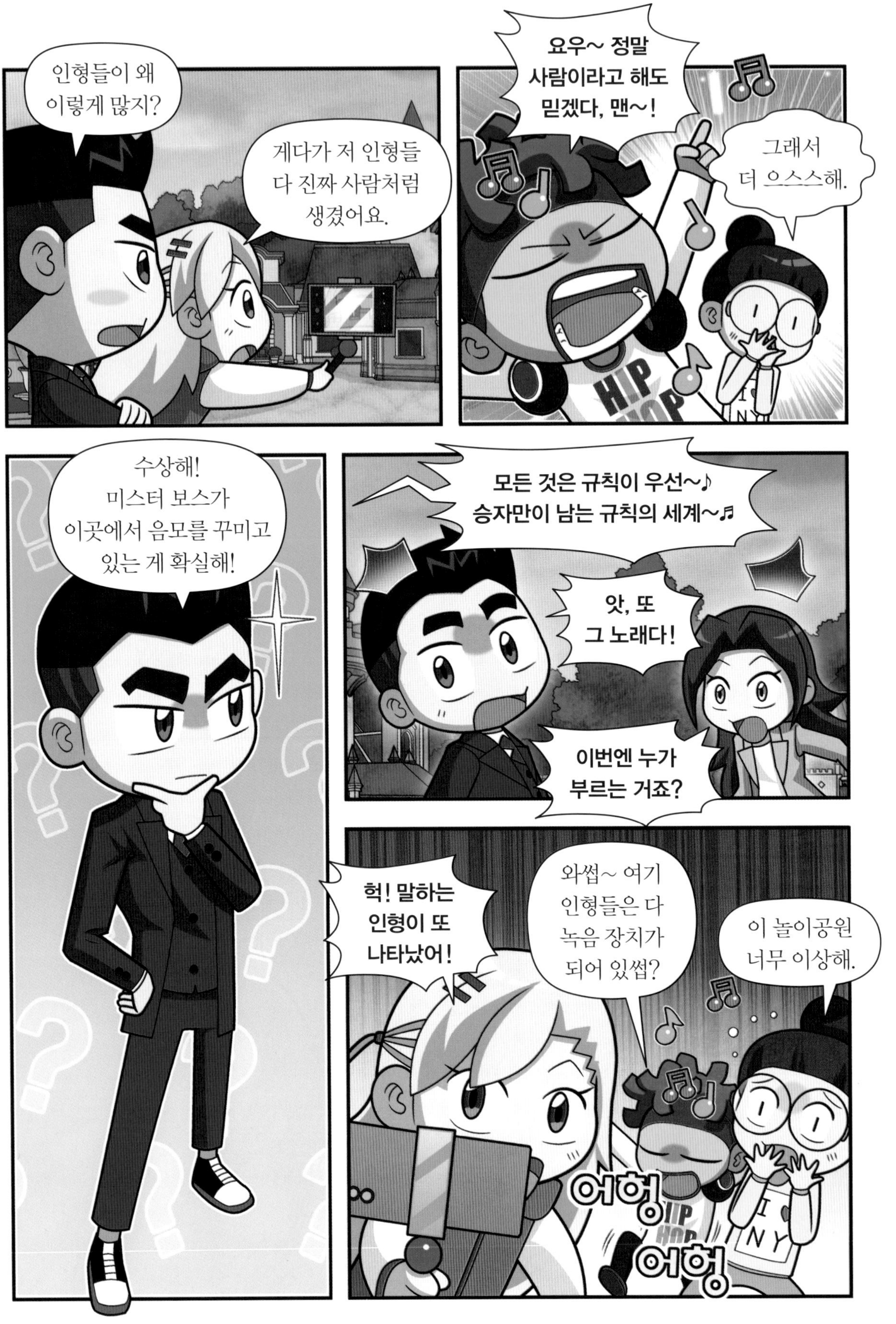

인형들이 왜 이렇게 많지?
게다가 저 인형들 다 진짜 사람처럼 생겼어요.
요우~ 정말 사람이라고 해도 믿겠다, 맨~!
그래서 더 으스스해.
HIP HOP
수상해! 미스터 보스가 이곳에서 음모를 꾸미고 있는 게 확실해!
모든 것은 규칙이 우선~♪ 승자만이 남는 규칙의 세계~♬
앗, 또 그 노래다!
이번엔 누가 부르는 거죠?
헉! 말하는 인형이 또 나타났어!
와썹~ 여기 인형들은 다 녹음 장치가 되어 있썹?
이 놀이공원 너무 이상해.
어헝 어헝

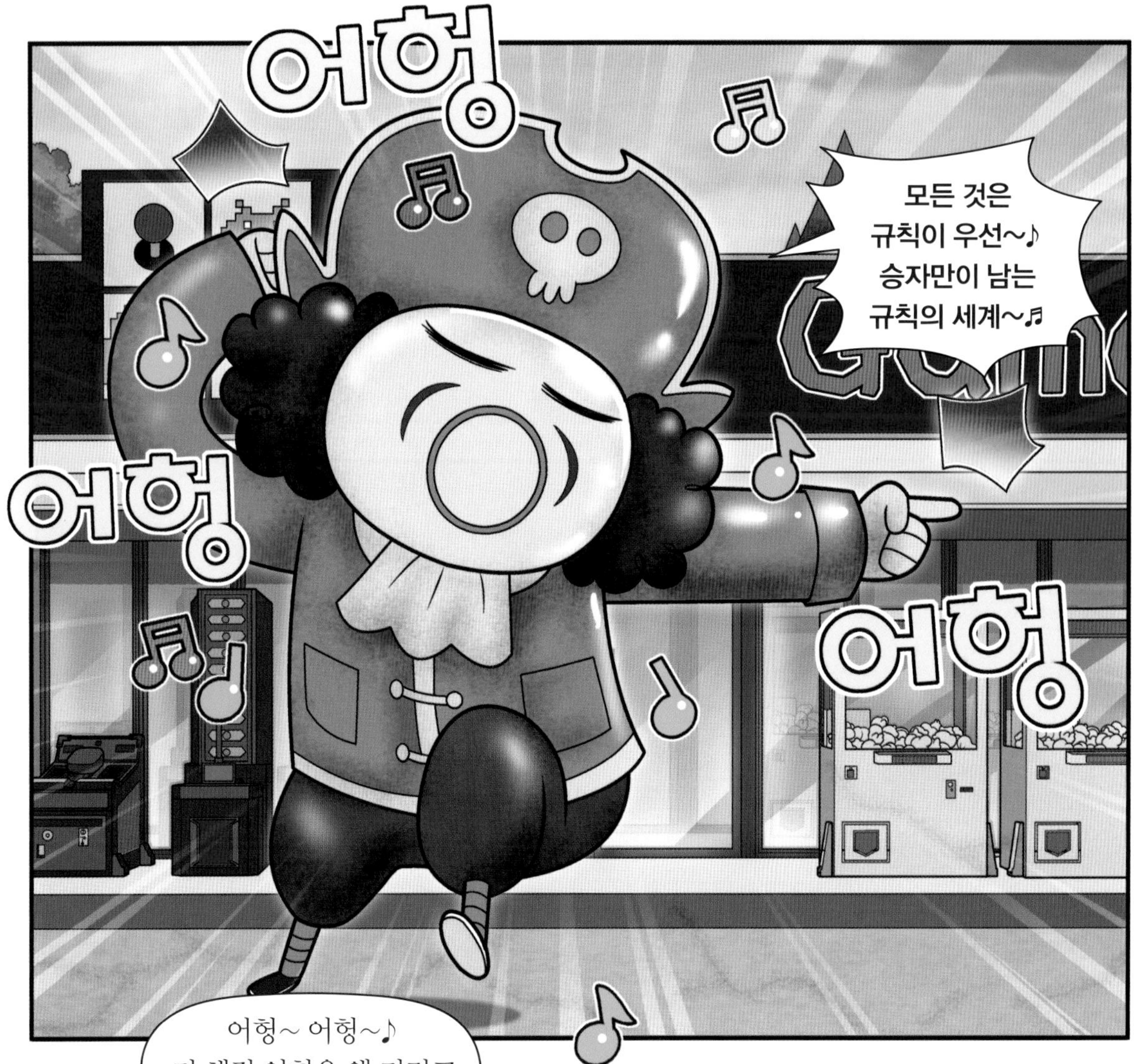
어헝
모든 것은
규칙이 우선~♪
승자만이 남는
규칙의 세계~♬
어헝
어헝

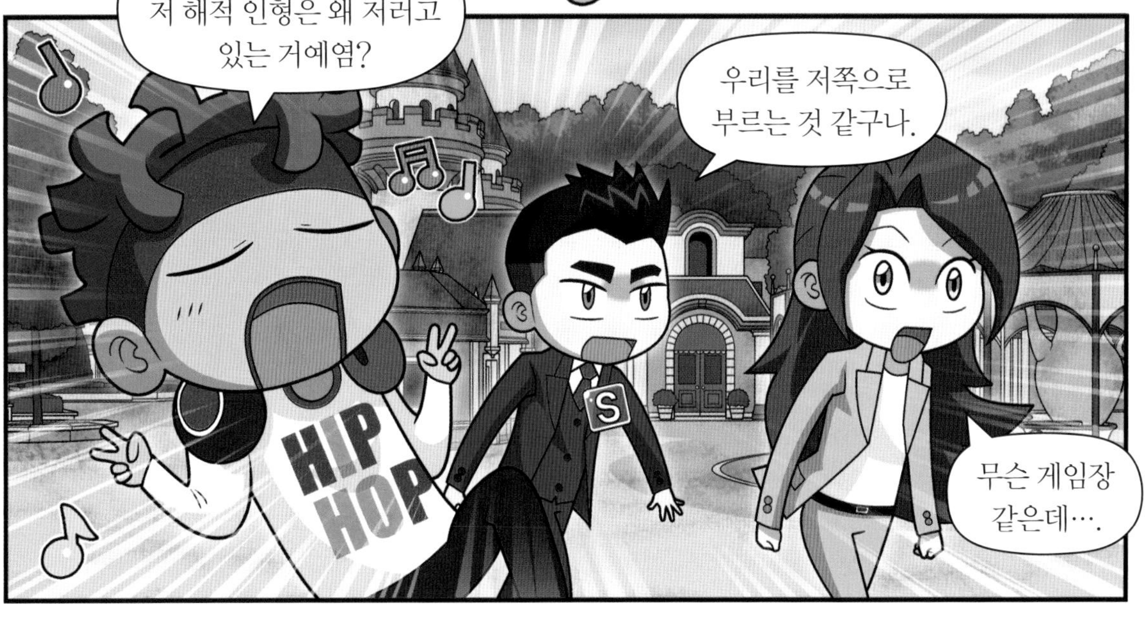
어헝~ 어헝~♪
저 해적 인형은 왜 저러고
있는 거예염?
우리를 저쪽으로
부르는 것 같구나.
HIP
HOP
무슨 게임장
같은데….

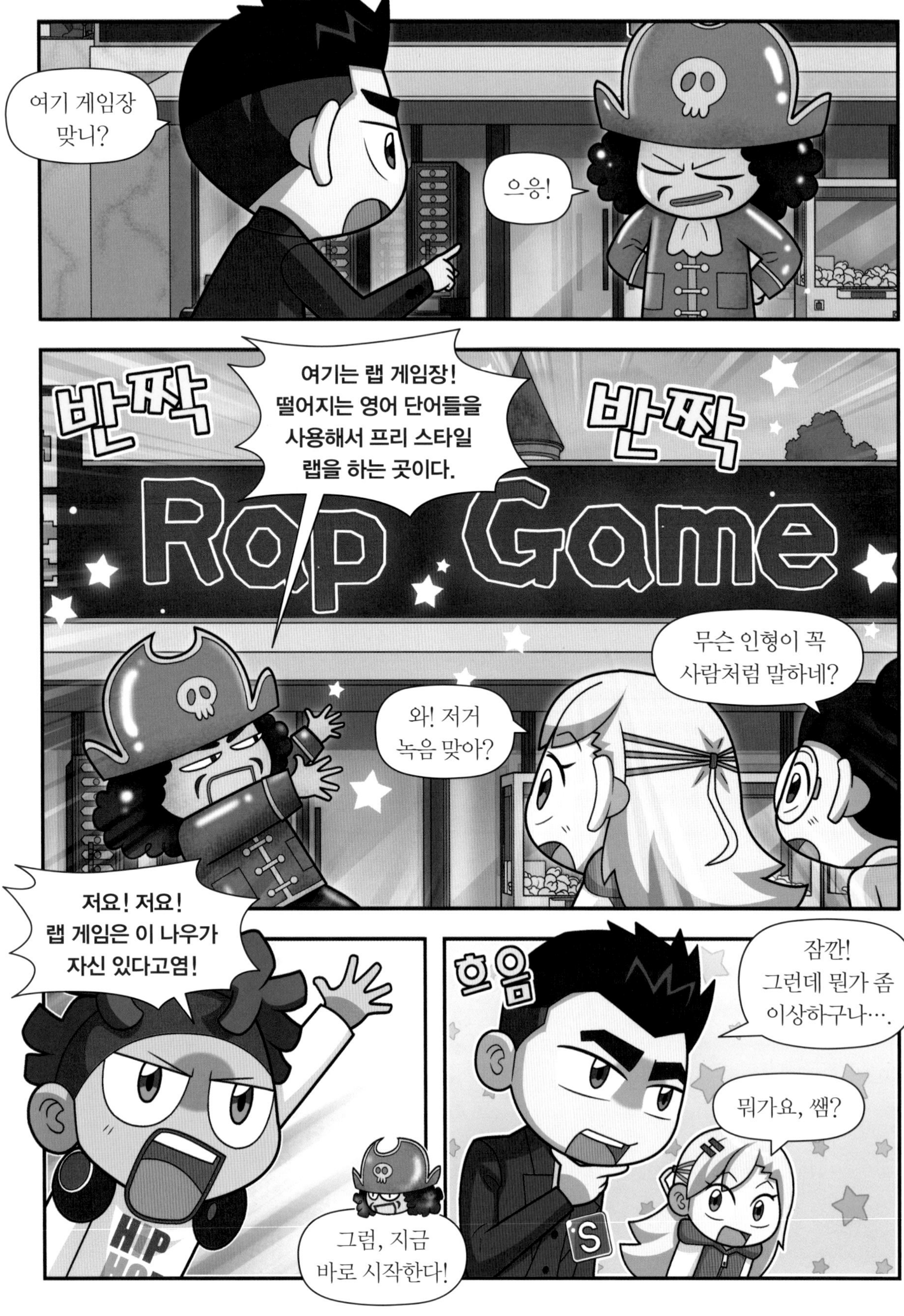
여기 게임장
맞니?
으응!
반짝
여기는 랩 게임장!
떨어지는 영어 단어들을
사용해서 프리 스타일
랩을 하는 곳이다.
반짝
Rap Game
무슨 인형이 꼭
사람처럼 말하네?
와! 저거
녹음 맞아?
저요! 저요!
랩 게임은 이 나우가
자신 있다고염!
흐음
잠깐!
그런데 뭔가 좀
이상하구나….
뭐가요, 쌤?
그럼, 지금
바로 시작한다!

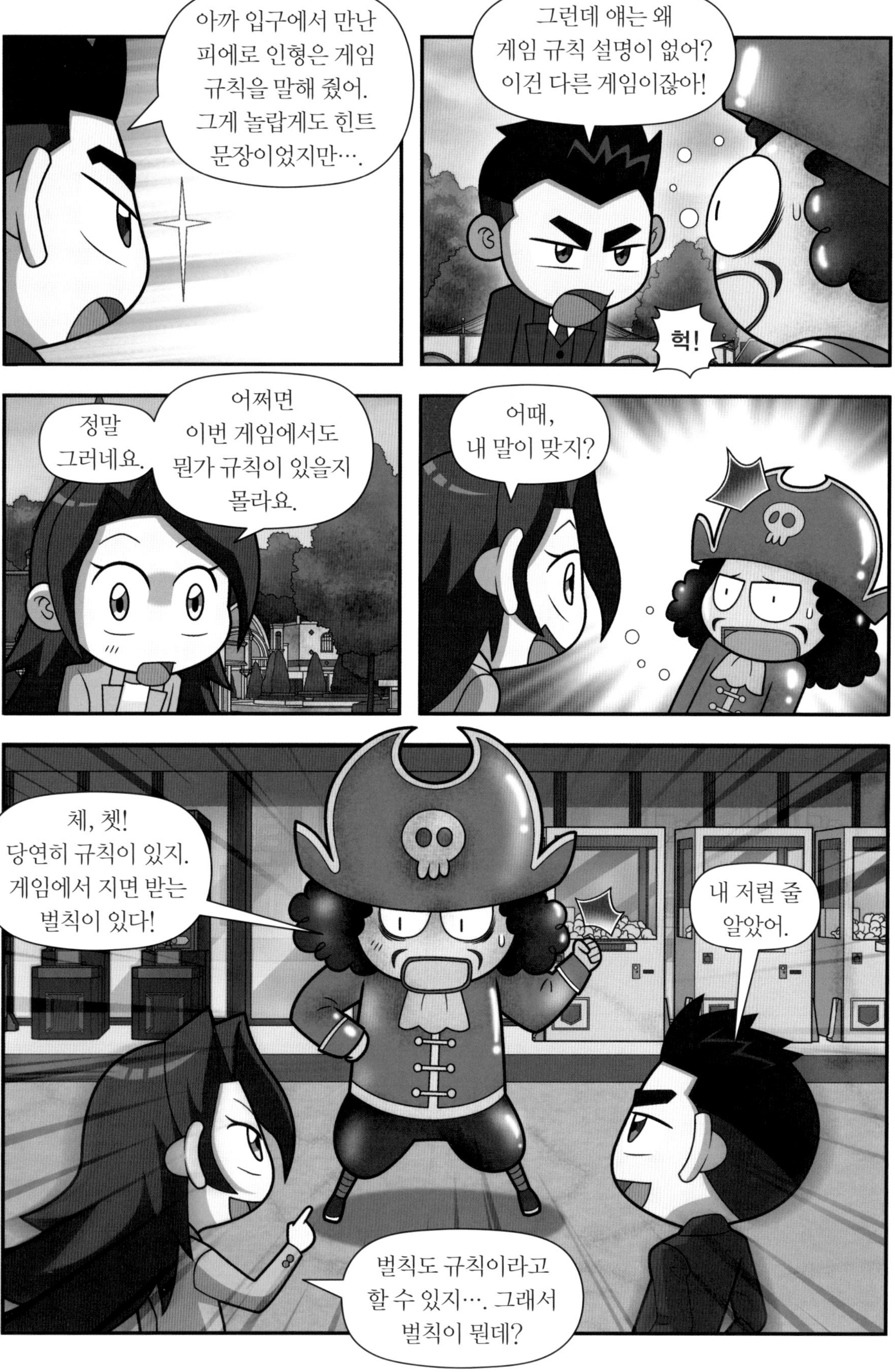
아까 입구에서 만난 피에로 인형은 게임 규칙을 말해 줬어. 그게 놀랍게도 힌트 문장이었지만….
그런데 얘는 왜 게임 규칙 설명이 없어? 이건 다른 게임이잖아!
헉!
정말 그러네요.
어쩌면 이번 게임에서도 뭔가 규칙이 있을지 몰라요.
어때, 내 말이 맞지?
체, 쳇! 당연히 규칙이 있지. 게임에서 지면 받는 벌칙이 있다!
내 저럴 줄 알았어.
벌칙도 규칙이라고 할 수 있지…. 그래서 벌칙이 뭔데?

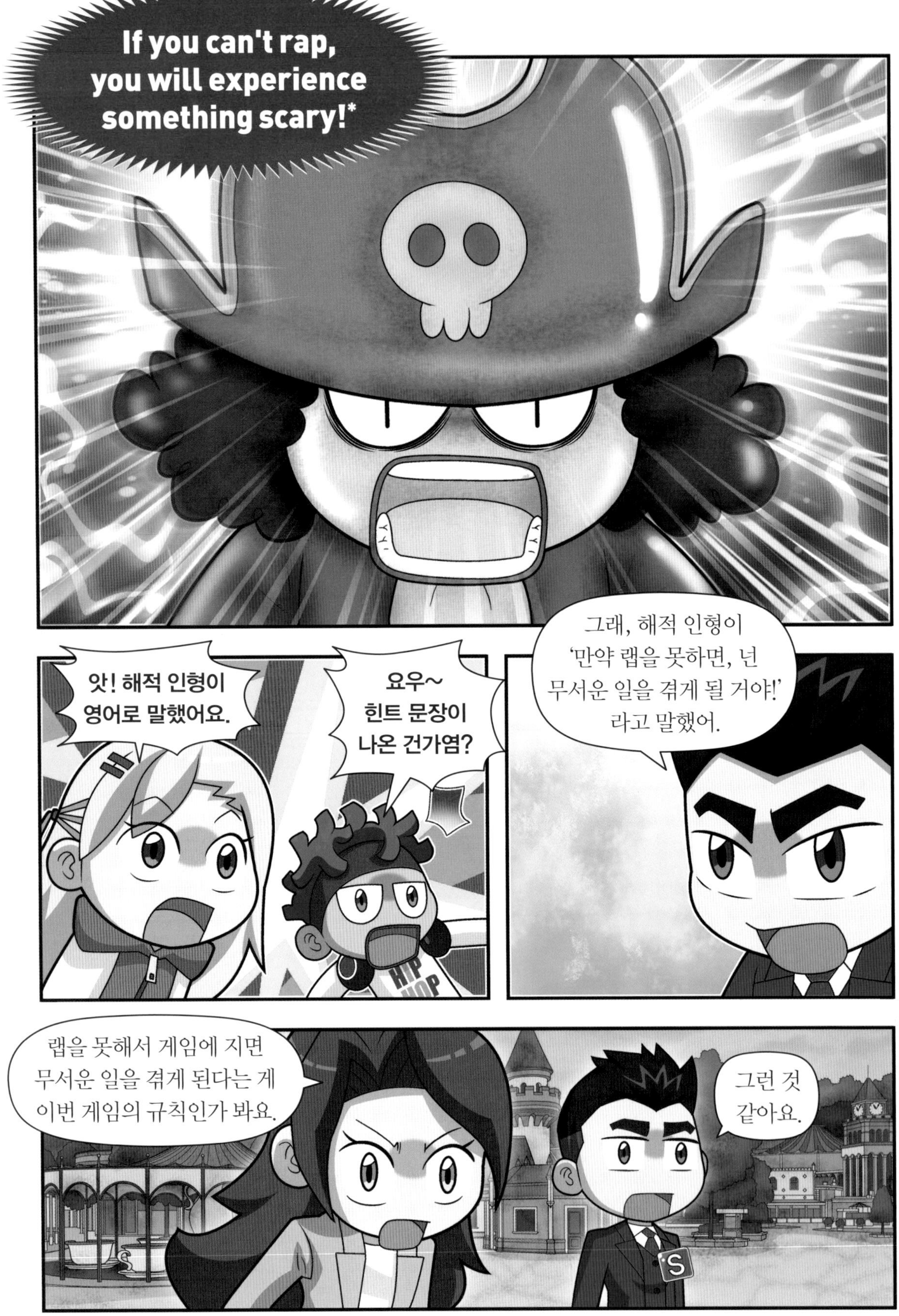
If you can't rap, you will experience something scary!*
앗! 해적 인형이 영어로 말했어요.
요우~ 힌트 문장이 나온 건가염?
그래, 해적 인형이 '만약 랩을 못하면, 넌 무서운 일을 겪게 될 거야!' 라고 말했어.
랩을 못해서 게임에 지면 무서운 일을 겪게 된다는 게 이번 게임의 규칙인가 봐요.
그런 것 같아요.
HIP HOP
S

* 만약 랩을 못하면, 넌 무서운 일을 겪게 될 거야!

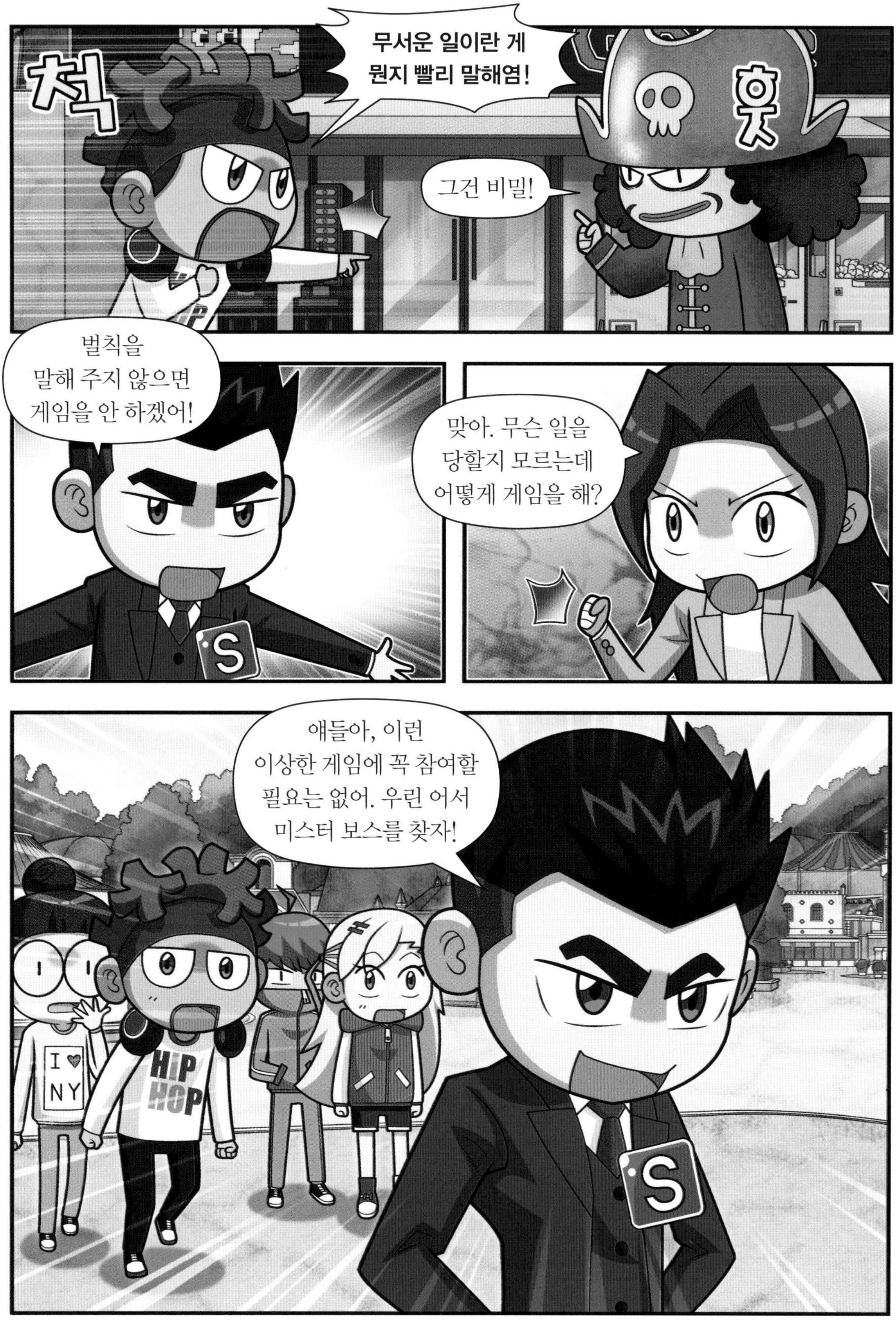
척
무서운 일이란 게 뭔지 빨리 말해염!
훗
그건 비밀!
벌칙을 말해 주지 않으면 게임을 안 하겠어!
맞아. 무슨 일을 당할지 모르는데 어떻게 게임을 해?
애들아, 이런 이상한 게임에 꼭 참여할 필요는 없어. 우린 어서 미스터 보스를 찾자!
I ♥ NY
HIP HOP

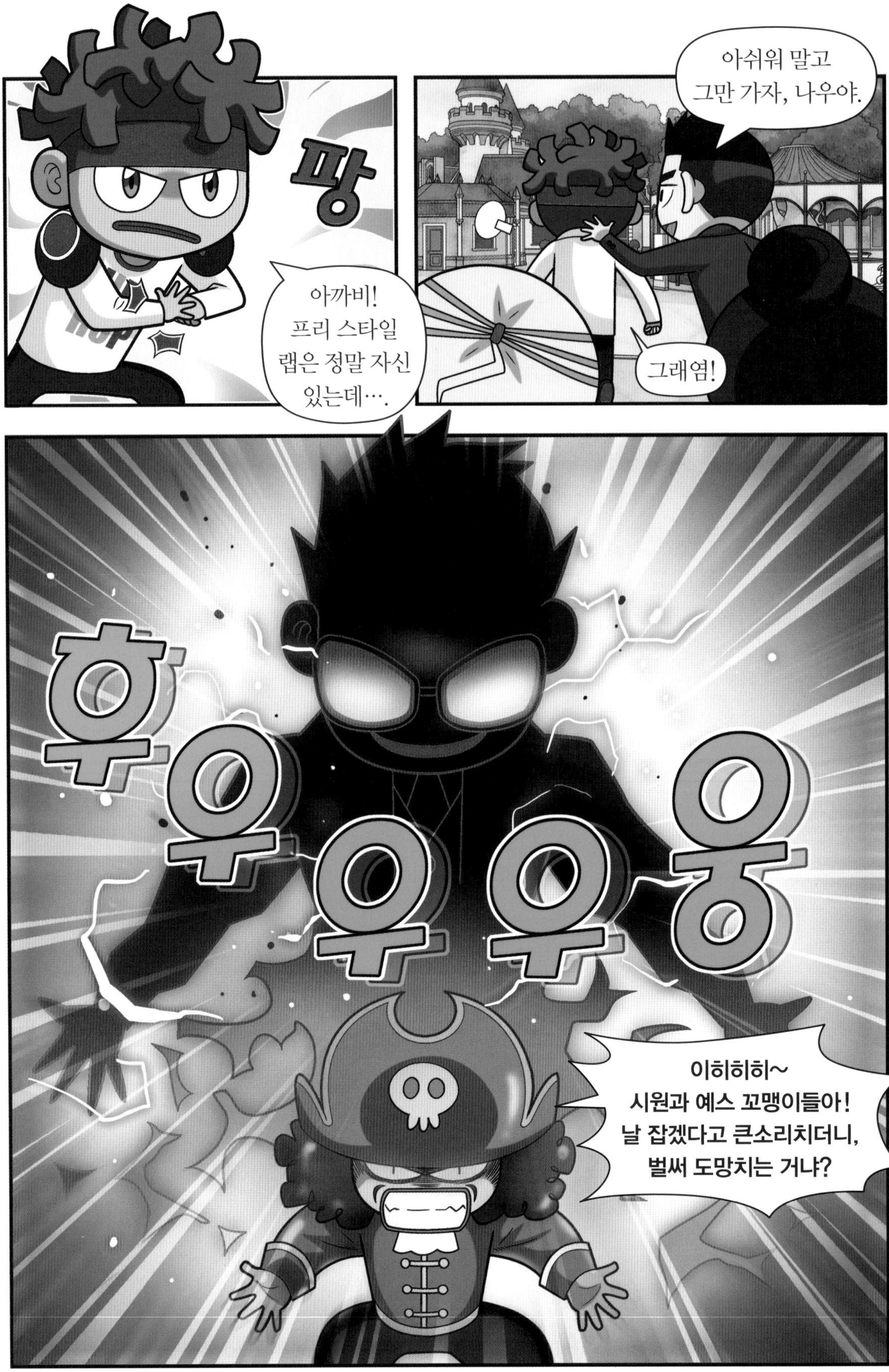
팡
아까비! 프리 스타일 랩은 정말 자신 있는데….
아쉬워 말고 그만 가자, 나우야.
그래염!
후우우우웅
이히히히~ 시원과 예스 꼬맹이들아! 날 잡겠다고 큰소리치더니, 벌써 도망치는 거냐?

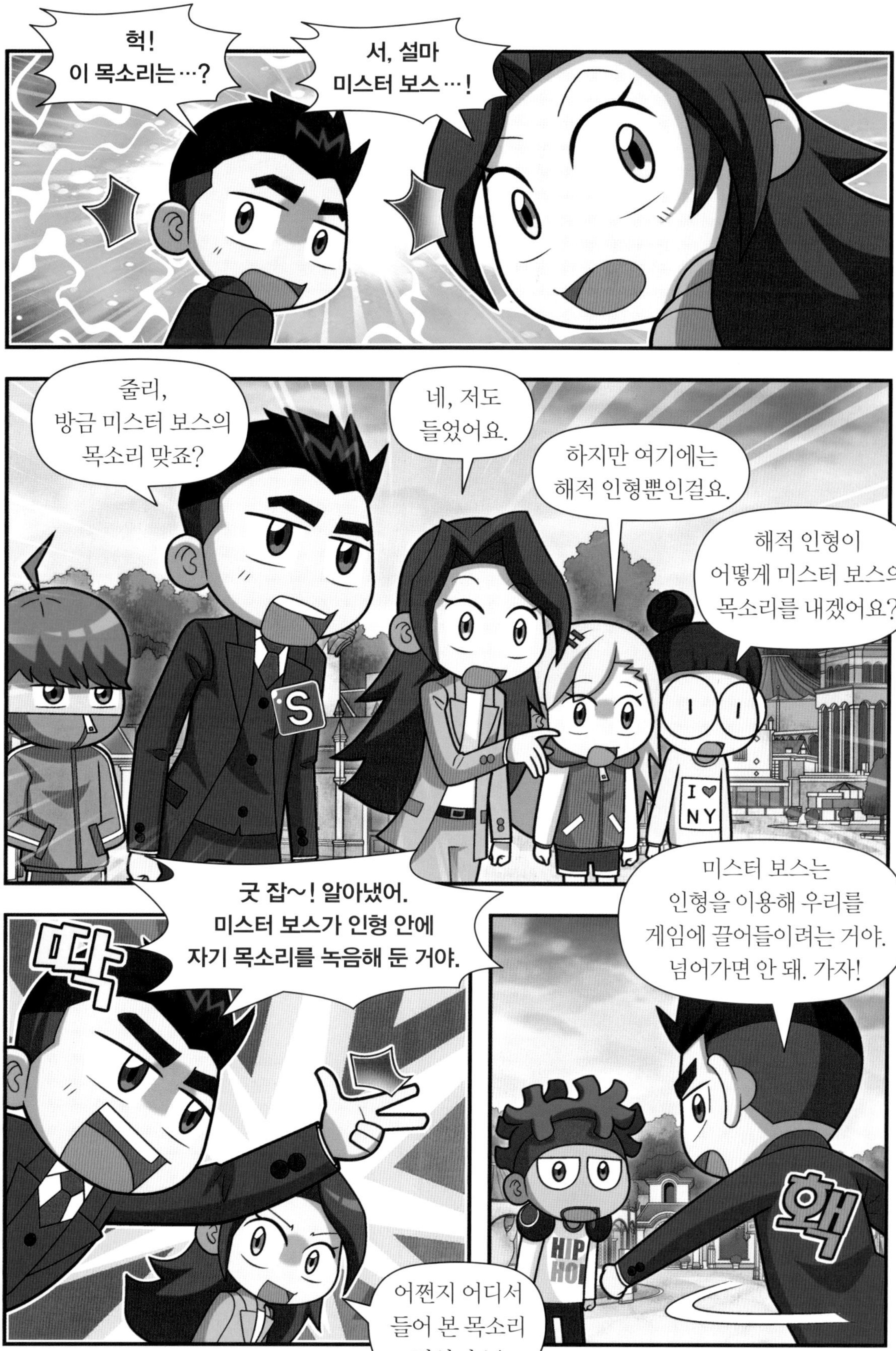
헉!
이 목소리는…?
서, 설마
미스터 보스…!
줄리,
방금 미스터 보스의
목소리 맞죠?
네, 저도
들었어요.
하지만 여기에는
해적 인형뿐인걸요.
해적 인형이
어떻게 미스터 보스의
목소리를 내겠어요?
I ♥ NY
딱
굿 잡~! 알아냈어.
미스터 보스가 인형 안에
자기 목소리를 녹음해 둔 거야.
어쩐지 어디서
들어 본 목소리
같았어요!
미스터 보스는
인형을 이용해 우리를
게임에 끌어들이려는 거야.
넘어가면 안 돼. 가자!
홱

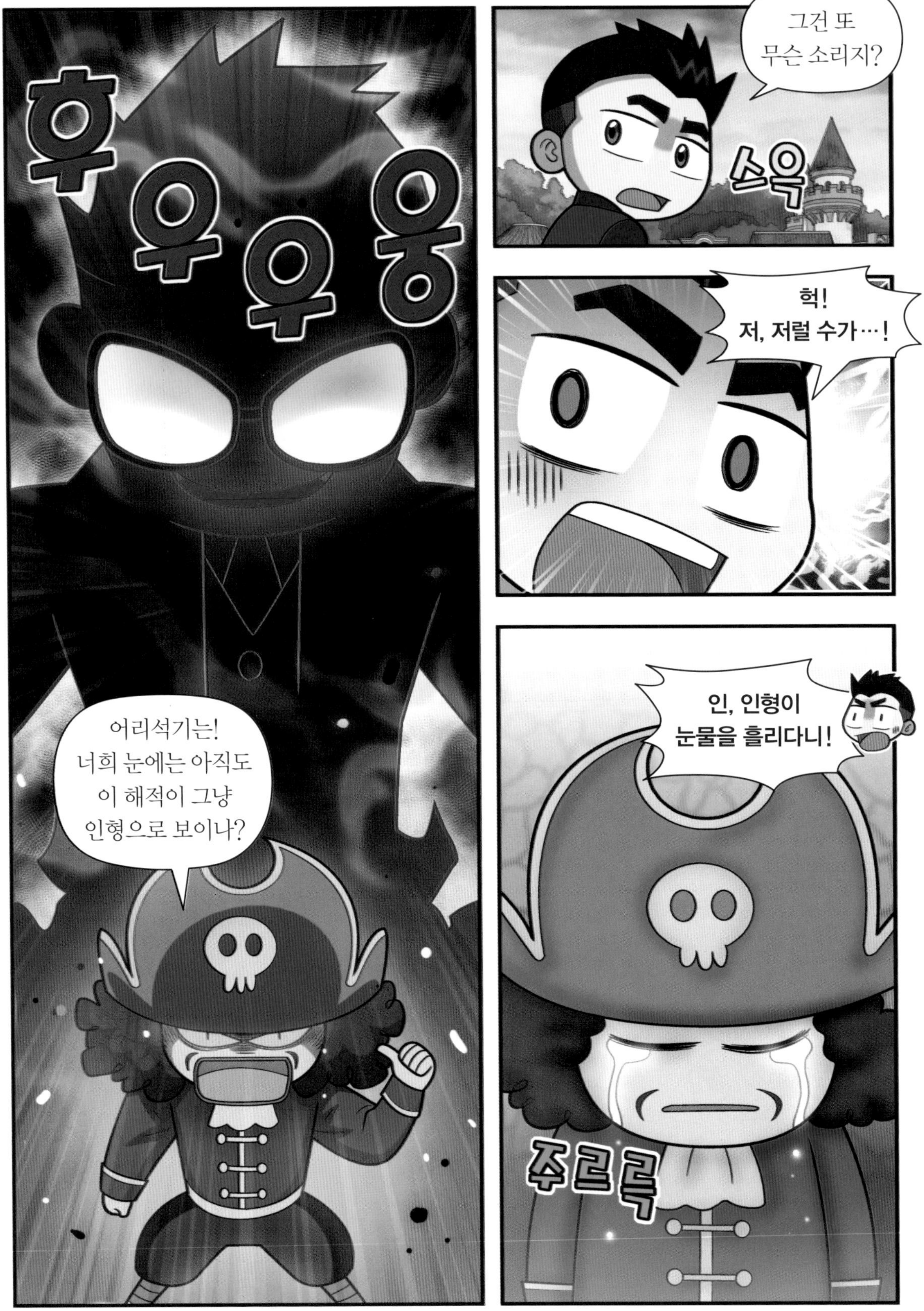

후우우웅
어리석기는! 너희 눈에는 아직도 이 해적이 그냥 인형으로 보이나?
그건 또 무슨 소리지?
스윽
헉! 저, 저럴 수가…!
인, 인형이 눈물을 흘리다니!
주르륵

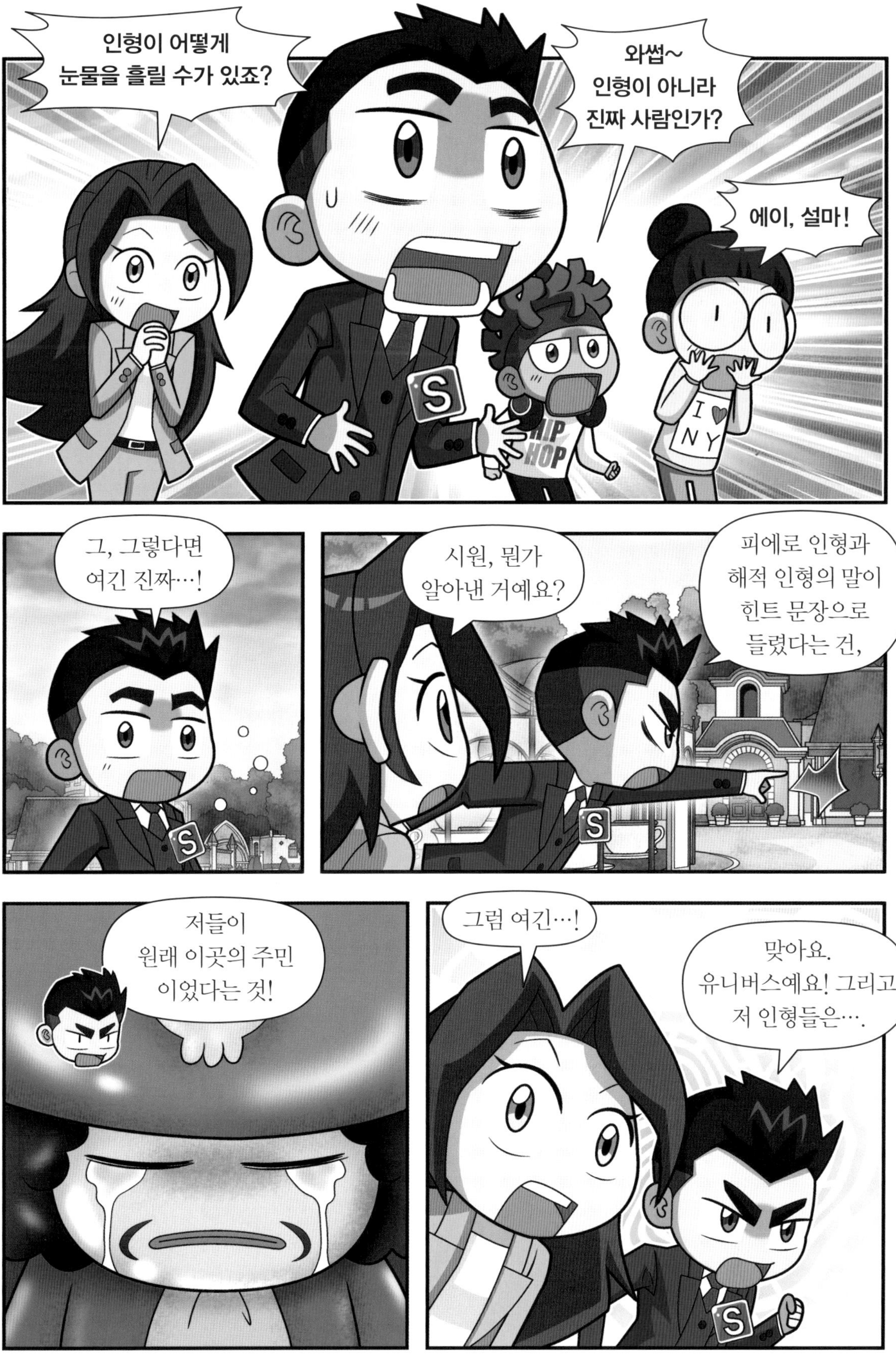

인형이 어떻게 눈물을 흘릴 수가 있죠?
와썹~ 인형이 아니라 진짜 사람인가?
에이, 설마!
그, 그렇다면 여긴 진짜…!
시원, 뭔가 알아낸 거예요?
피에로 인형과 해적 인형의 말이 힌트 문장으로 들렸다는 건,
저들이 원래 이곳의 주민 이었다는 것!
그럼 여긴…!
맞아요. 유니버스예요! 그리고 저 인형들은….

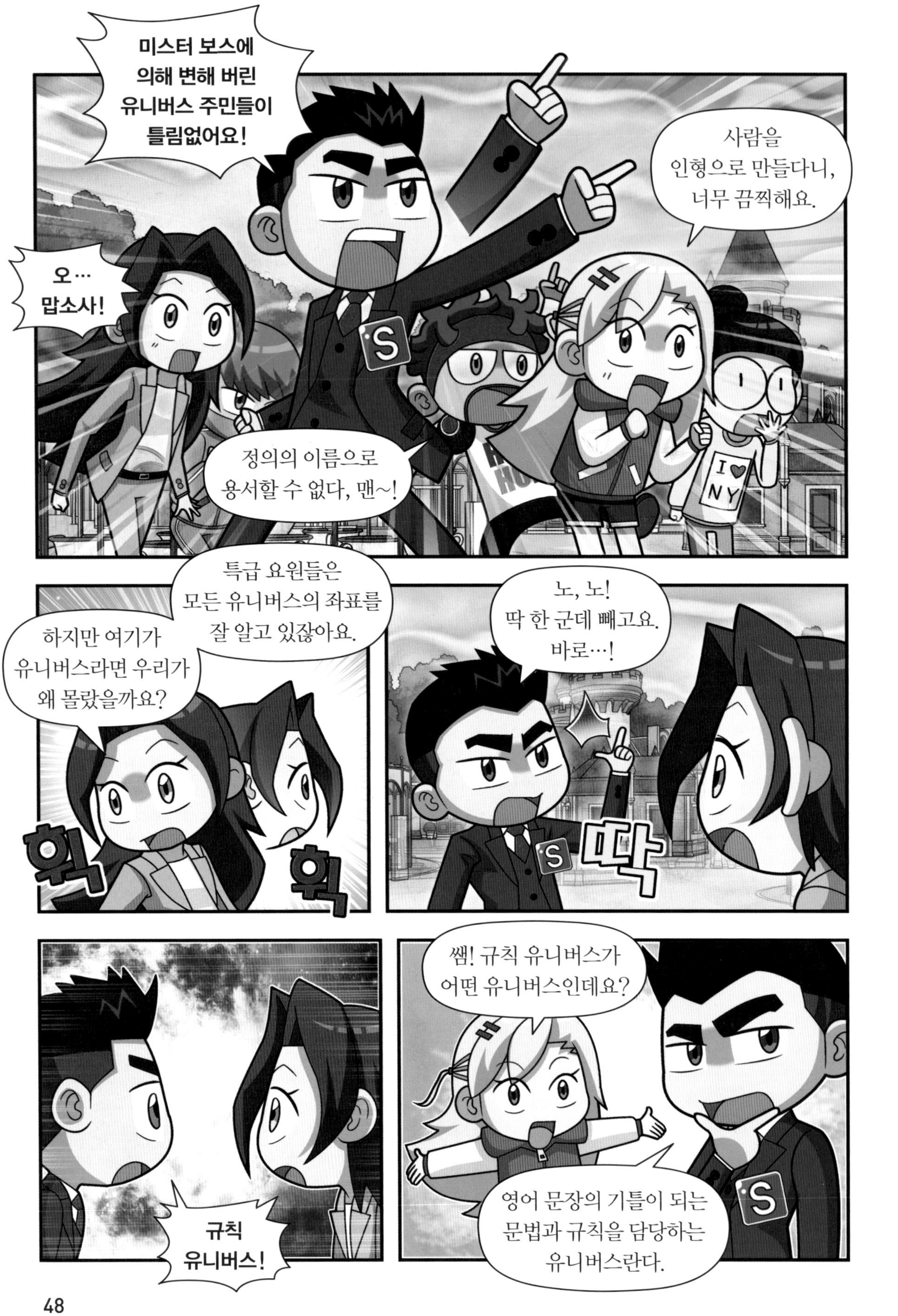
미스터 보스에 의해 변해 버린 유니버스 주민들이 틀림없어요!
사람을 인형으로 만들다니, 너무 끔찍해요.
오… 맙소사!
정의의 이름으로 용서할 수 없다, 맨~!
특급 요원들은 모든 유니버스의 좌표를 잘 알고 있잖아요.
하지만 여기가 유니버스라면 우리가 왜 몰랐을까요?
휙
휙
노, 노! 딱 한 군데 빼고요. 바로…!
딱
쌤! 규칙 유니버스가 어떤 유니버스인데요?
규칙 유니버스!
영어 문장의 기틀이 되는 문법과 규칙을 담당하는 유니버스란다.

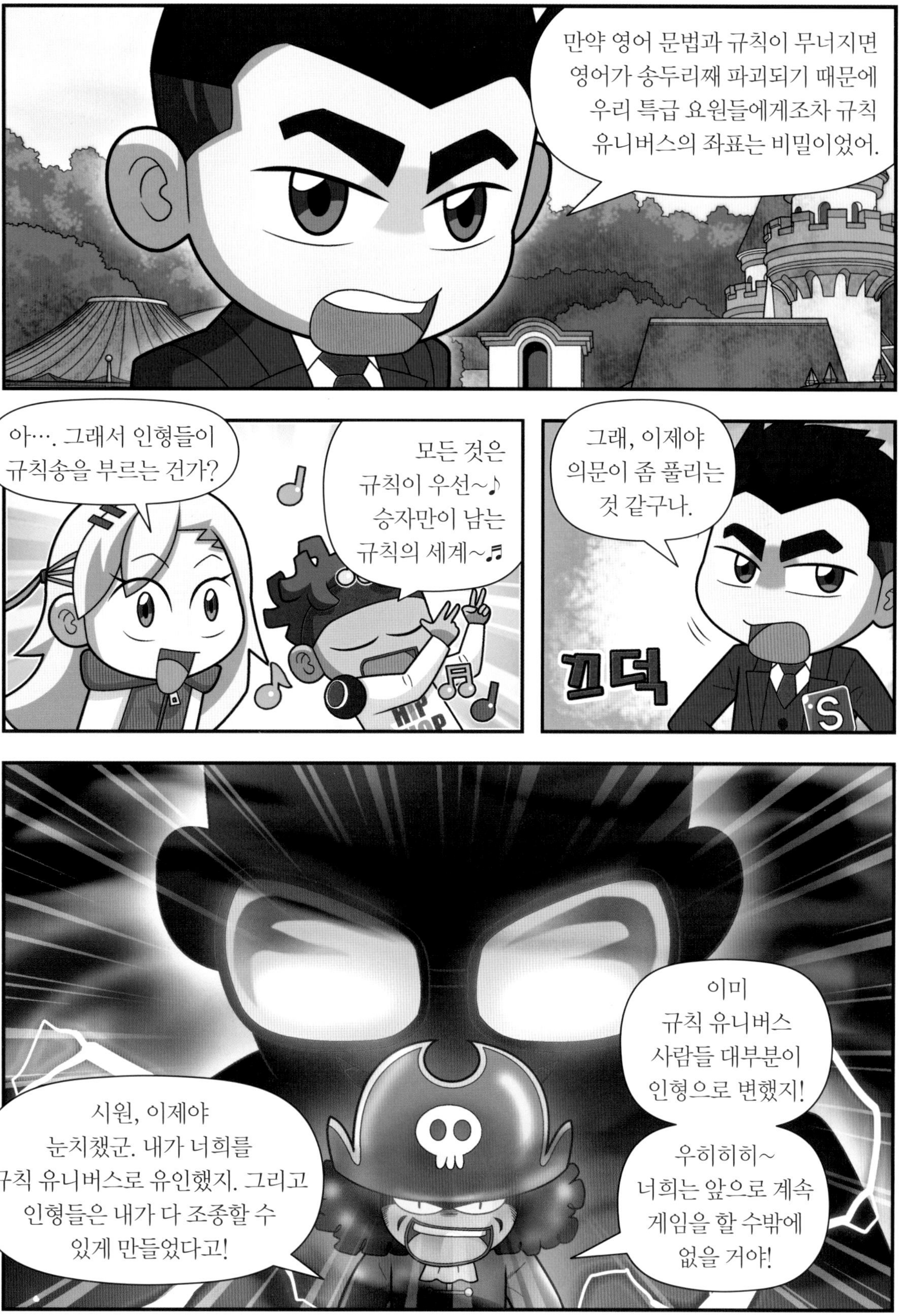
만약 영어 문법과 규칙이 무너지면 영어가 송두리째 파괴되기 때문에 우리 특급 요원들에게조차 규칙 유니버스의 좌표는 비밀이었어.
아…. 그래서 인형들이 규칙송을 부르는 건가?
모든 것은 규칙이 우선~♪ 승자만이 남는 규칙의 세계~♬
그래, 이제야 의문이 좀 풀리는 것 같구나.
끄덕
시원, 이제야 눈치챘군. 내가 너희를 규칙 유니버스로 유인했지. 그리고 인형들은 내가 다 조종할 수 있게 만들었다고!
이미 규칙 유니버스 사람들 대부분이 인형으로 변했지!
우히히히~ 너희는 앞으로 계속 게임을 할 수밖에 없을 거야!

Chapter 3

게임 스타트

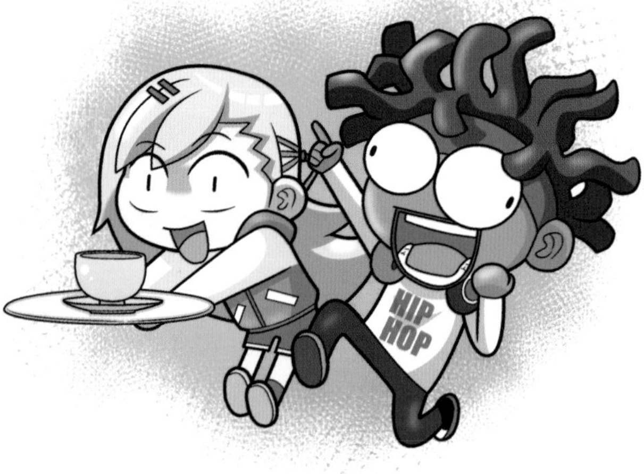

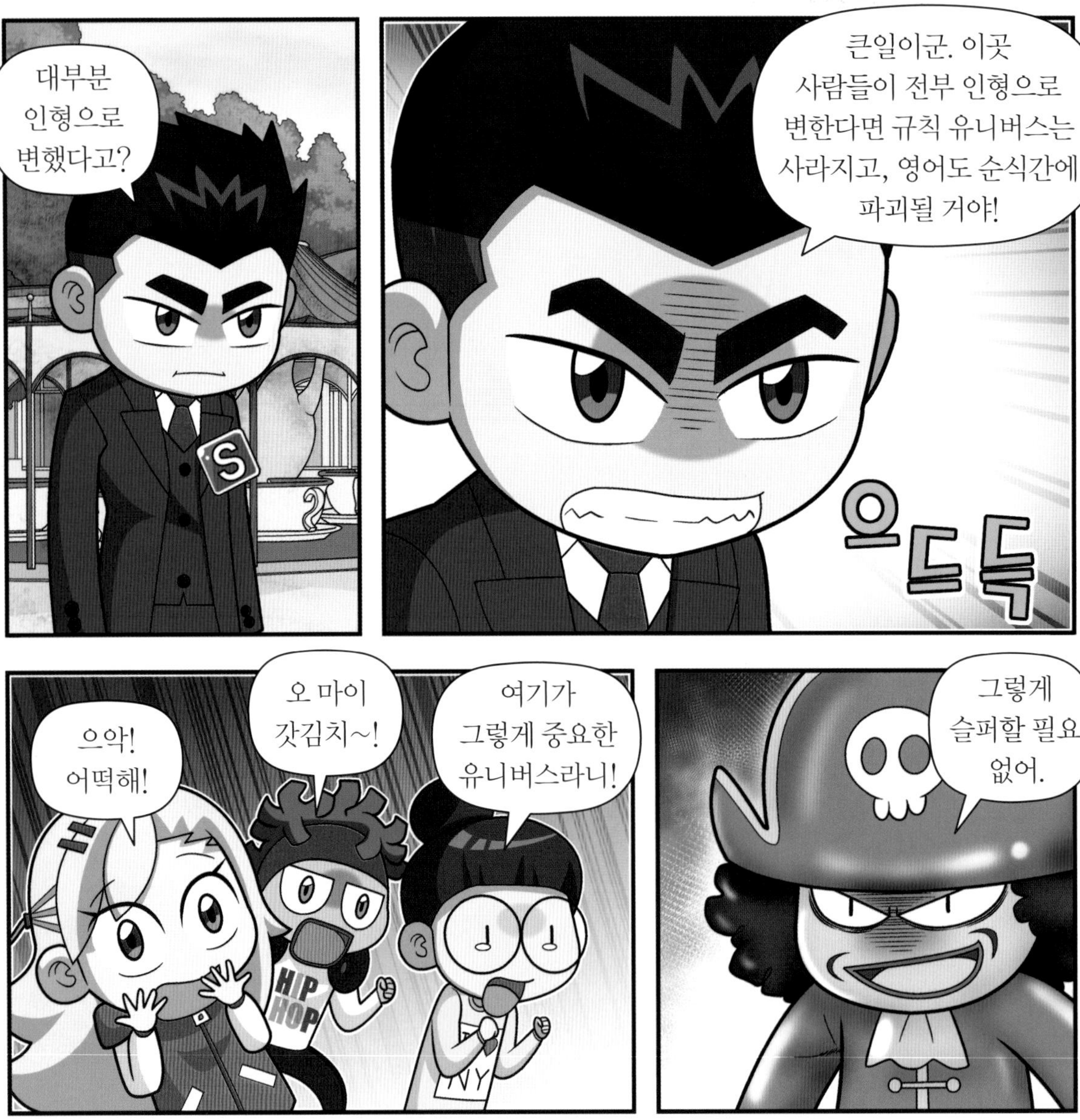
대부분 인형으로 변했다고?
큰일이군. 이곳 사람들이 전부 인형으로 변한다면 규칙 유니버스는 사라지고, 영어도 순식간에 파괴될 거야!
오도독
으악! 어떡해!
오 마이 갓김치~!
여기가 그렇게 중요한 유니버스라니!
그렇게 슬퍼할 필요 없어.

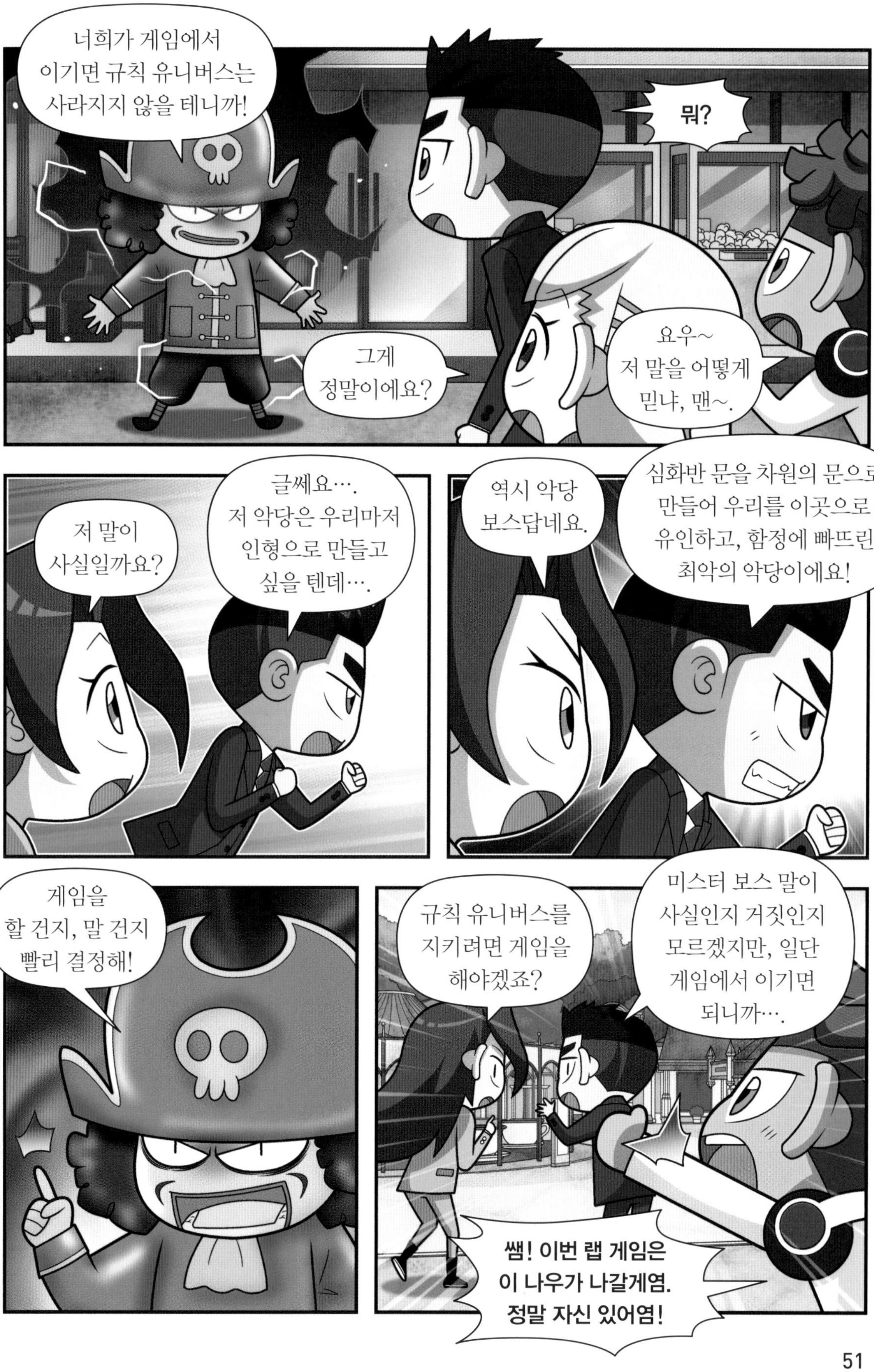
너희가 게임에서 이기면 규칙 유니버스는 사라지지 않을 테니까!
뭐?
그게 정말이에요?
요우~ 저 말을 어떻게 믿냐, 맨~.
저 말이 사실일까요?
글쎄요…. 저 악당은 우리마저 인형으로 만들고 싶을 텐데….
역시 악당 보스답네요.
심화반 문을 차원의 문으로 만들어 우리를 이곳으로 유인하고, 함정에 빠뜨린 최악의 악당이에요!
게임을 할 건지, 말 건지 빨리 결정해!
규칙 유니버스를 지키려면 게임을 해야겠죠?
미스터 보스 말이 사실인지 거짓인지 모르겠지만, 일단 게임에서 이기면 되니까….
쌤! 이번 랩 게임은 이 나우가 나갈게염. 정말 자신 있어염!

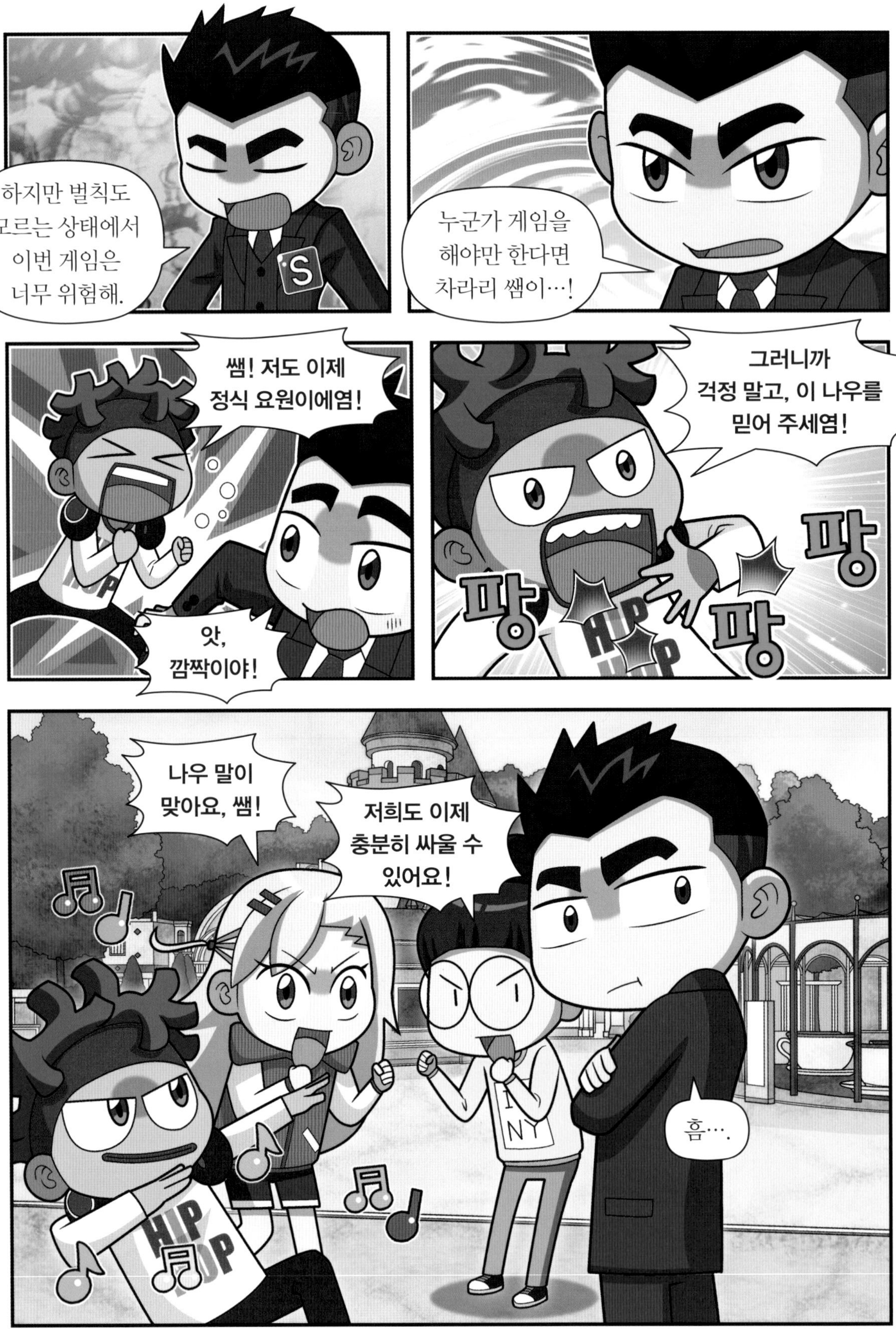
하지만 벌칙도 모르는 상태에서 이번 게임은 너무 위험해.
누군가 게임을 해야만 한다면 차라리 쌤이…!
쌤! 저도 이제 정식 요원이에염!
앗, 깜짝이야!
그러니까 걱정 말고, 이 나우를 믿어 주세염!
팡
팡
팡
나우 말이 맞아요, 쌤!
저희도 이제 충분히 싸울 수 있어요!
흠….

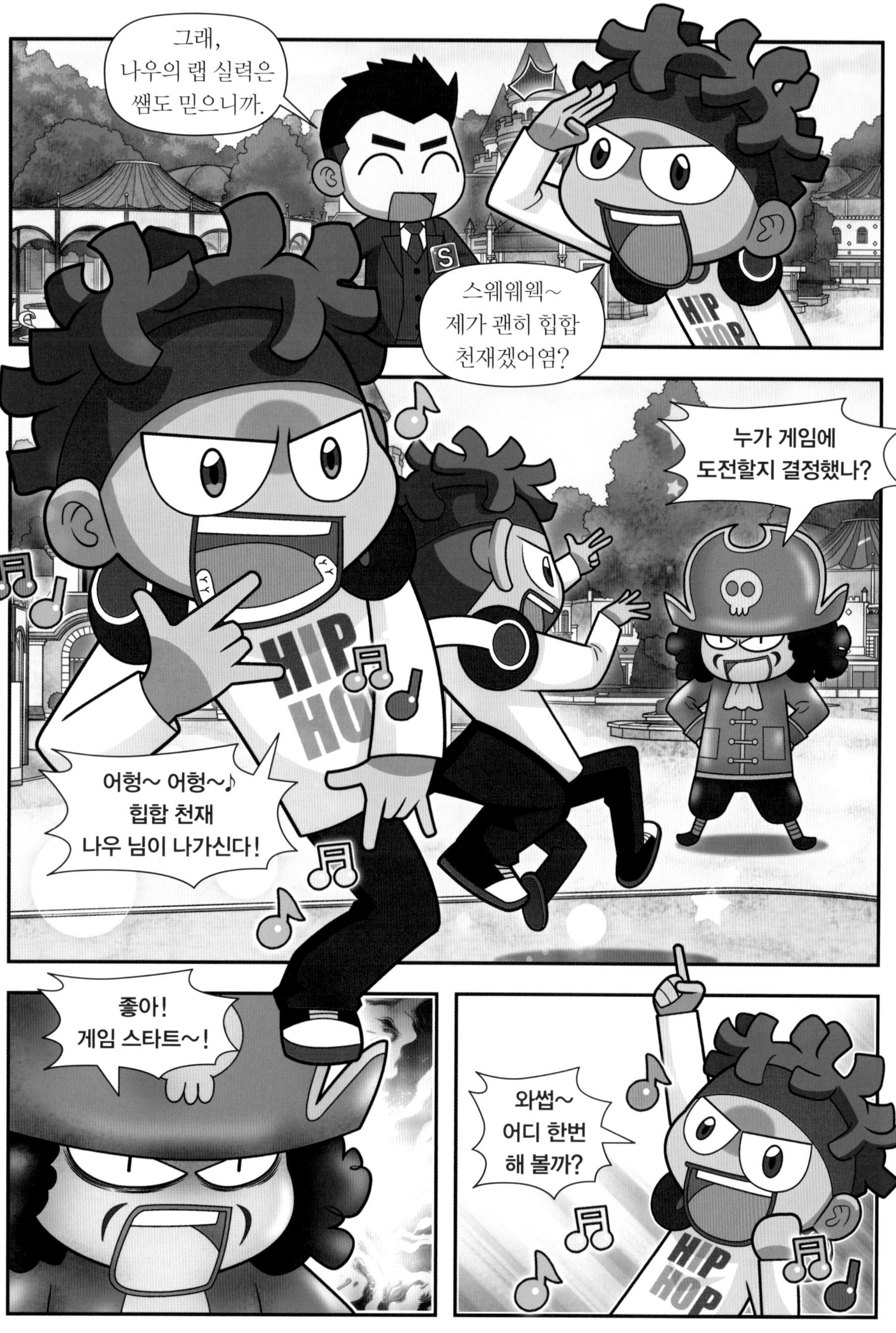
그래,
나우의 랩 실력은
쌤도 믿으니까.
스웨웨웩~
제가 괜히 힙합
천재겠어염?
누가 게임에
도전할지 결정했나?
어헝~ 어헝~♪
힙합 천재
나우 님이 나가신다!
좋아!
게임 스타트~!
와썹~
어디 한번
해 볼까?

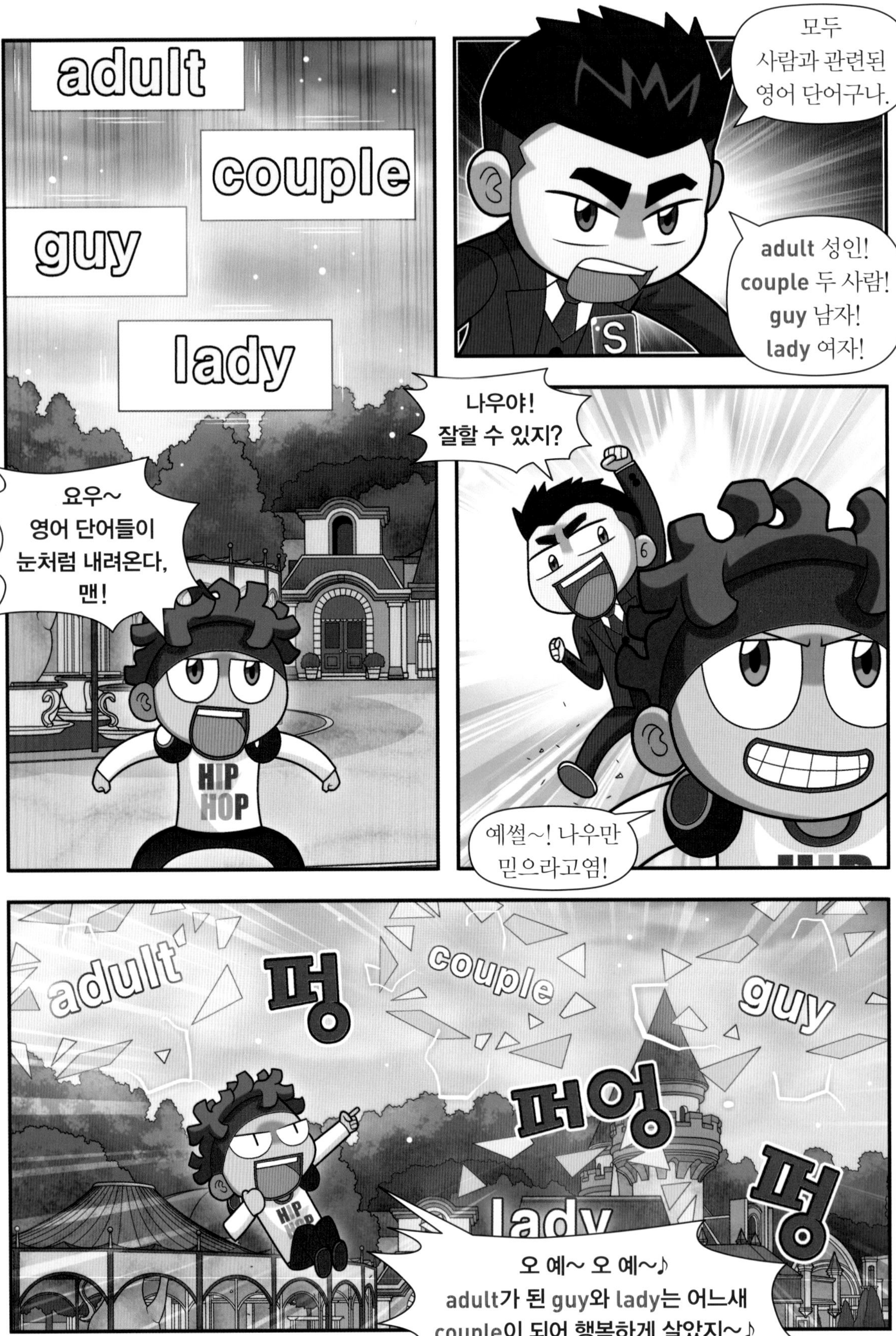
adult
couple
guy
lady
모두 사람과 관련된 영어 단어구나.
adult 성인! couple 두 사람! guy 남자! lady 여자!
요우~ 영어 단어들이 눈처럼 내려온다, 맨!
HIP HOP
나우야! 잘할 수 있지?
예썰~! 나우만 믿으라고염!
adult
펑
couple
guy
퍼엉
펑
lady
오 예~ 오 예~♪
adult가 된 guy와 lady는 어느새 couple이 되어 행복하게 살았지~♪

* 분홍색 단어의 발음이 궁금하다면 127쪽을 펼쳐 보세요.

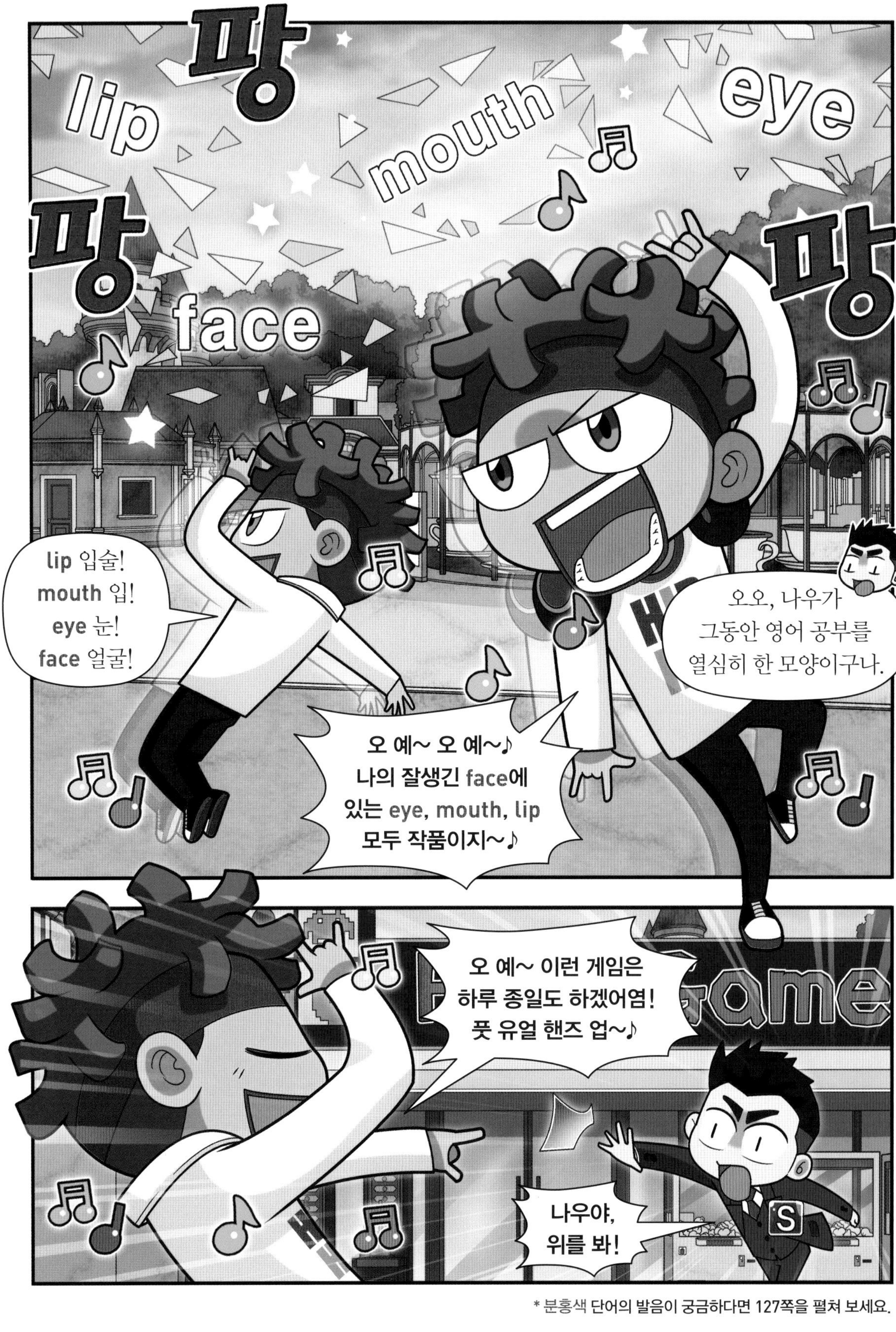
팡
lip
mouth
eye
팡
팡
face
lip 입술! mouth 입! eye 눈! face 얼굴!
오오, 나우가 그동안 영어 공부를 열심히 한 모양이구나.
오 예~ 오 예~♪ 나의 잘생긴 face에 있는 eye, mouth, lip 모두 작품이지~♪
오 예~ 이런 게임은 하루 종일도 하겠어염! 풋 유얼 핸즈 업~♪
Game
나우야, 위를 봐!

* 분홍색 단어의 발음이 궁금하다면 127쪽을 펼쳐 보세요.

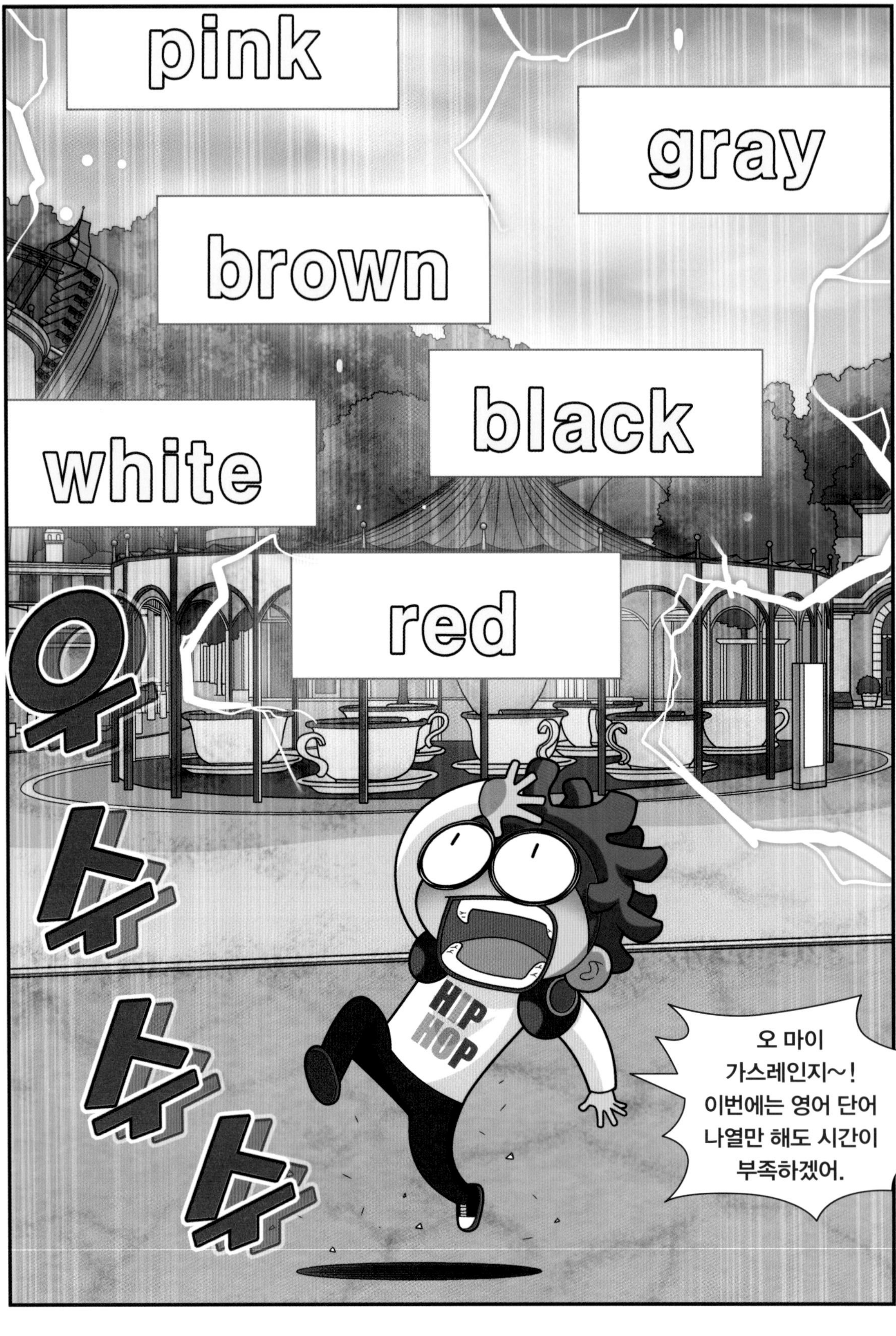
pink
gray
brown
black
white
red
으아아아
HIP HOP
오 마이 가스레인지~! 이번에는 영어 단어 나열만 해도 시간이 부족하겠어.

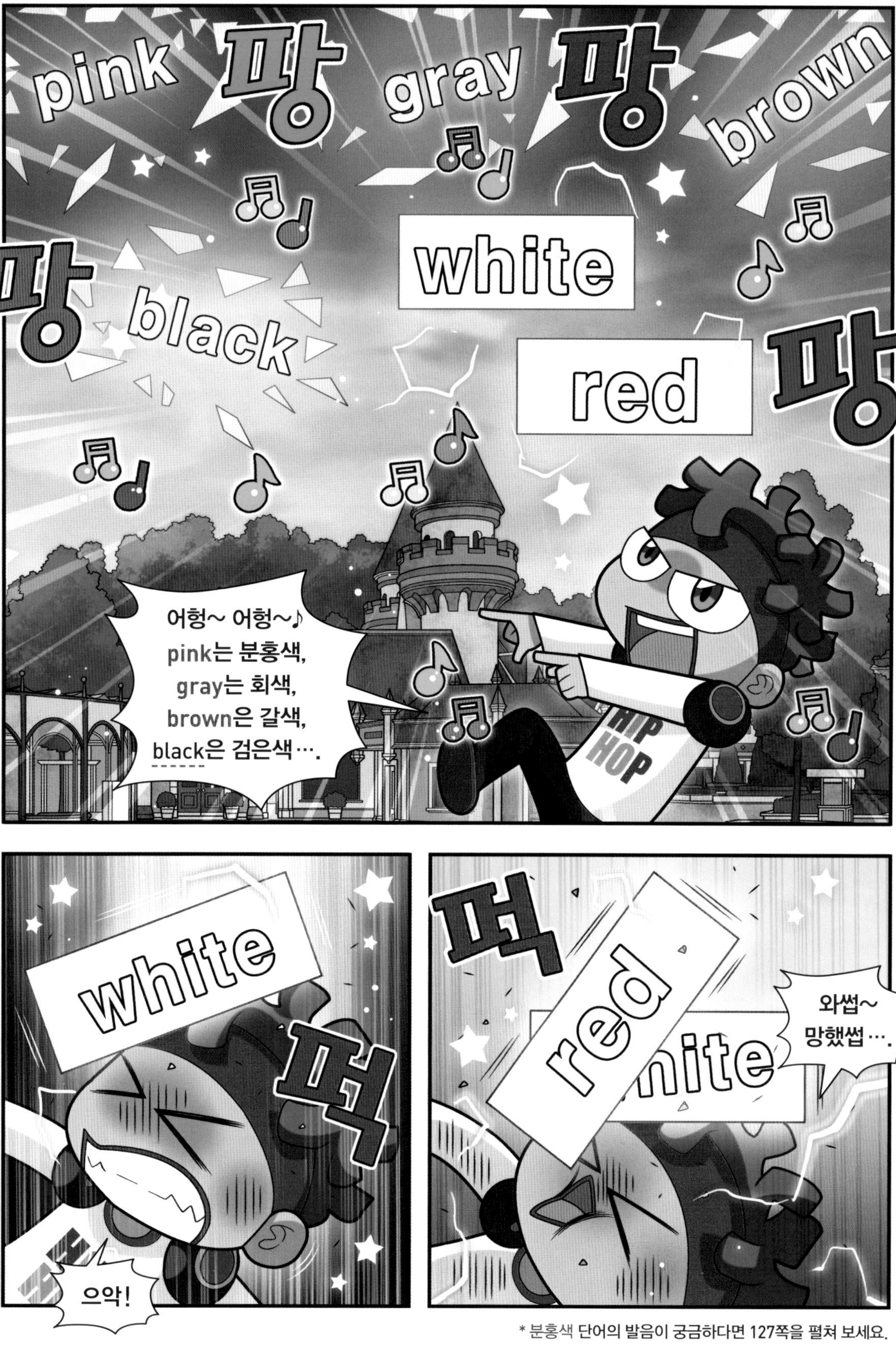
pink
팡
gray
팡
brown
팡
white
black
red
팡
어헝~ 어헝~♪
pink는 분홍색,
gray는 회색,
brown은 갈색,
black은 검은색….
HIP HOP
white
퍽
으악!
퍽
red
hite
와썹~
망했썹….

* 분홍색 단어의 발음이 궁금하다면 127쪽을 펼쳐 보세요.

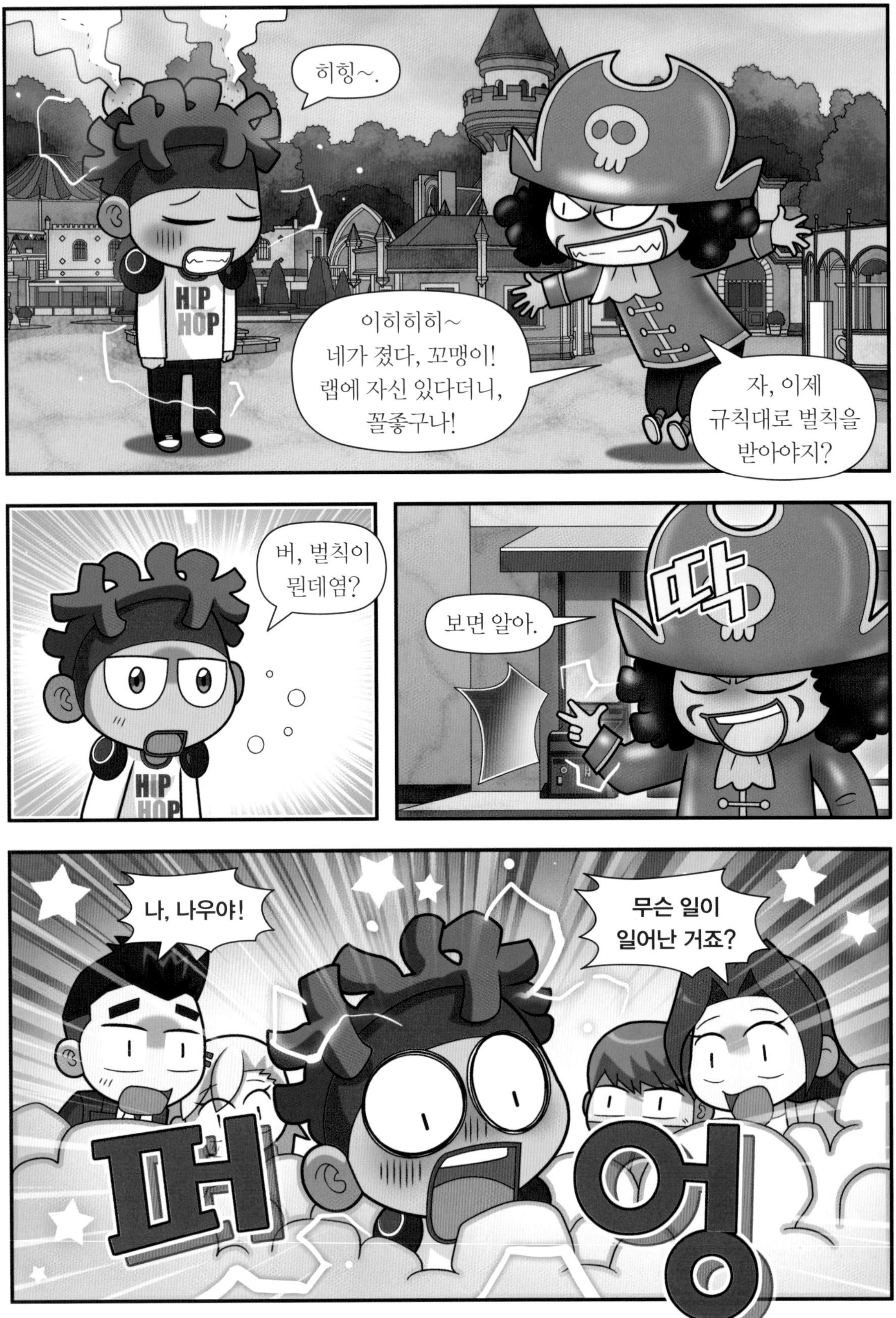

히힝~.
이히히히~ 네가 졌다, 꼬맹이! 랩에 자신 있다더니, 꼴좋구나!
자, 이제 규칙대로 벌칙을 받아야지?
HIP HOP
버, 벌칙이 뭔데염?
따닥
보면 알아.
나, 나우야!
무슨 일이 일어난 거죠?
펑

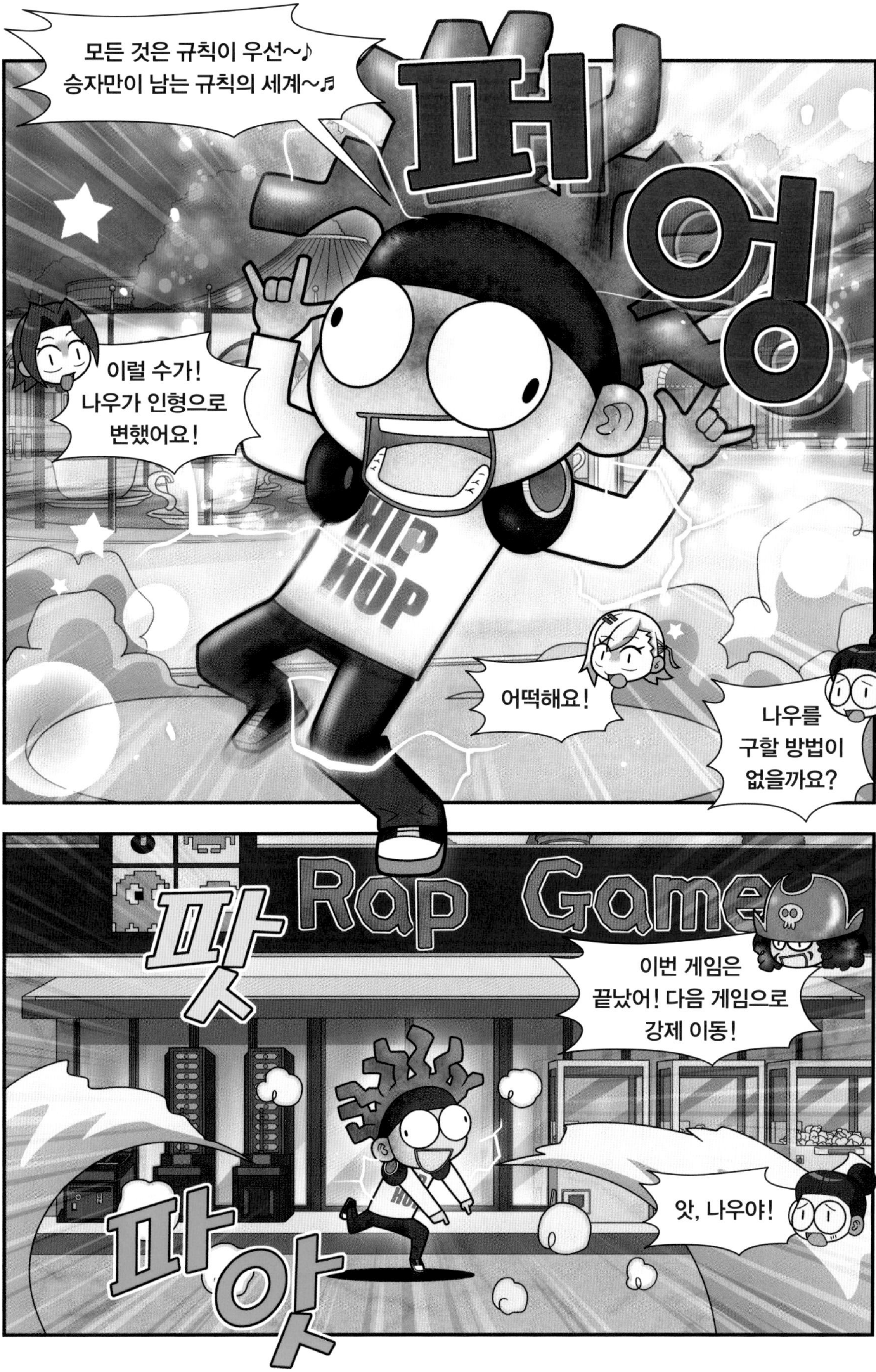
모든 것은 규칙이 우선~♪
승자만이 남는 규칙의 세계~♬
퍼엉
이럴 수가! 나우가 인형으로 변했어요!
어떡해요!
나우를 구할 방법이 없을까요?
Rap Game
팟
이번 게임은 끝났어! 다음 게임으로 강제 이동!
파앗
앗, 나우야!

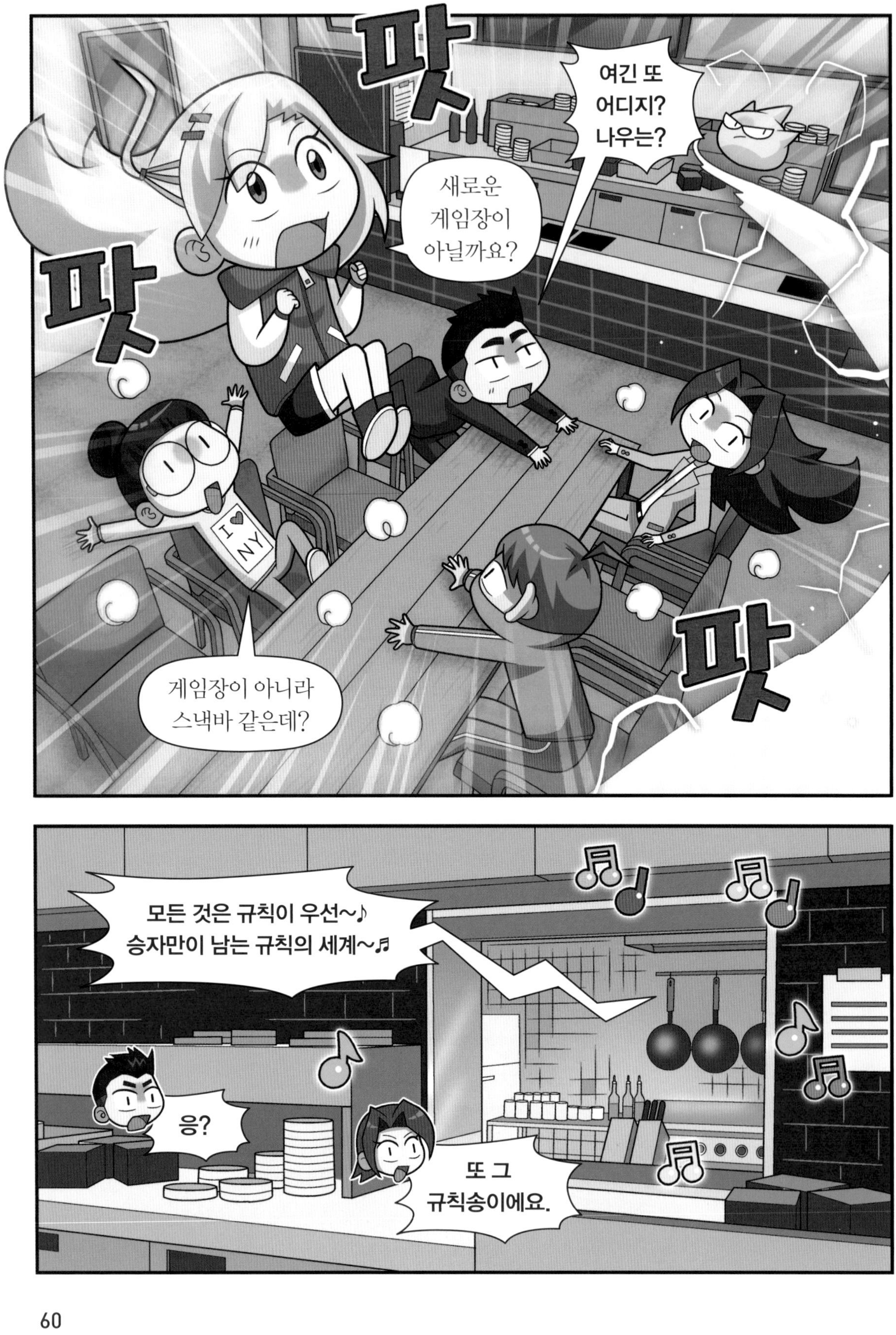
팍
여긴 또
어디지?
나우는?
새로운
게임장이
아닐까요?
팍
팍
게임장이 아니라
스낵바 같은데?
모든 것은 규칙이 우선~♪
승자만이 남는 규칙의 세계~♬
응?
또 그
규칙송이에요.

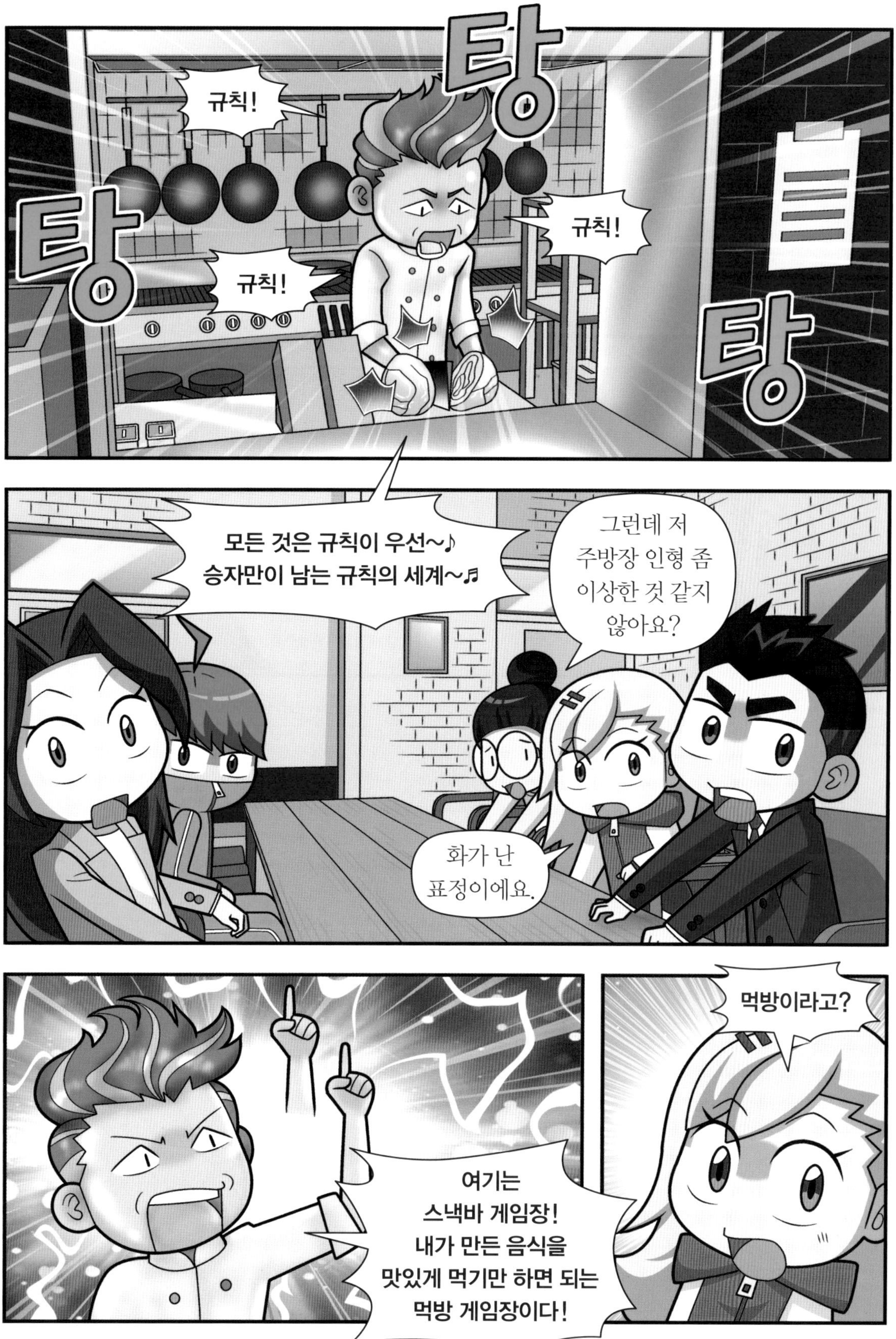
탕
규칙!
탕
규칙!
규칙!
탕
모든 것은 규칙이 우선~♪
승자만이 남는 규칙의 세계~♬
그런데 저 주방장 인형 좀 이상한 것 같지 않아요?
화가 난 표정이에요.
여기는 스낵바 게임장! 내가 만든 음식을 맛있게 먹기만 하면 되는 먹방 게임장이다!
먹방이라고?

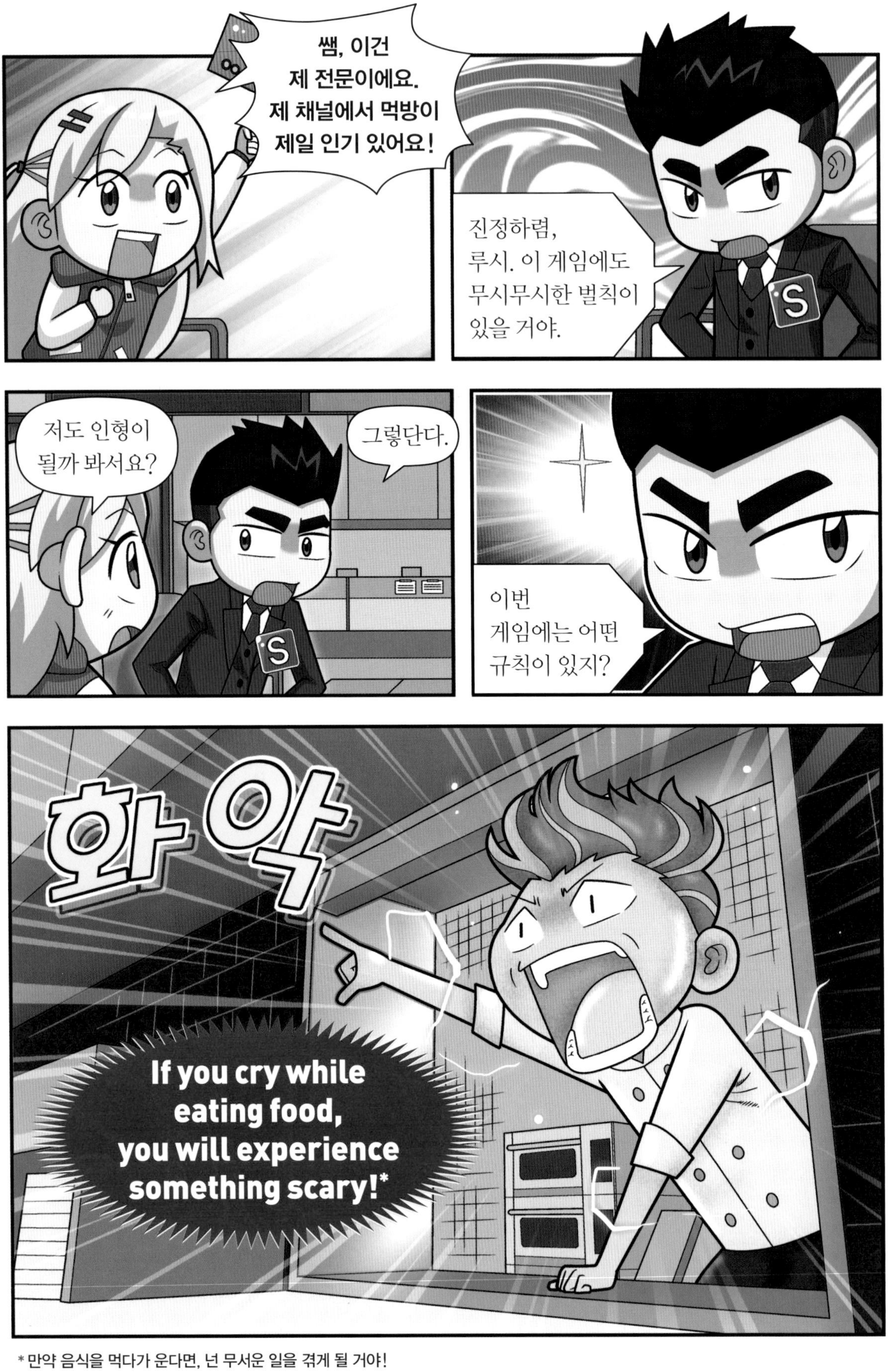
쌤, 이건 제 전문이에요. 제 채널에서 먹방이 제일 인기 있어요!
진정하렴, 루시. 이 게임에도 무시무시한 벌칙이 있을 거야.
저도 인형이 될까 봐서요?
그렇단다.
이번 게임에는 어떤 규칙이 있지?
화악
If you cry while eating food, you will experience something scary!*

* 만약 음식을 먹다가 운다면, 넌 무서운 일을 겪게 될 거야!

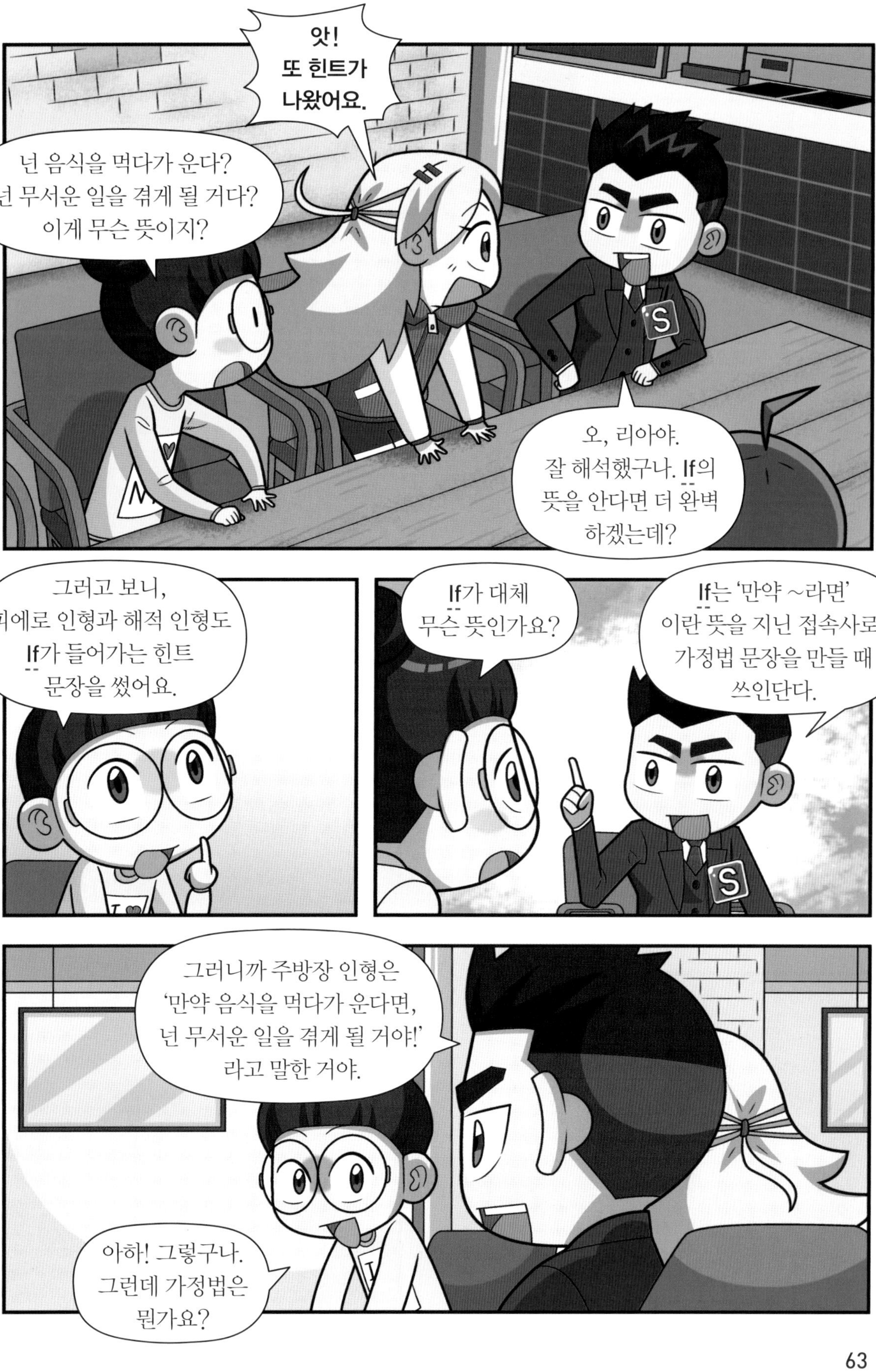
넌 음식을 먹다가 운다? 넌 무서운 일을 겪게 될 거다? 이게 무슨 뜻이지?
앗! 또 힌트가 나왔어요.
오, 리아야. 잘 해석했구나. If의 뜻을 안다면 더 완벽하겠는데?
그러고 보니, 피에로 인형과 해적 인형도 If가 들어가는 힌트 문장을 썼어요.
If가 대체 무슨 뜻인가요?
If는 '만약 ~라면' 이란 뜻을 지닌 접속사로, 가정법 문장을 만들 때 쓰인단다.
그러니까 주방장 인형은 '만약 음식을 먹다가 운다면, 넌 무서운 일을 겪게 될 거야!' 라고 말한 거야.
아하! 그렇구나. 그런데 가정법은 뭔가요?

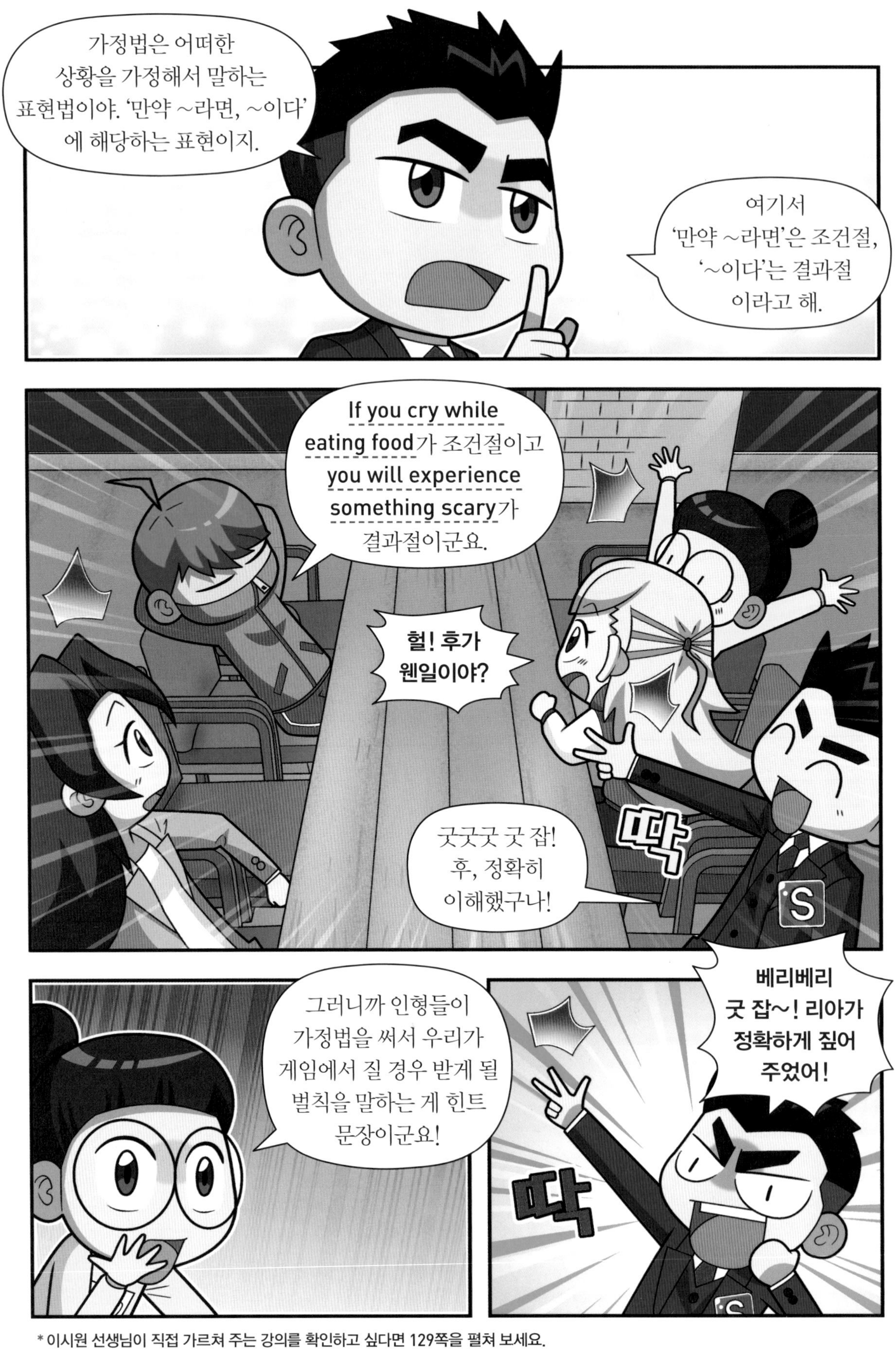
가정법은 어떠한 상황을 가정해서 말하는 표현법이야. '만약 ~라면, ~이다'에 해당하는 표현이지.
여기서 '만약 ~라면'은 조건절, '~이다'는 결과절이라고 해.
If you cry while eating food가 조건절이고 you will experience something scary가 결과절이군요.
헐! 후가 웬일이야?
딱
굿굿굿 굿 잡! 후, 정확히 이해했구나!
그러니까 인형들이 가정법을 써서 우리가 게임에서 질 경우 받게 될 벌칙을 말하는 게 힌트 문장이군요!
베리베리 굿 잡~! 리아가 정확하게 짚어 주었어!
딱

* 이시원 선생님이 직접 가르쳐 주는 강의를 확인하고 싶다면 129쪽을 펼쳐 보세요.

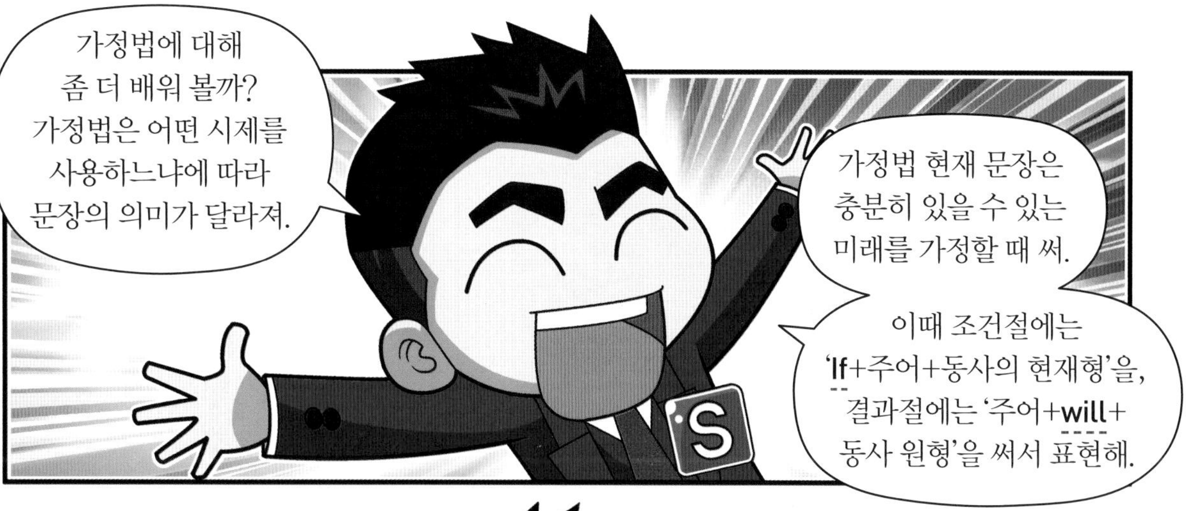

가정법에 대해 좀 더 배워 볼까? 가정법은 어떤 시제를 사용하느냐에 따라 문장의 의미가 달라져.
가정법 현재 문장은 충분히 있을 수 있는 미래를 가정할 때 써.
이때 조건절에는 'If+주어+동사의 현재형'을, 결과절에는 '주어+will+동사 원형'을 써서 표현해.

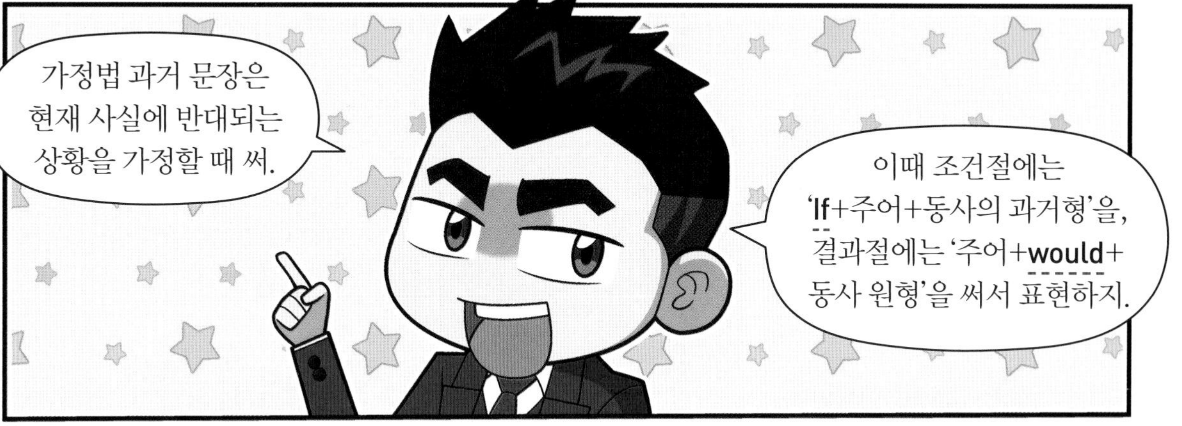

가정법 과거 문장은 현재 사실에 반대되는 상황을 가정할 때 써.
이때 조건절에는 'If+주어+동사의 과거형'을, 결과절에는 '주어+would+동사 원형'을 써서 표현하지.

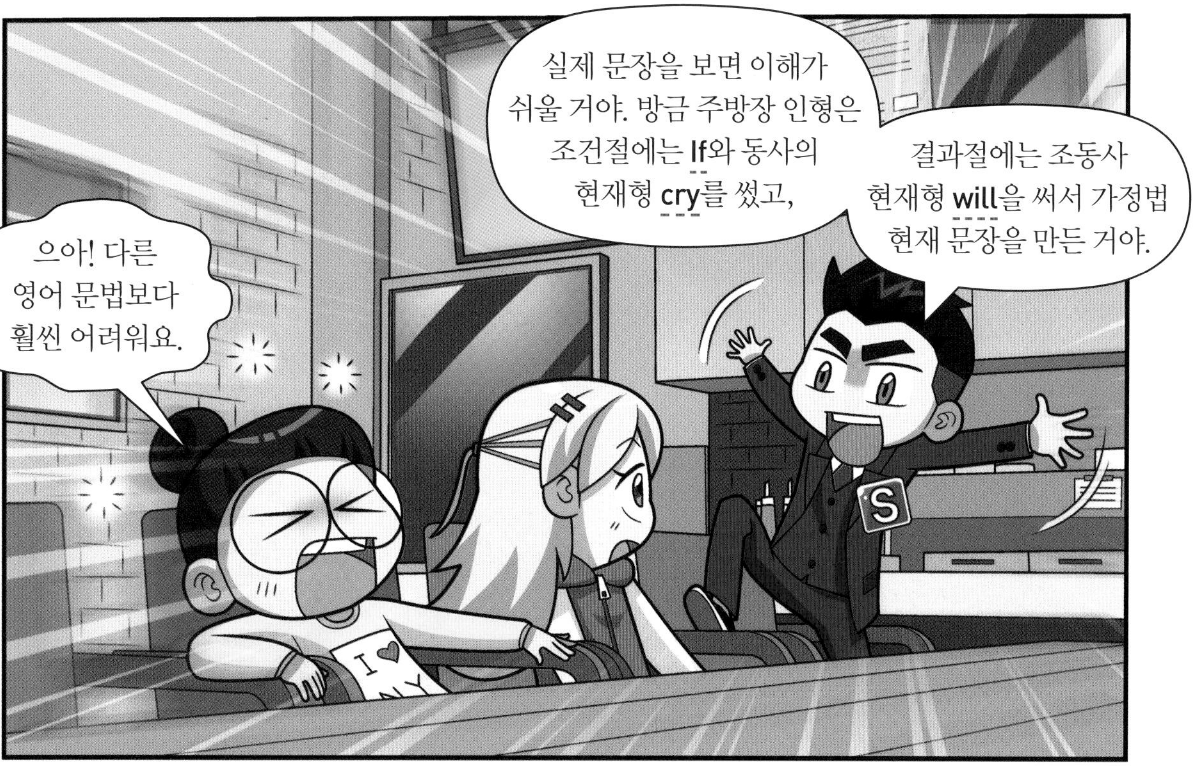

실제 문장을 보면 이해가 쉬울 거야. 방금 주방장 인형은 조건절에는 If와 동사의 현재형 cry를 썼고,
결과절에는 조동사 현재형 will을 써서 가정법 현재 문장을 만든 거야.
으아! 다른 영어 문법보다 훨씬 어려워요.

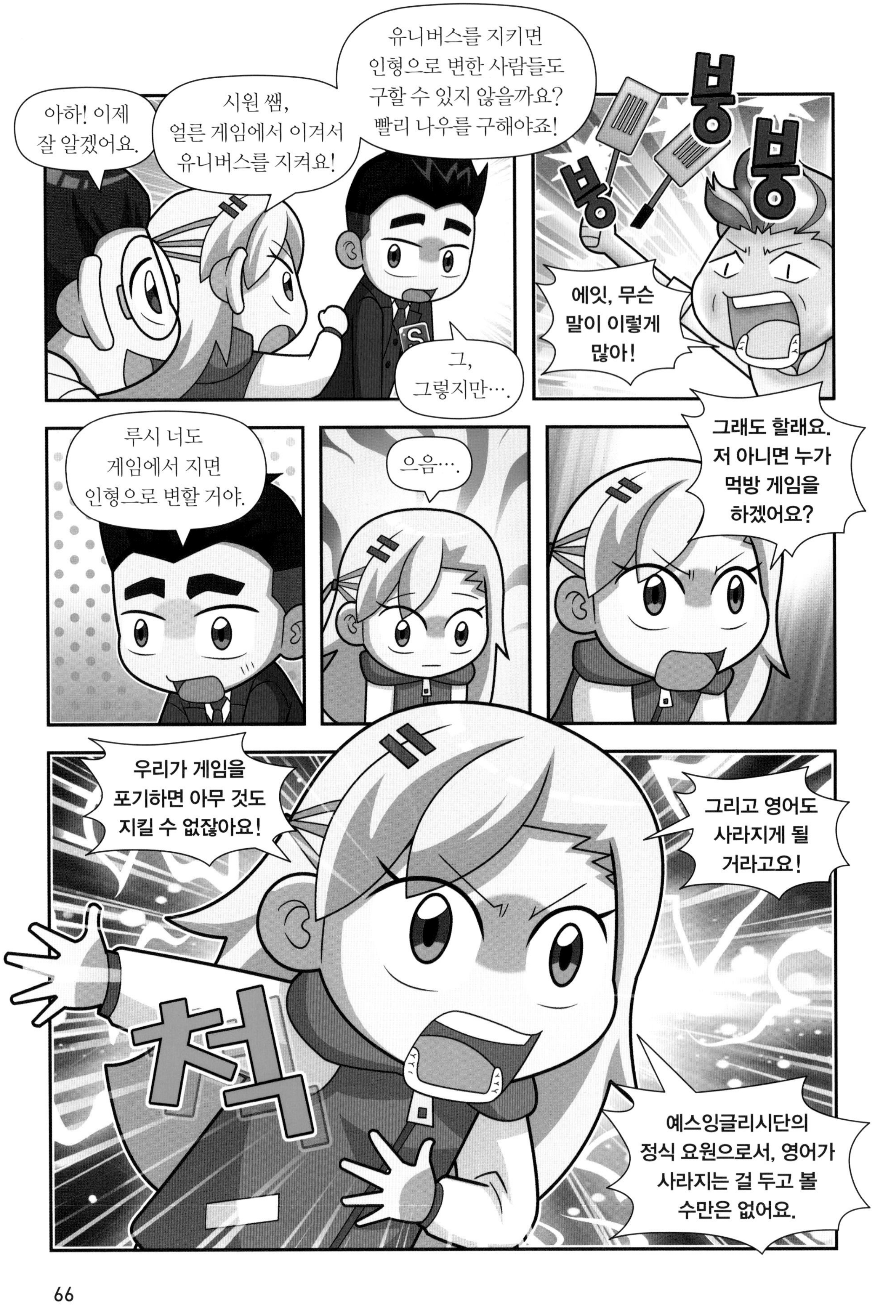

아하! 이제 잘 알겠어요.
시원 쌤, 얼른 게임에서 이겨서 유니버스를 지켜요!
유니버스를 지키면 인형으로 변한 사람들도 구할 수 있지 않을까요? 빨리 나우를 구해야죠!
그, 그렇지만….
붕 붕 붕
에잇, 무슨 말이 이렇게 많아!
루시 너도 게임에서 지면 인형으로 변할 거야.
으음….
그래도 할래요. 저 아니면 누가 먹방 게임을 하겠어요?
우리가 게임을 포기하면 아무 것도 지킬 수 없잖아요!
그리고 영어도 사라지게 될 거라고요!
척
예스잉글리시단의 정식 요원으로서, 영어가 사라지는 걸 두고 볼 수만은 없어요.

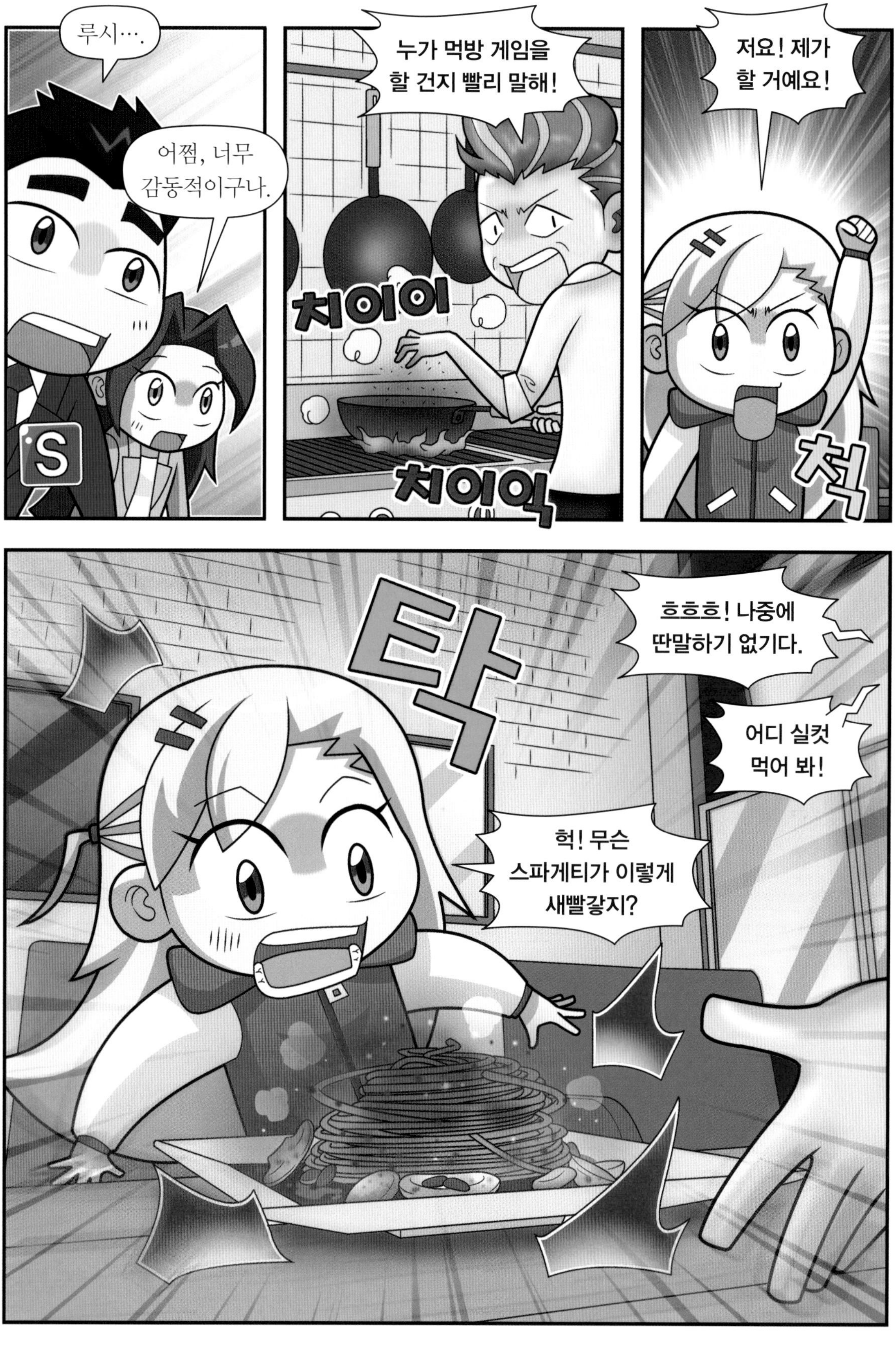
루시….
어쩜, 너무 감동적이구나.
누가 먹방 게임을 할 건지 빨리 말해!
치이이
치이익
저요! 제가 할 거예요!
척
탁
흐흐흐! 나중에 딴말하기 없기다.
어디 실컷 먹어 봐!
헉! 무슨 스파게티가 이렇게 새빨갛지?

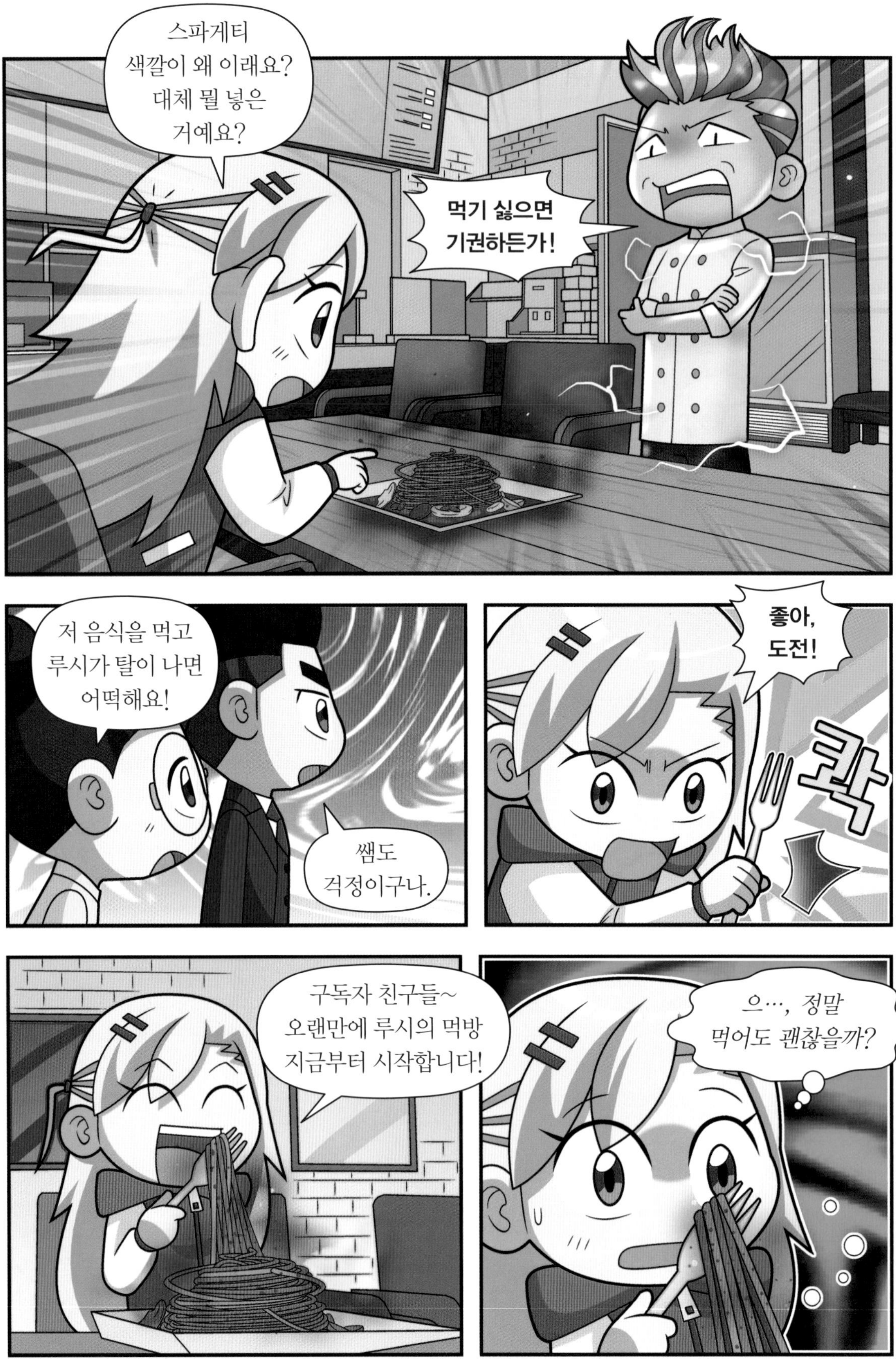

스파게티 색깔이 왜 이래요? 대체 뭘 넣은 거예요?
먹기 싫으면 기권하든가!
저 음식을 먹고 루시가 탈이 나면 어떡해요!
쌤도 걱정이구나.
좋아, 도전!
콱
구독자 친구들~ 오랜만에 루시의 먹방 지금부터 시작합니다!
으…, 정말 먹어도 괜찮을까?

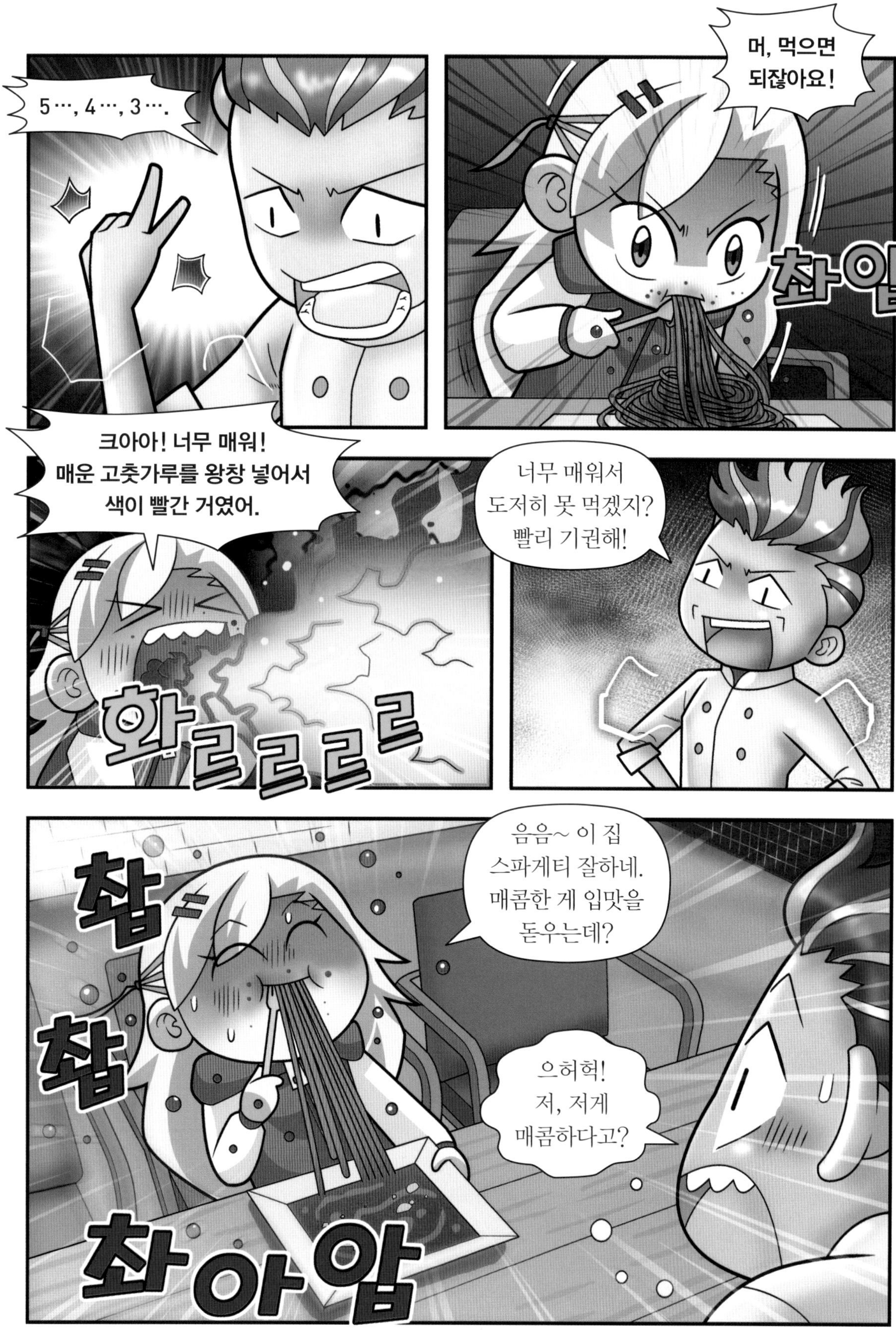
5…, 4…, 3….
머, 먹으면 되잖아요!
차압
크아아! 너무 매워! 매운 고춧가루를 왕창 넣어서 색이 빨간 거였어.
화르르르르
너무 매워서 도저히 못 먹겠지? 빨리 기권해!
챱
챱
차아압
음음~ 이 집 스파게티 잘하네. 매콤한 게 입맛을 돋우는데?
으허헉! 저, 저게 매콤하다고?

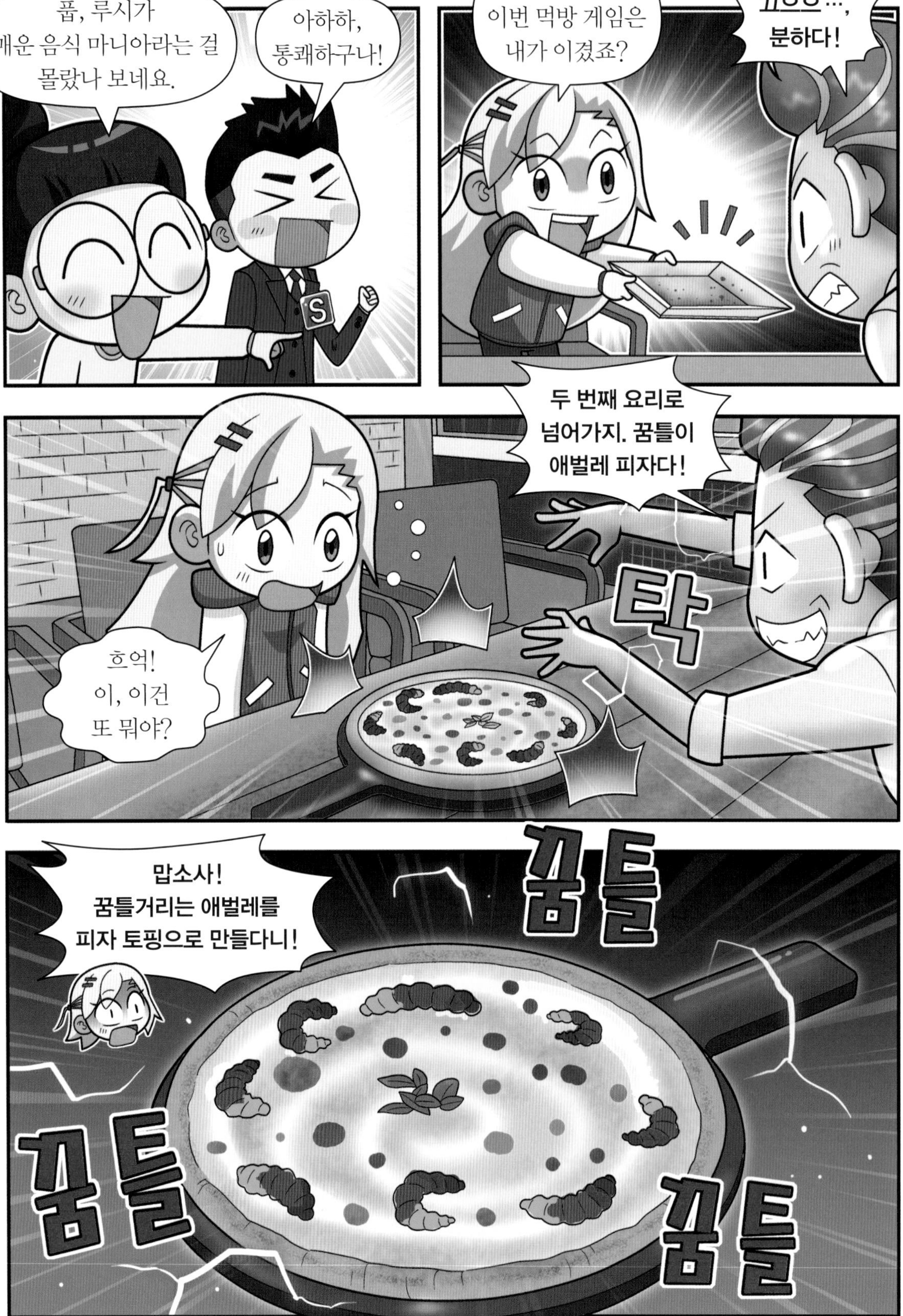

풉, 루시가 매운 음식 마니아라는 걸 몰랐나 보네요.
아하하, 통쾌하구나!
어때요? 이번 먹방 게임은 내가 이겼죠?
끄으으…, 분하다!
두 번째 요리로 넘어가지. 꿈틀이 애벌레 피자다!
탁
흐억! 이, 이건 또 뭐야?
맙소사! 꿈틀거리는 애벌레를 피자 토핑으로 만들다니!
꿈틀
꿈틀
꿈틀

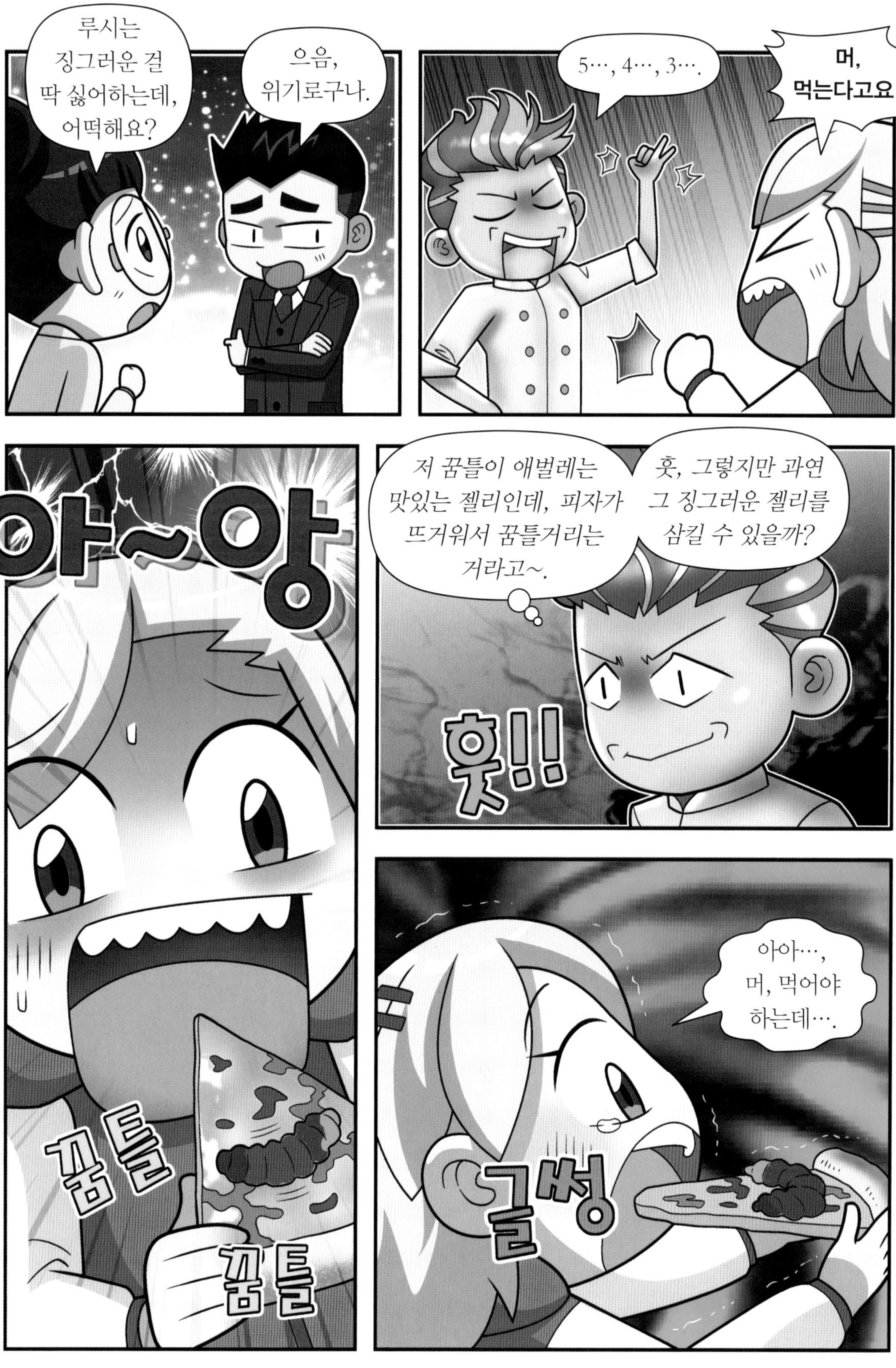
루시는 징그러운 걸 딱 싫어하는데, 어떡해요?
으음, 위기로구나.
5…, 4…, 3….
머, 먹는다고요!
아~앙
꿈틀
꿈틀
저 꿈틀이 애벌레는 맛있는 젤리인데, 피자가 뜨거워서 꿈틀거리는 거라고~.
훗, 그렇지만 과연 그 징그러운 젤리를 삼킬 수 있을까?
훗!!
아아…, 머, 먹어야 하는데….
글썽

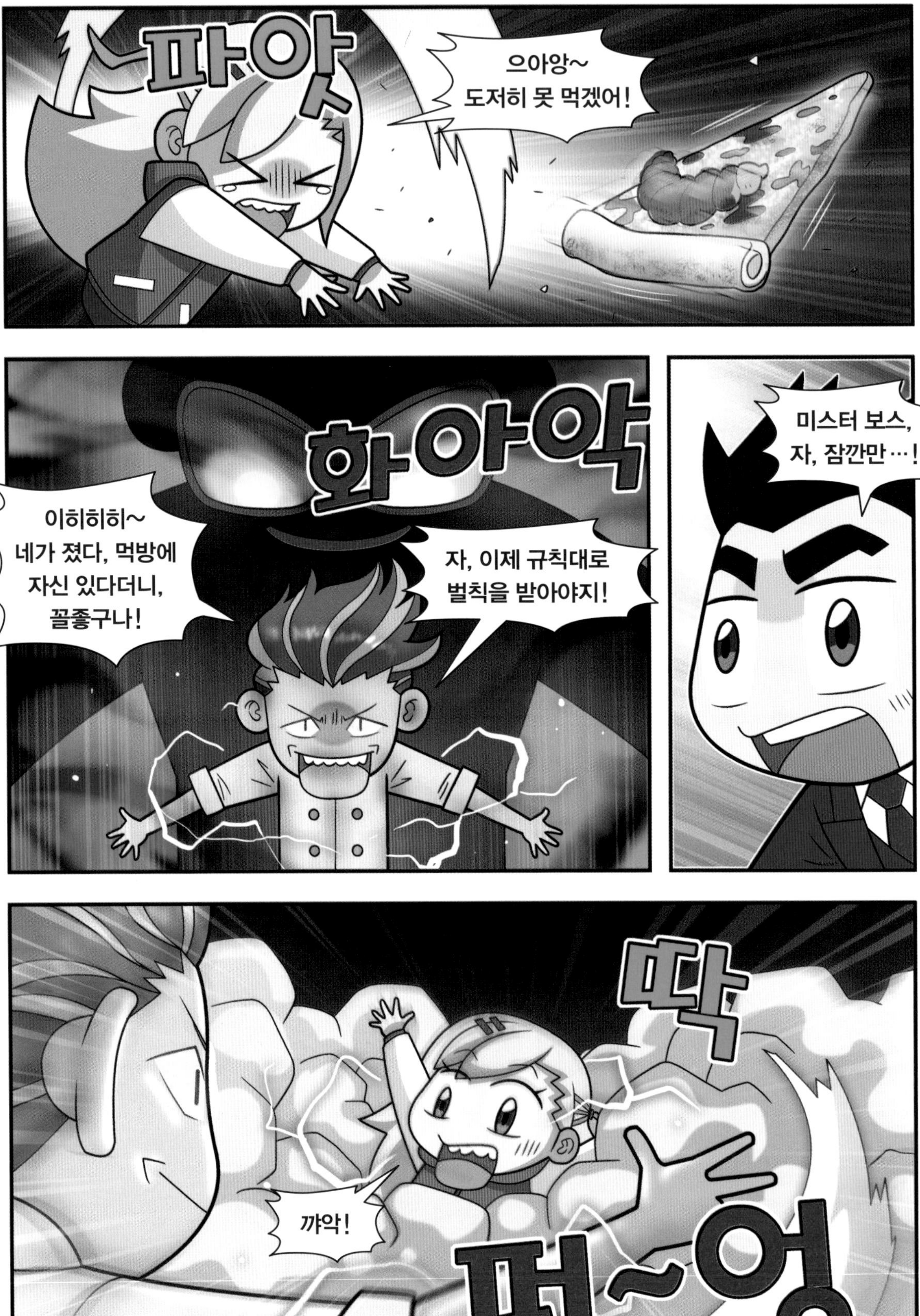
파아앗
으아앙~
도저히 못 먹겠어!
화아악
이히히히~
네가 졌다, 먹방에
자신 있다더니,
꼴좋구나!
자, 이제 규칙대로
벌칙을 받아야지!
미스터 보스,
자, 잠깐만…!
딱
까악!
펑~엉

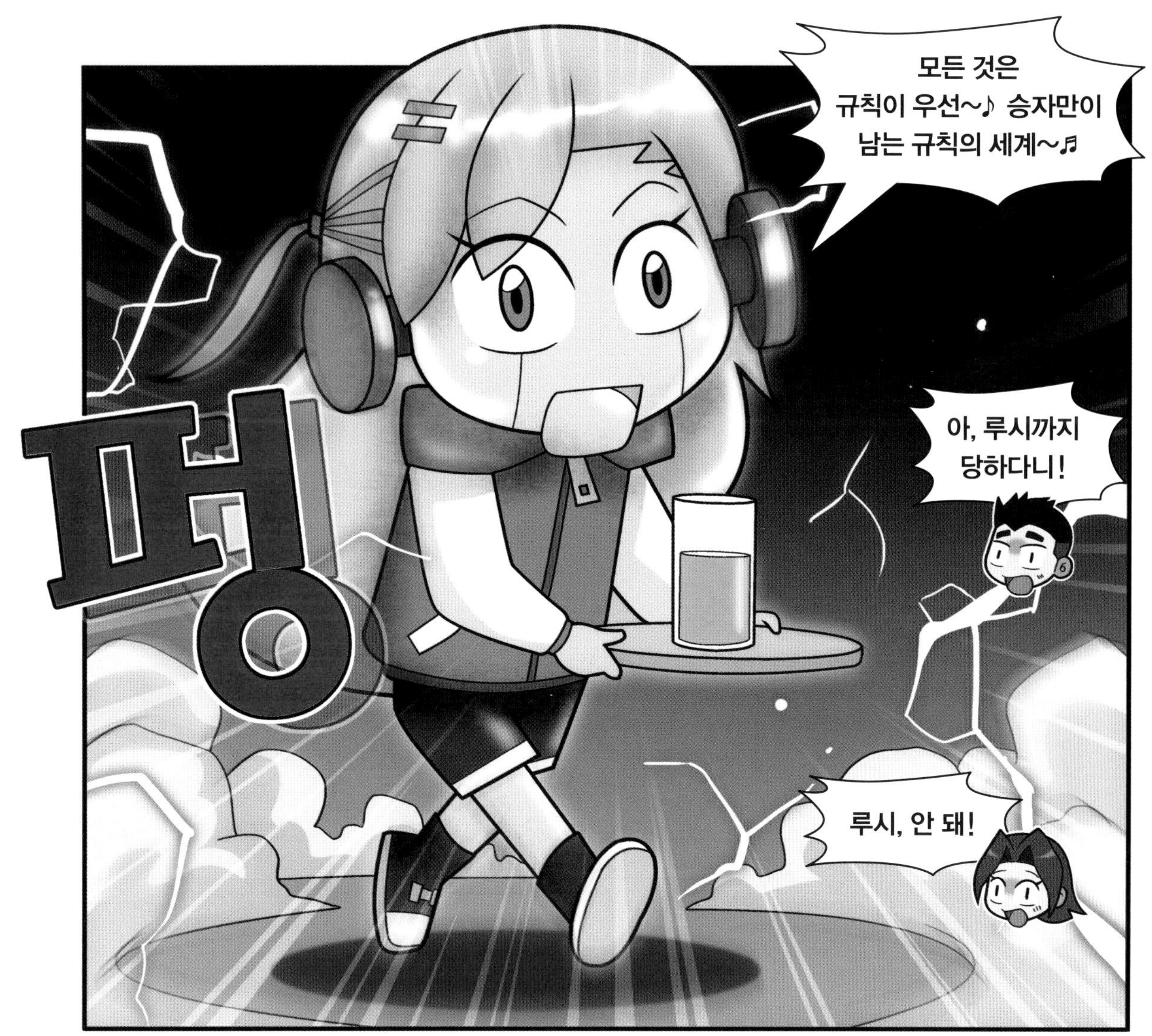
모든 것은
규칙이 우선~♪ 승자만이
남는 규칙의 세계~♬
펑
아, 루시까지
당하다니!
루시, 안 돼!

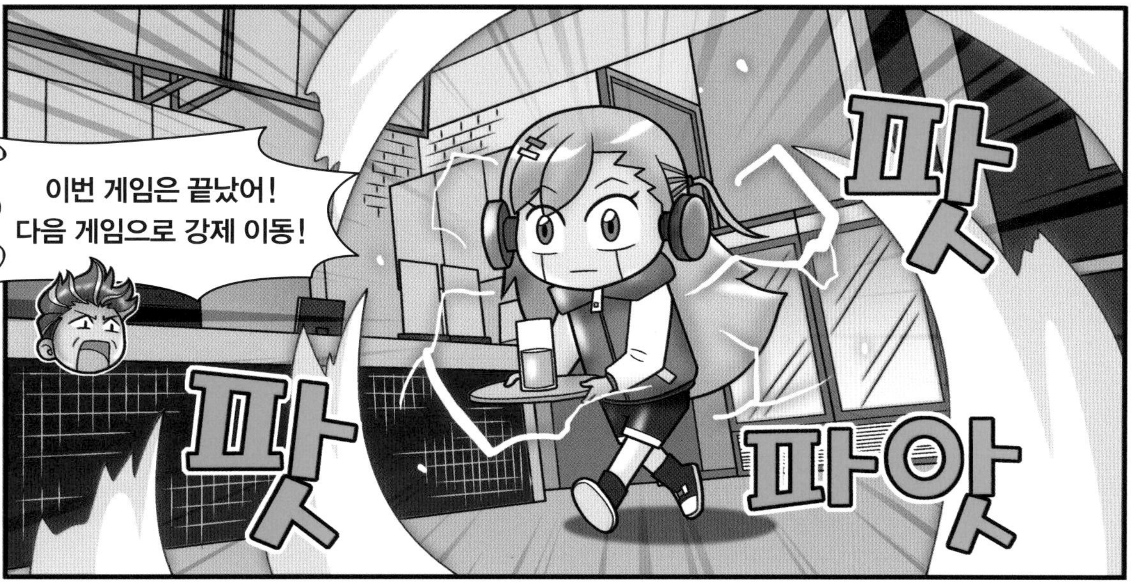
이번 게임은 끝났어!
다음 게임으로 강제 이동!
팟
팟
파앗

Chapter 4

규칙 유니버스의 유일한 생존자

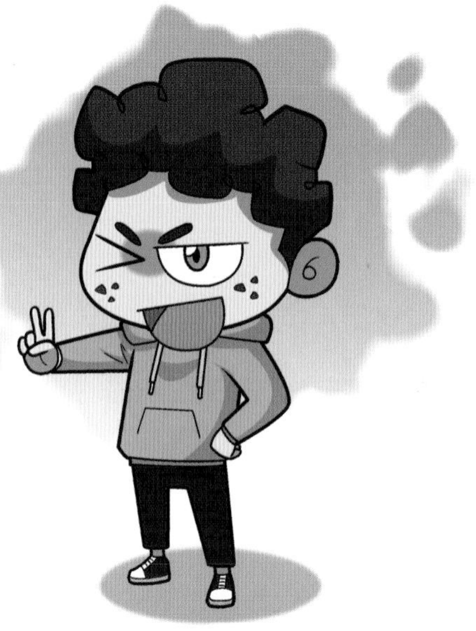

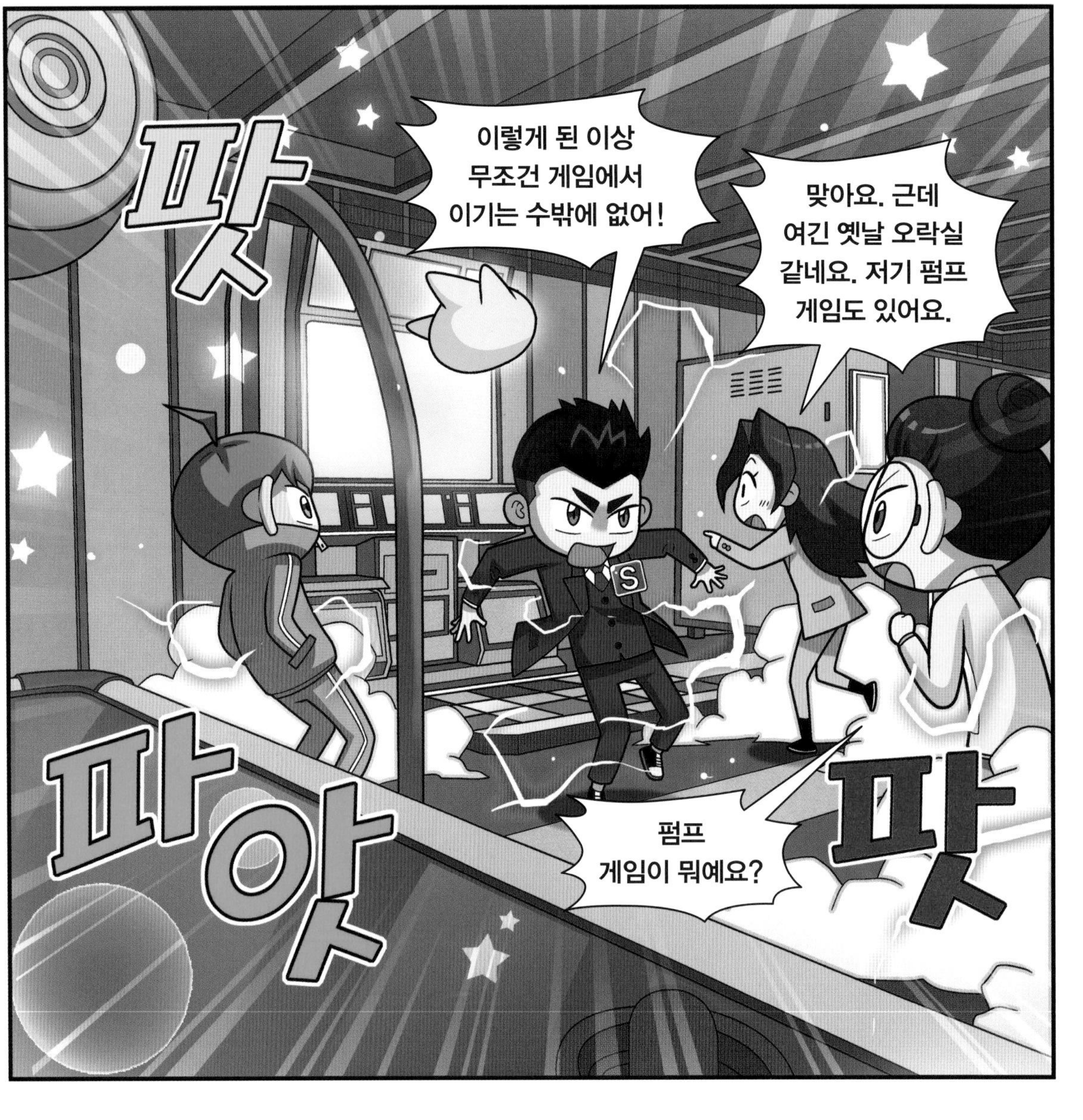

팟
이렇게 된 이상 무조건 게임에서 이기는 수밖에 없어!
맞아요. 근데 여긴 옛날 오락실 같네요. 저기 펌프 게임도 있어요.
파앗
펌프 게임이 뭐예요?
팟

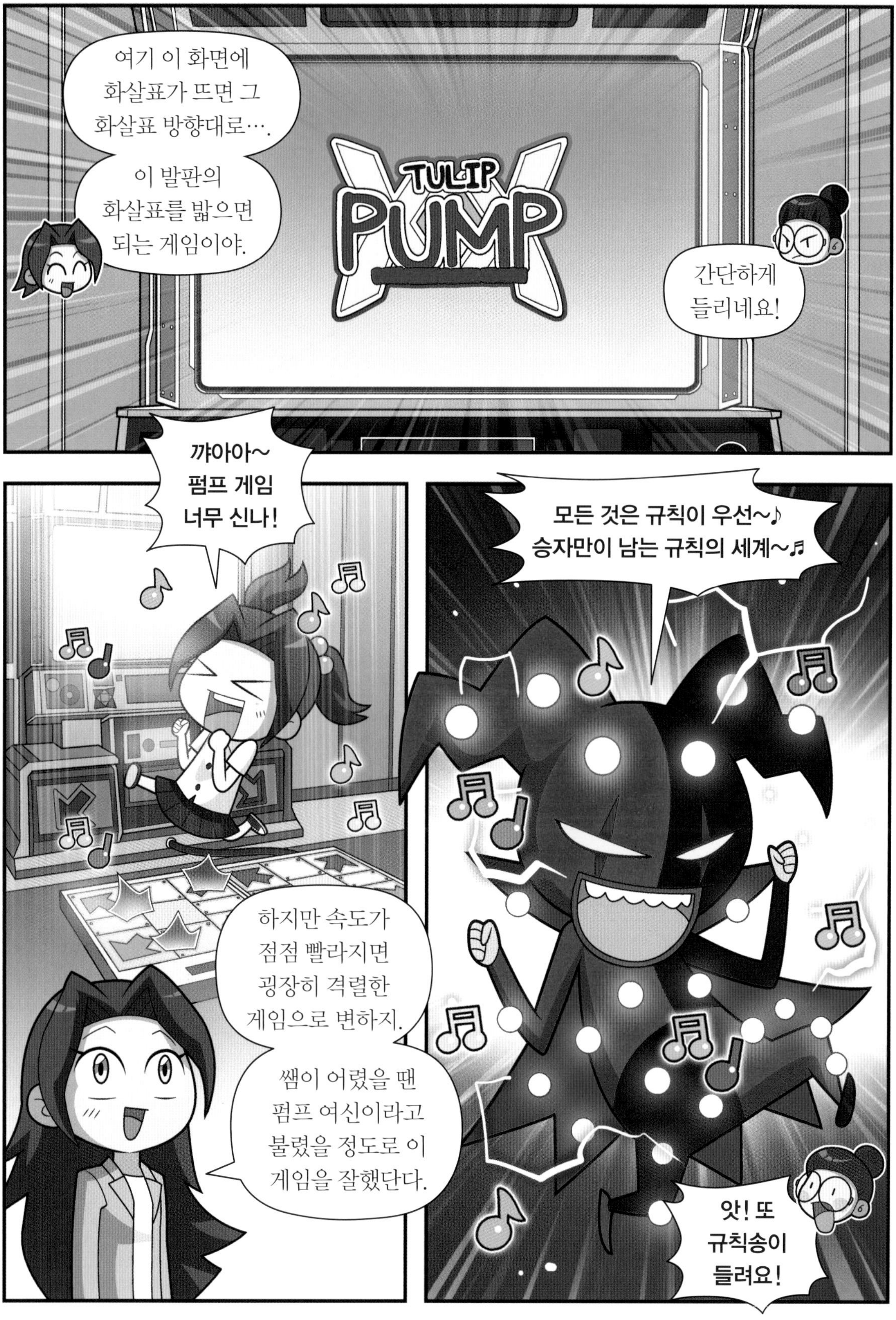
여기 이 화면에 화살표가 뜨면 그 화살표 방향대로….
이 발판의 화살표를 밟으면 되는 게임이야.
TULIP PUMP
간단하게 들리네요!
꺄아아~ 펌프 게임 너무 신나!
모든 것은 규칙이 우선~♪ 승자만이 남는 규칙의 세계~♬
하지만 속도가 점점 빨라지면 굉장히 격렬한 게임으로 변하지.
쌤이 어렸을 땐 펌프 여신이라고 불렸을 정도로 이 게임을 잘했단다.
앗! 또 규칙송이 들려요!

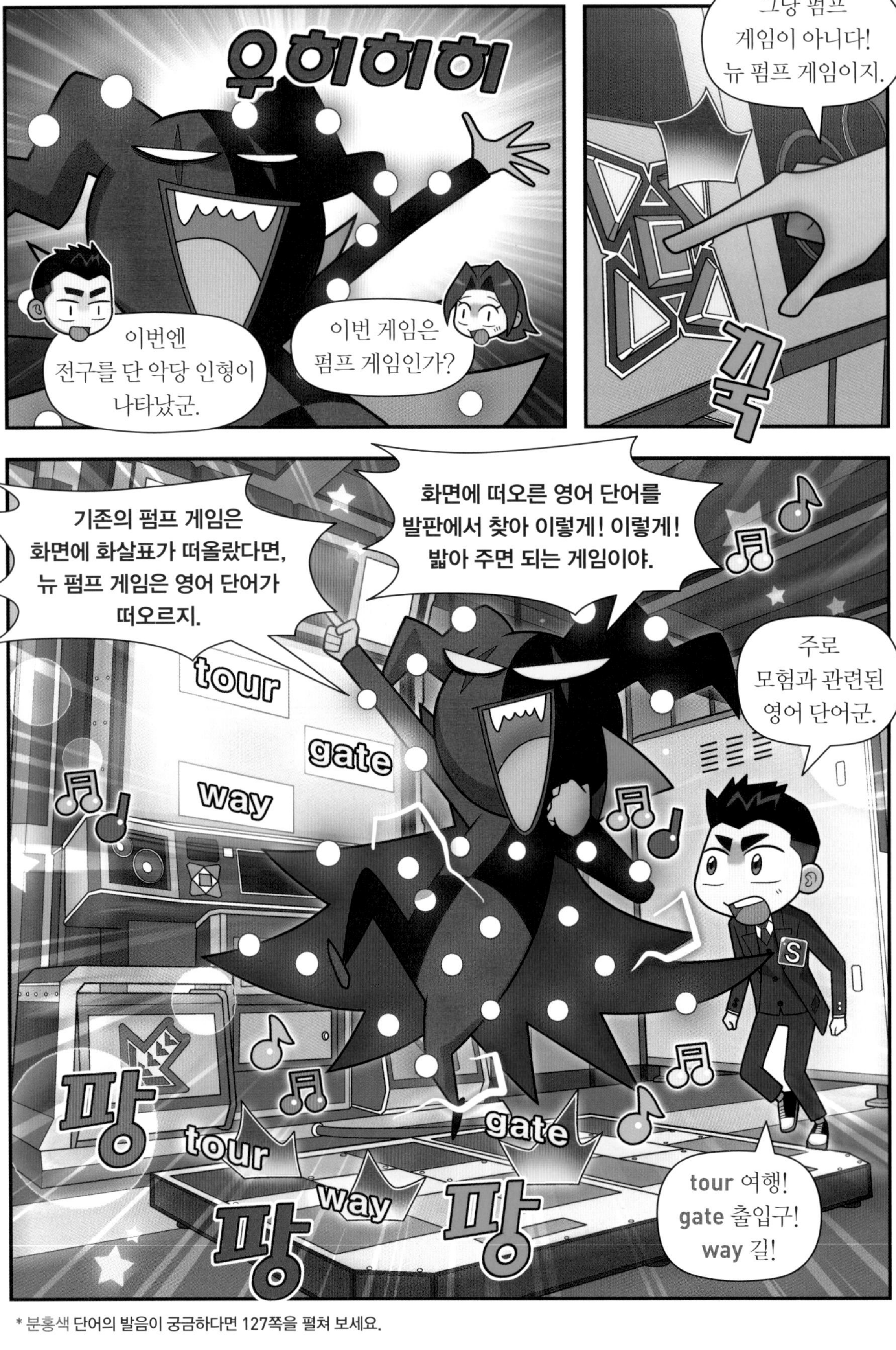
우히히히
이번엔 전구를 단 악당 인형이 나타났군.
이번 게임은 펌프 게임인가?
그냥 펌프 게임이 아니다! 뉴 펌프 게임이지.
꾹
기존의 펌프 게임은 화면에 화살표가 떠올랐다면, 뉴 펌프 게임은 영어 단어가 떠오르지.
화면에 떠오른 영어 단어를 발판에서 찾아 이렇게! 이렇게! 밟아 주면 되는 게임이야.
주로 모험과 관련된 영어 단어군.
tour
gate
way
팡
tour
gate
way
팡
팡
tour 여행! gate 출입구! way 길!

* 분홍색 단어의 발음이 궁금하다면 127쪽을 펼쳐 보세요.

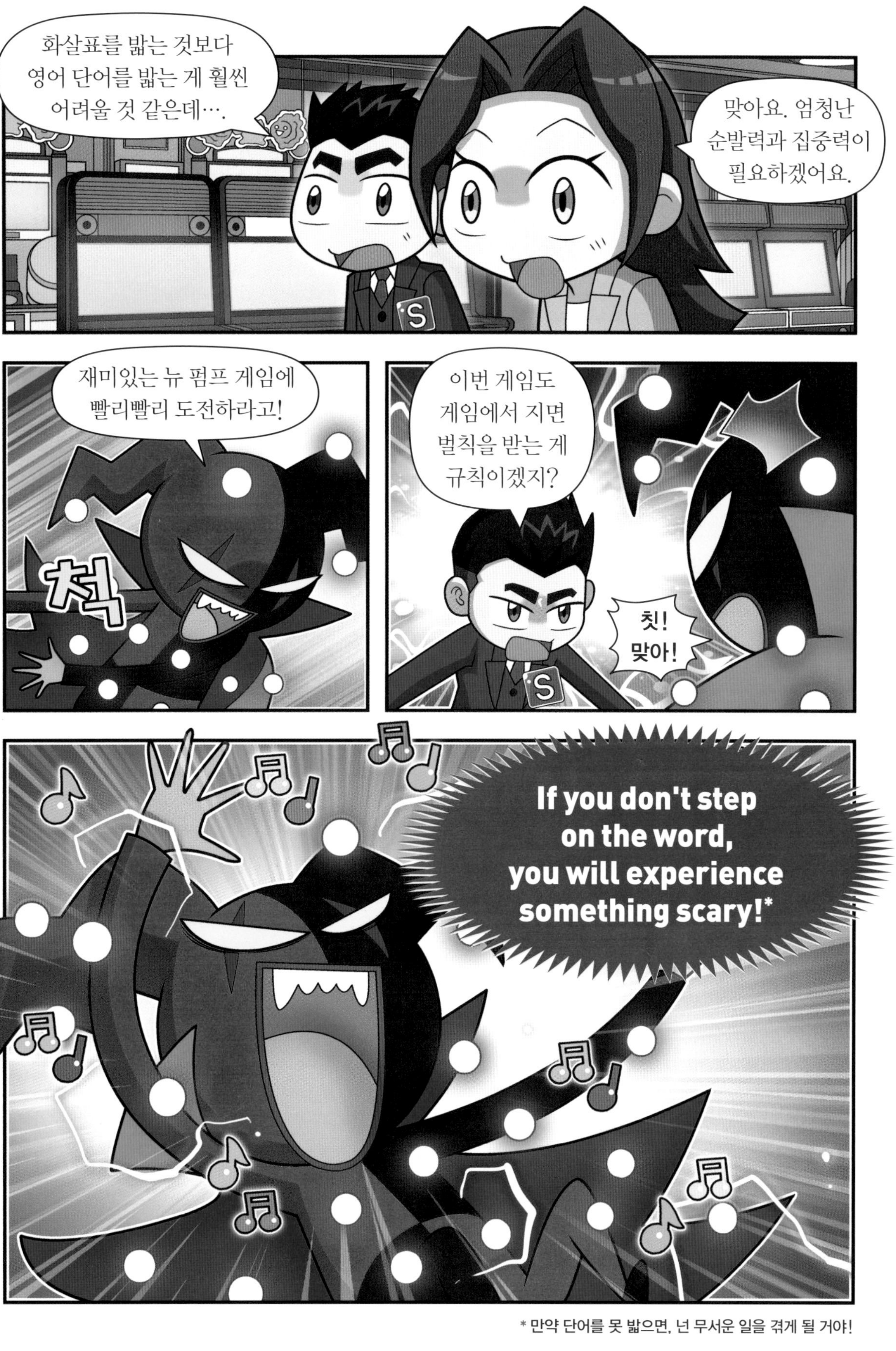
화살표를 밟는 것보다 영어 단어를 밟는 게 훨씬 어려울 것 같은데….
맞아요. 엄청난 순발력과 집중력이 필요하겠어요.
재미있는 뉴 펌프 게임에 빨리빨리 도전하라고!
척
이번 게임도 게임에서 지면 벌칙을 받는 게 규칙이겠지?
칫! 맞아!
If you don't step on the word, you will experience something scary!*

* 만약 단어를 못 밟으면, 넌 무서운 일을 겪게 될 거야!

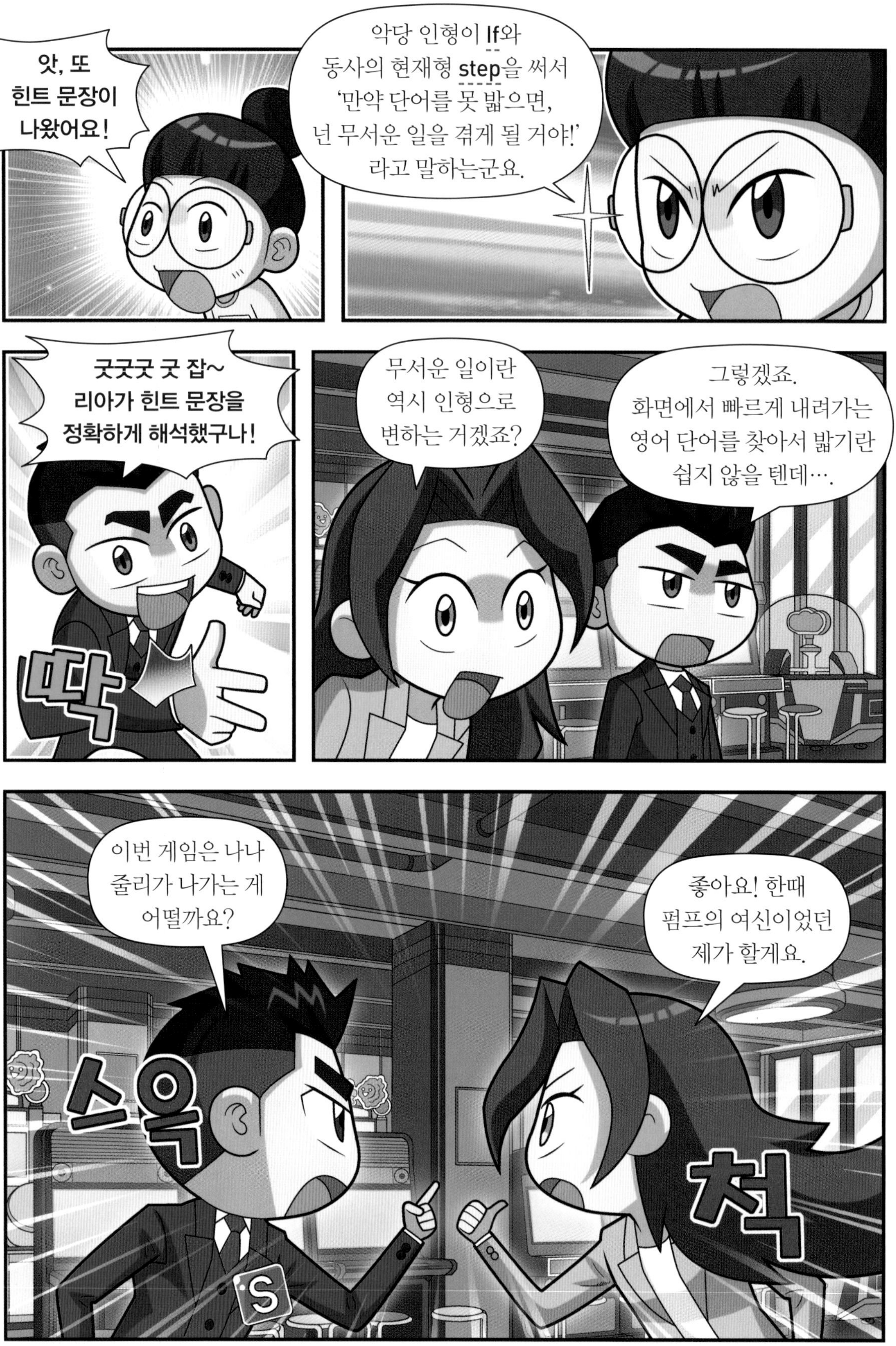
앗, 또 힌트 문장이 나왔어요!
악당 인형이 If와 동사의 현재형 step을 써서 '만약 단어를 못 밟으면, 넌 무서운 일을 겪게 될 거야!'라고 말하는군요.
굿굿굿 굿 잡~ 리아가 힌트 문장을 정확하게 해석했구나!
딱
무서운 일이란 역시 인형으로 변하는 거겠죠?
그렇겠죠. 화면에서 빠르게 내려가는 영어 단어를 찾아서 밟기란 쉽지 않을 텐데….
이번 게임은 나나 줄리가 나가는 게 어떨까요?
좋아요! 한때 펌프의 여신이었던 제가 할게요.
스윽
척
S

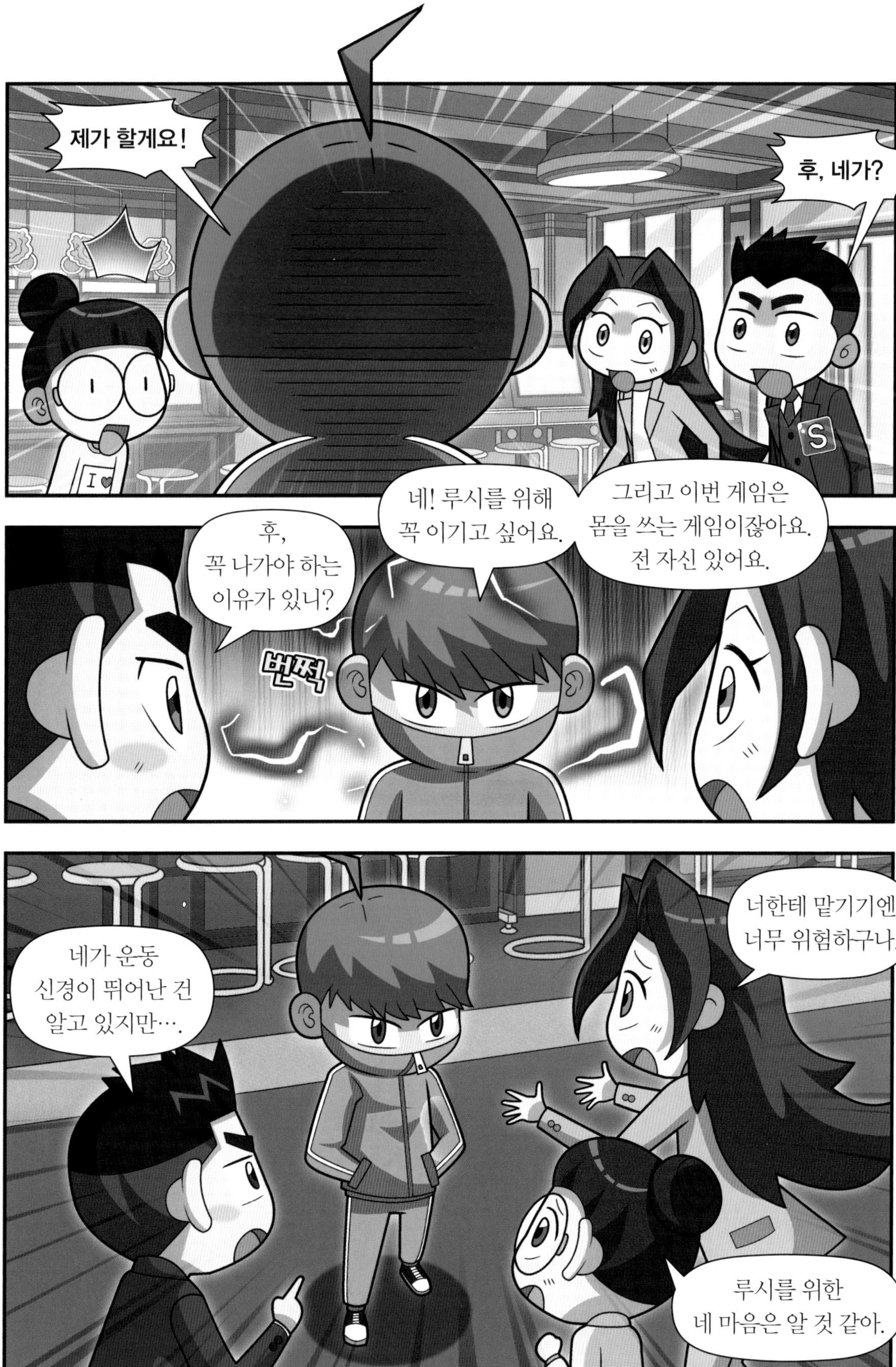
제가 할게요!
후, 네가?
후,
꼭 나가야 하는
이유가 있니?
네! 루시를 위해
꼭 이기고 싶어요.
그리고 이번 게임은
몸을 쓰는 게임이잖아요.
전 자신 있어요.
번쩍
네가 운동
신경이 뛰어난 건
알고 있지만….
너한테 맡기기엔
너무 위험하구나.
루시를 위한
네 마음은 알 것 같아.

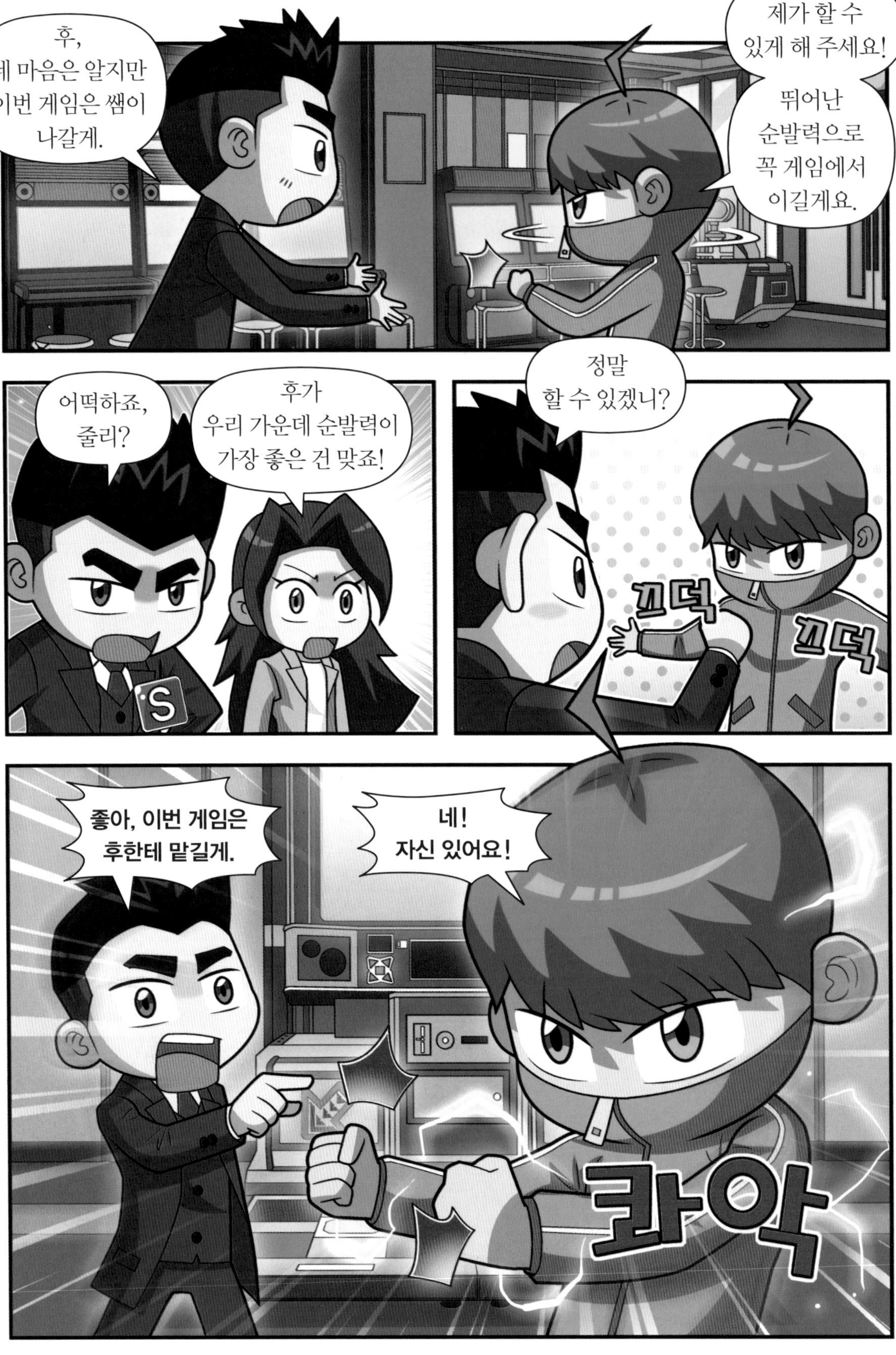
후,
네 마음은 알지만
이번 게임은 쌤이
나갈게.
제가 할 수
있게 해 주세요!
뛰어난
순발력으로
꼭 게임에서
이길게요.
어떡하죠,
줄리?
후가
우리 가운데 순발력이
가장 좋은 건 맞죠!
정말
할 수 있겠니?
끄덕
끄덕
좋아, 이번 게임은
후한테 맡길게.
네!
자신 있어요!
콰악

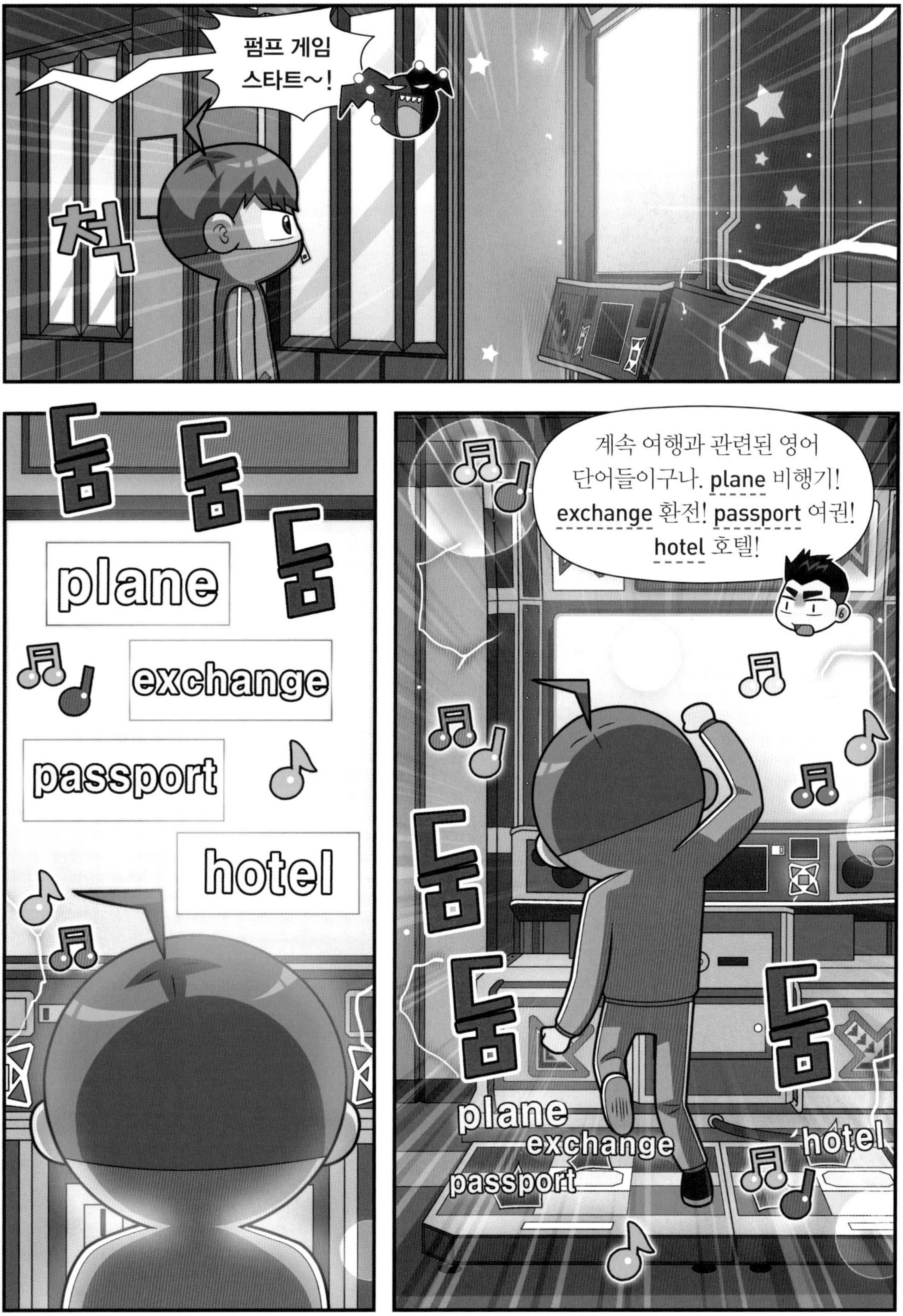
펌프 게임
스타트~!
척
둠 둠 둠
plane
exchange
passport
hotel
계속 여행과 관련된 영어 단어들이구나. plane 비행기! exchange 환전! passport 여권! hotel 호텔!
둠 둠 둠
plane
exchange
passport
hotel

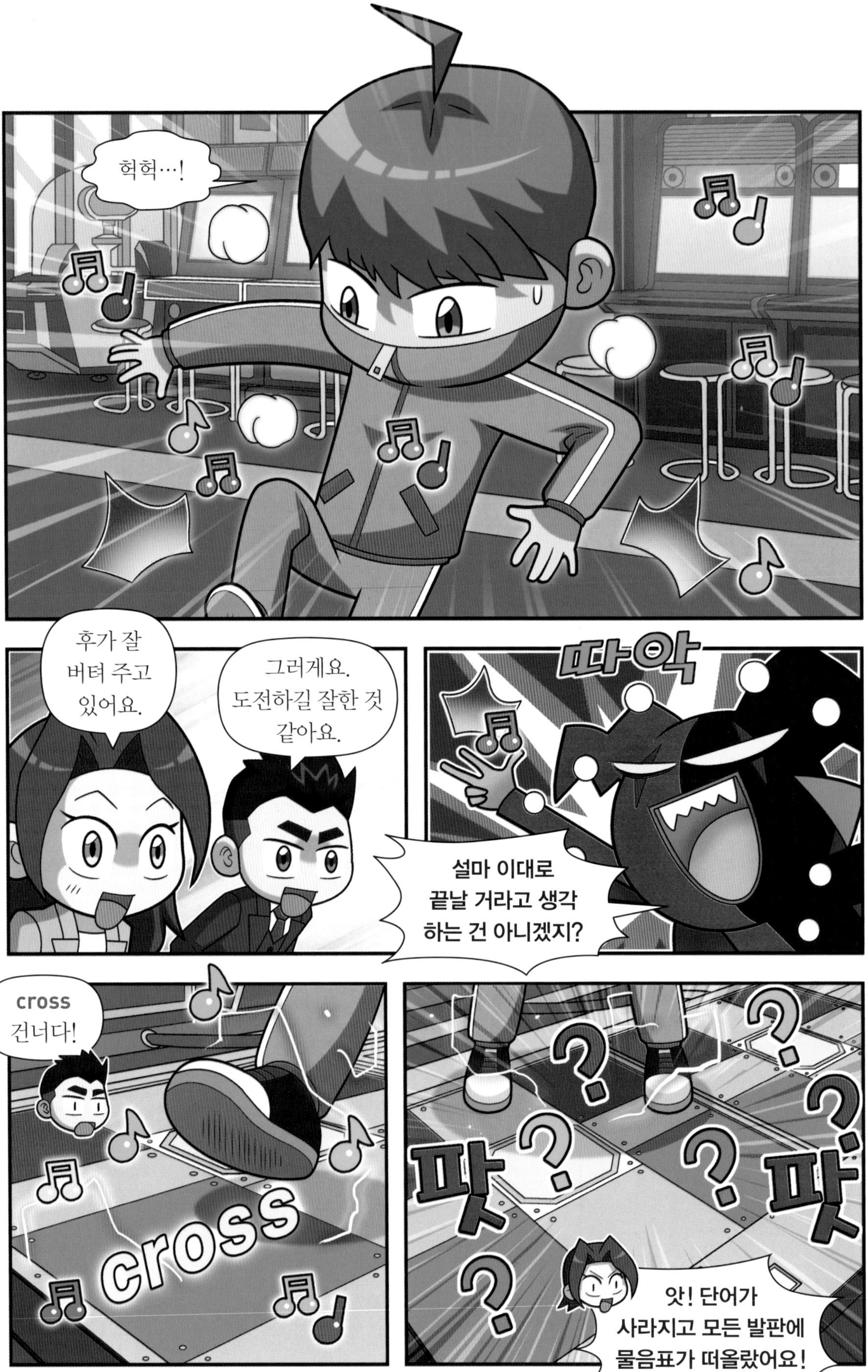

헉헉…!
후가 잘 버텨 주고 있어요.
그러게요. 도전하길 잘한 것 같아요.
따악
설마 이대로 끝날 거라고 생각하는 건 아니겠지?
cross 건너다!
cross
팟
팟
앗! 단어가 사라지고 모든 발판에 물음표가 떠올랐어요!

* 분홍색 단어의 발음이 궁금하다면 127쪽을 펼쳐 보세요.

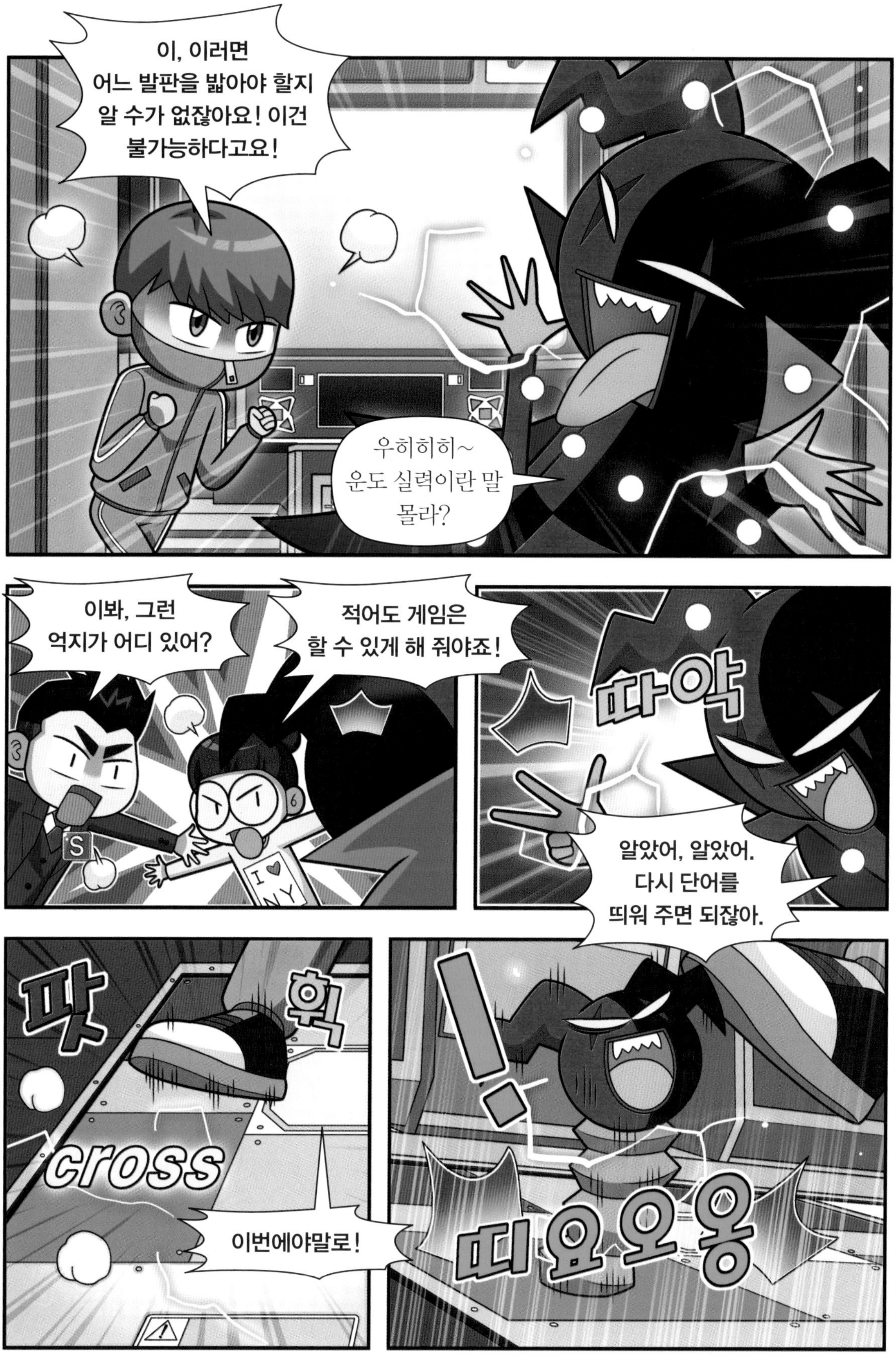
이, 이러면 어느 발판을 밟아야 할지 알 수가 없잖아요! 이건 불가능하다고요!
우히히히~ 운도 실력이란 말 몰라?
이봐, 그런 억지가 어디 있어?
적어도 게임은 할 수 있게 해 줘야죠!
따악
알았어, 알았어. 다시 단어를 띄워 주면 되잖아.
팍
휙
cross
이번에야말로!
!
띠요오옹

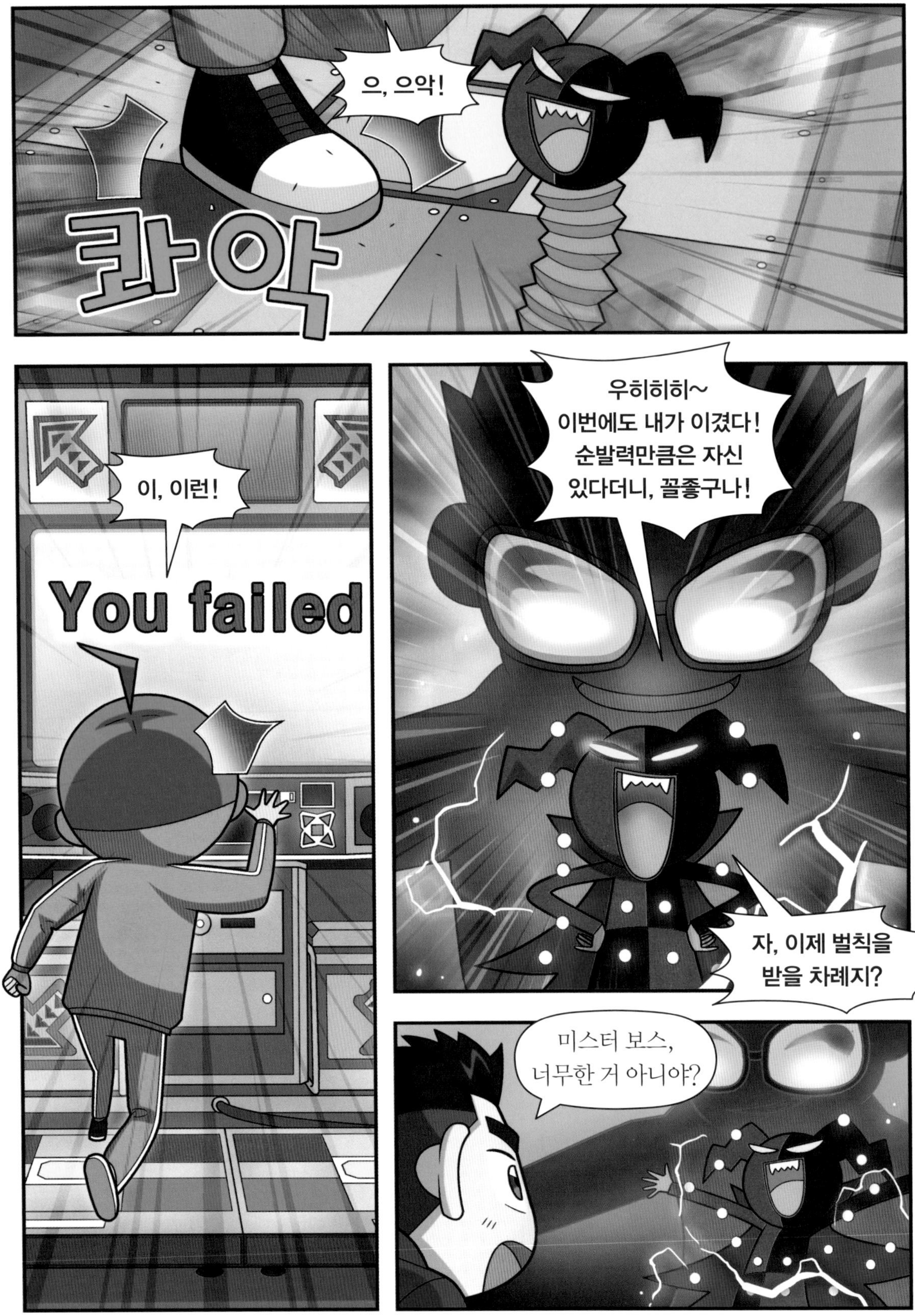
으, 으악!
콰악
이, 이런!
You failed
우히히히~
이번에도 내가 이겼다!
순발력만큼은 자신
있다더니, 꼴좋구나!
자, 이제 벌칙을
받을 차례지?
미스터 보스,
너무한 거 아니야?

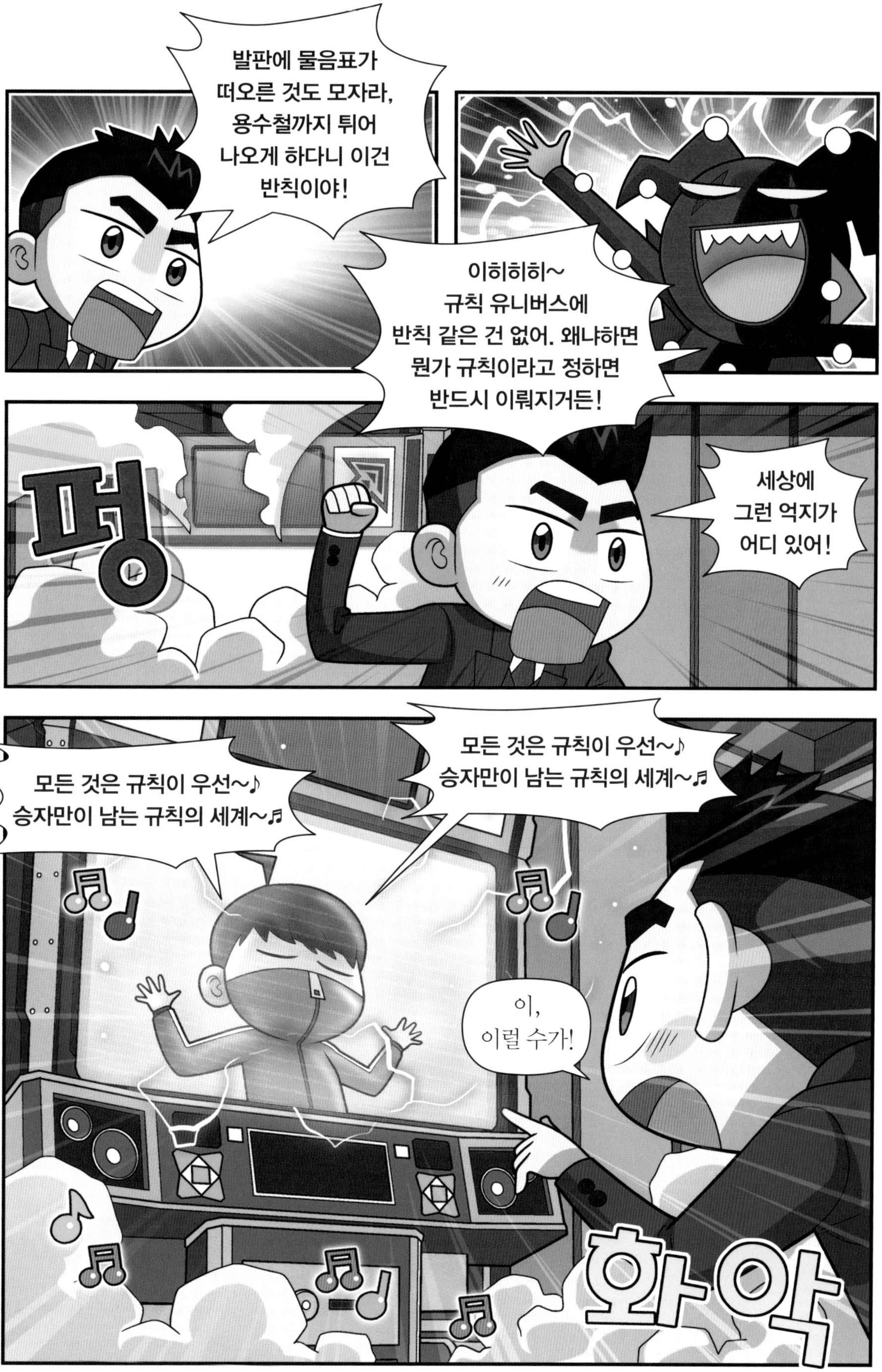
발판에 물음표가 떠오른 것도 모자라, 용수철까지 튀어 나오게 하다니 이건 반칙이야!
이히히히~ 규칙 유니버스에 반칙 같은 건 없어. 왜냐하면 뭔가 규칙이라고 정하면 반드시 이뤄지거든!
펑
세상에 그런 억지가 어디 있어!
모든 것은 규칙이 우선~♪ 승자만이 남는 규칙의 세계~♬
모든 것은 규칙이 우선~♪ 승자만이 남는 규칙의 세계~♬
이, 이럴 수가!
화악

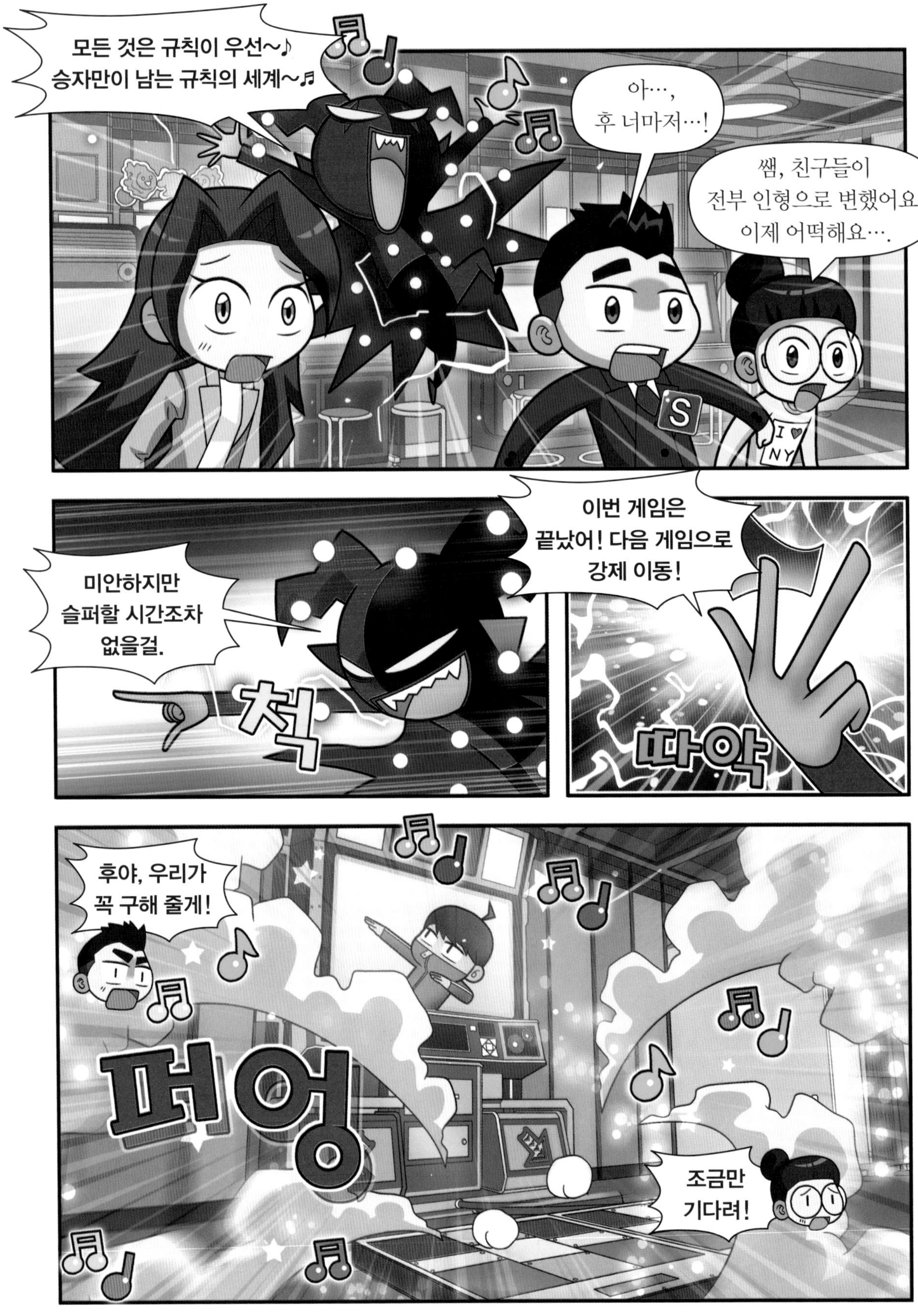

모든 것은 규칙이 우선~♪
승자만이 남는 규칙의 세계~♬
아…, 후 너마저…!
쌤, 친구들이 전부 인형으로 변했어요. 이제 어떡해요….
미안하지만 슬퍼할 시간조차 없을걸.
척
이번 게임은 끝났어! 다음 게임으로 강제 이동!
따악
후아, 우리가 꼭 구해 줄게!
펴엉
조금만 기다려!

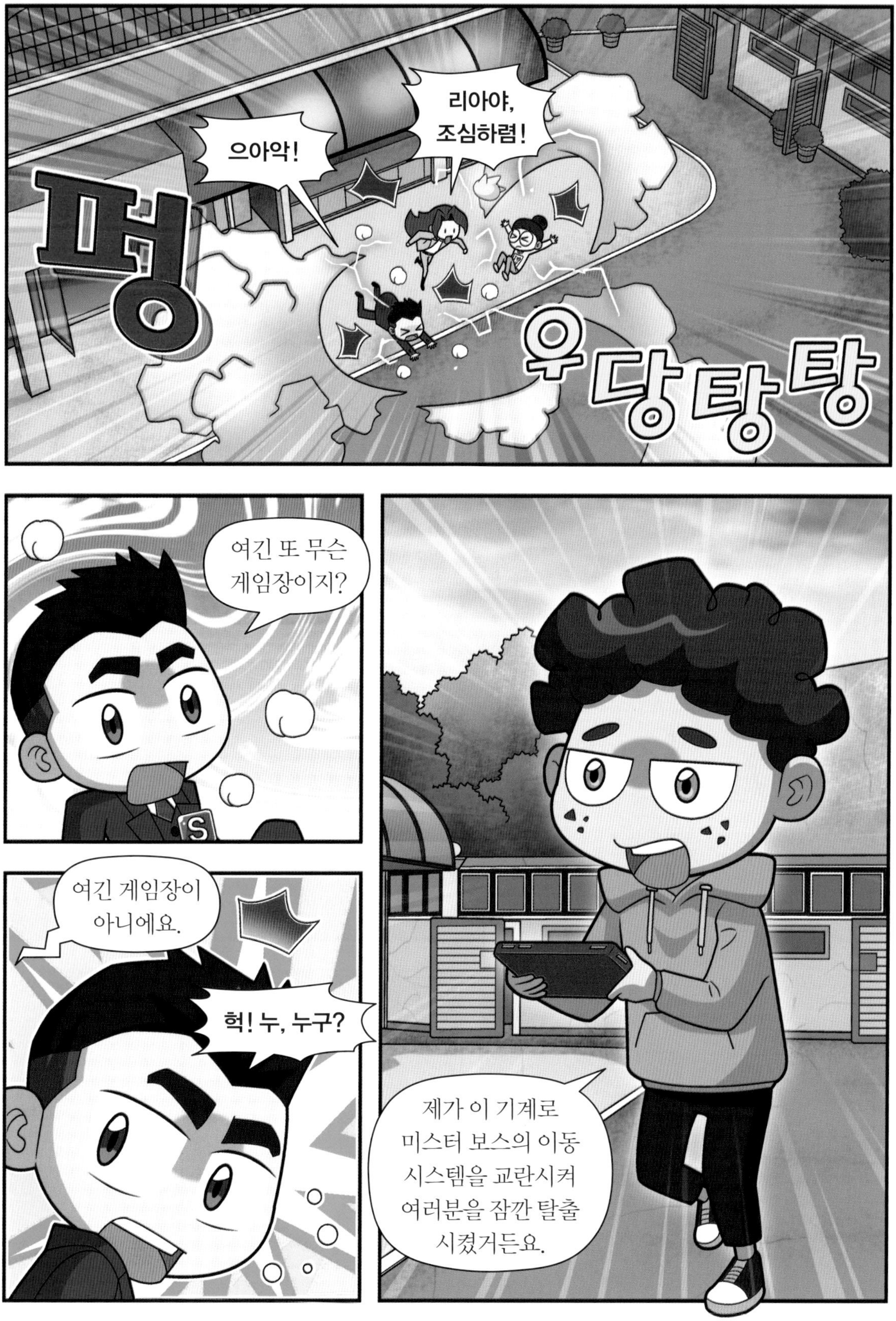

리아야,
조심하렴!
으아악!
펑
우당탕탕
여긴 또 무슨 게임장이지?
여긴 게임장이 아니에요.
헉! 누, 누구?
제가 이 기계로 미스터 보스의 이동 시스템을 교란시켜 여러분을 잠깐 탈출 시켰거든요.

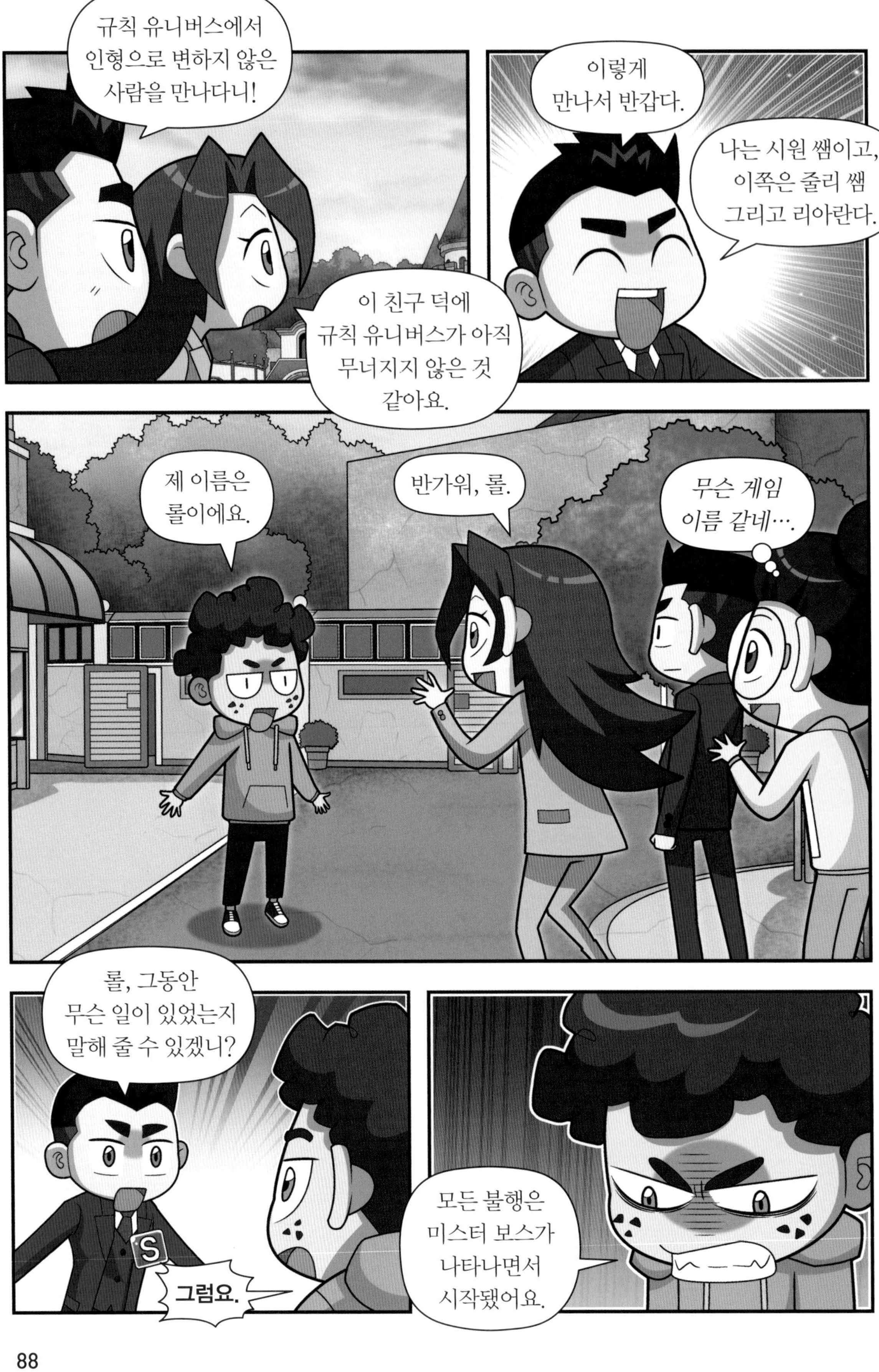

규칙 유니버스에서 인형으로 변하지 않은 사람을 만나다니!
이 친구 덕에 규칙 유니버스가 아직 무너지지 않은 것 같아요.
이렇게 만나서 반갑다.
나는 시원 쌤이고, 이쪽은 줄리 쌤 그리고 리아란다.
제 이름은 롤이에요.
반가워, 롤.
무슨 게임 이름 같네….
롤, 그동안 무슨 일이 있었는지 말해 줄 수 있겠니?
그럼요.
모든 불행은 미스터 보스가 나타나면서 시작됐어요.

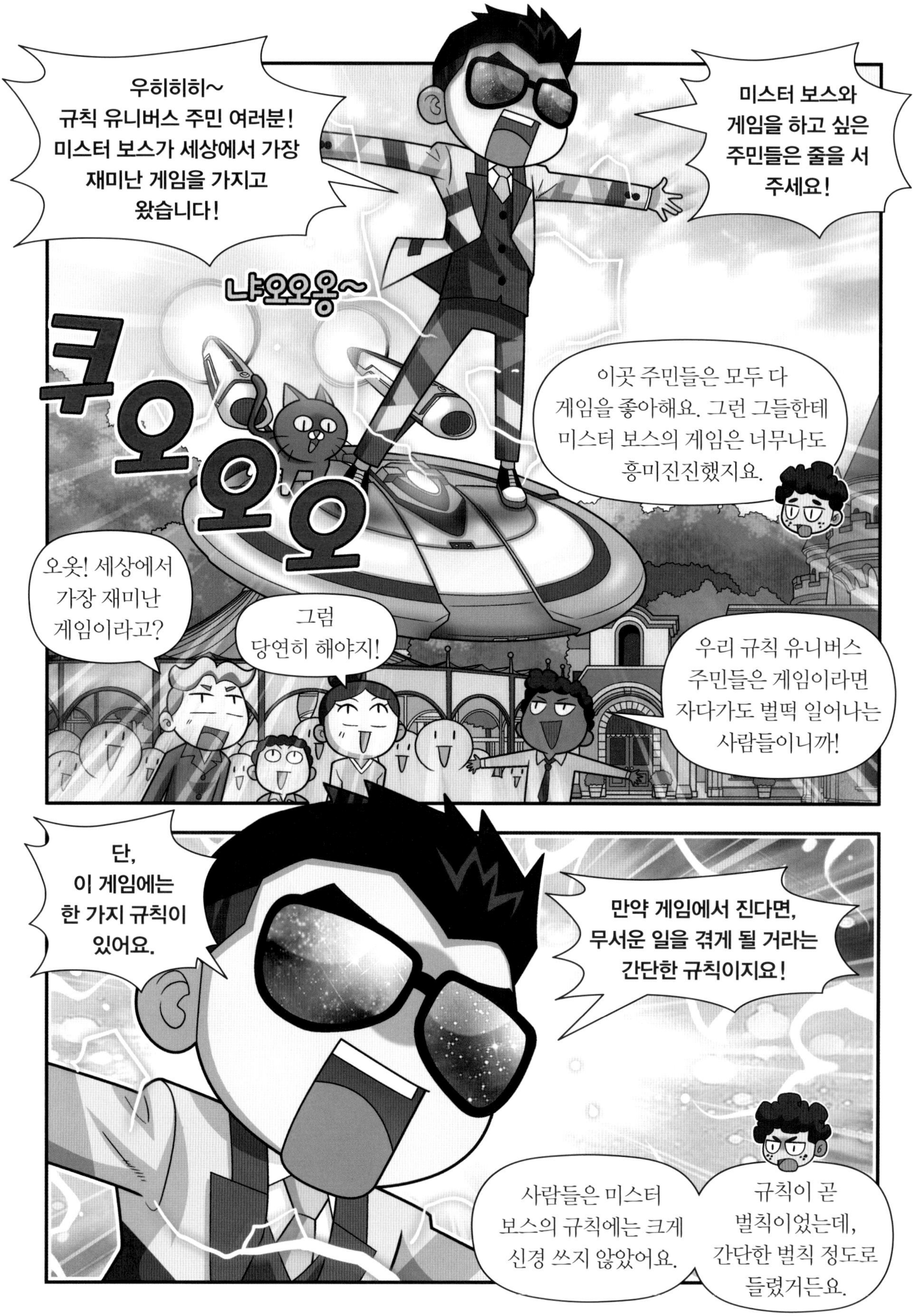
우히히히~
규칙 유니버스 주민 여러분!
미스터 보스가 세상에서 가장
재미난 게임을 가지고
왔습니다!
미스터 보스와
게임을 하고 싶은
주민들은 줄을 서
주세요!
냐오오옹~
쿠오오오
이곳 주민들은 모두 다
게임을 좋아해요. 그런 그들한테
미스터 보스의 게임은 너무나도
흥미진진했지요.
오옷! 세상에서
가장 재미난
게임이라고?
그럼
당연히 해야지!
우리 규칙 유니버스
주민들은 게임이라면
자다가도 벌떡 일어나는
사람들이니까!
단,
이 게임에는
한 가지 규칙이
있어요.
만약 게임에서 진다면,
무서운 일을 겪게 될 거라는
간단한 규칙이지요!
사람들은 미스터
보스의 규칙에는 크게
신경 쓰지 않았어요.
규칙이 곧
벌칙이었는데,
간단한 벌칙 정도로
들렸거든요.

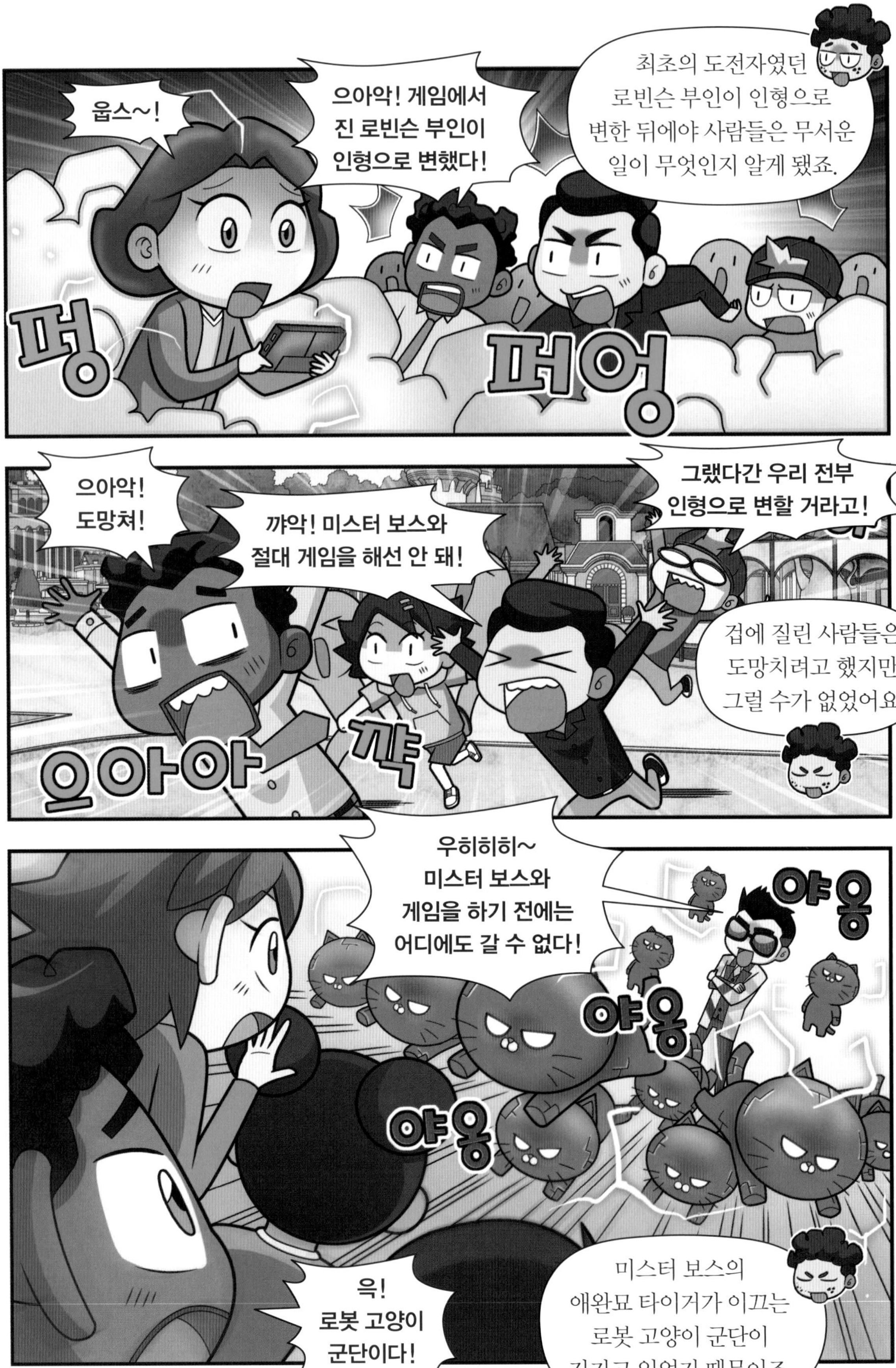
최초의 도전자였던 로빈슨 부인이 인형으로 변한 뒤에야 사람들은 무서운 일이 무엇인지 알게 됐죠.
웁스~!
으아악! 게임에서 진 로빈슨 부인이 인형으로 변했다!
펑
펑엉
으아악! 도망쳐!
꺄악! 미스터 보스와 절대 게임을 해선 안 돼!
그랬다간 우리 전부 인형으로 변할 거라고!
겁에 질린 사람들은 도망치려고 했지만 그럴 수가 없었어요.
으아아
꺅
우히히히~ 미스터 보스와 게임을 하기 전에는 어디에도 갈 수 없다!
야옹
야옹
야옹
윽! 로봇 고양이 군단이다!
미스터 보스의 애완묘 타이거가 이끄는 로봇 고양이 군단이 지키고 있었기 때문이죠.

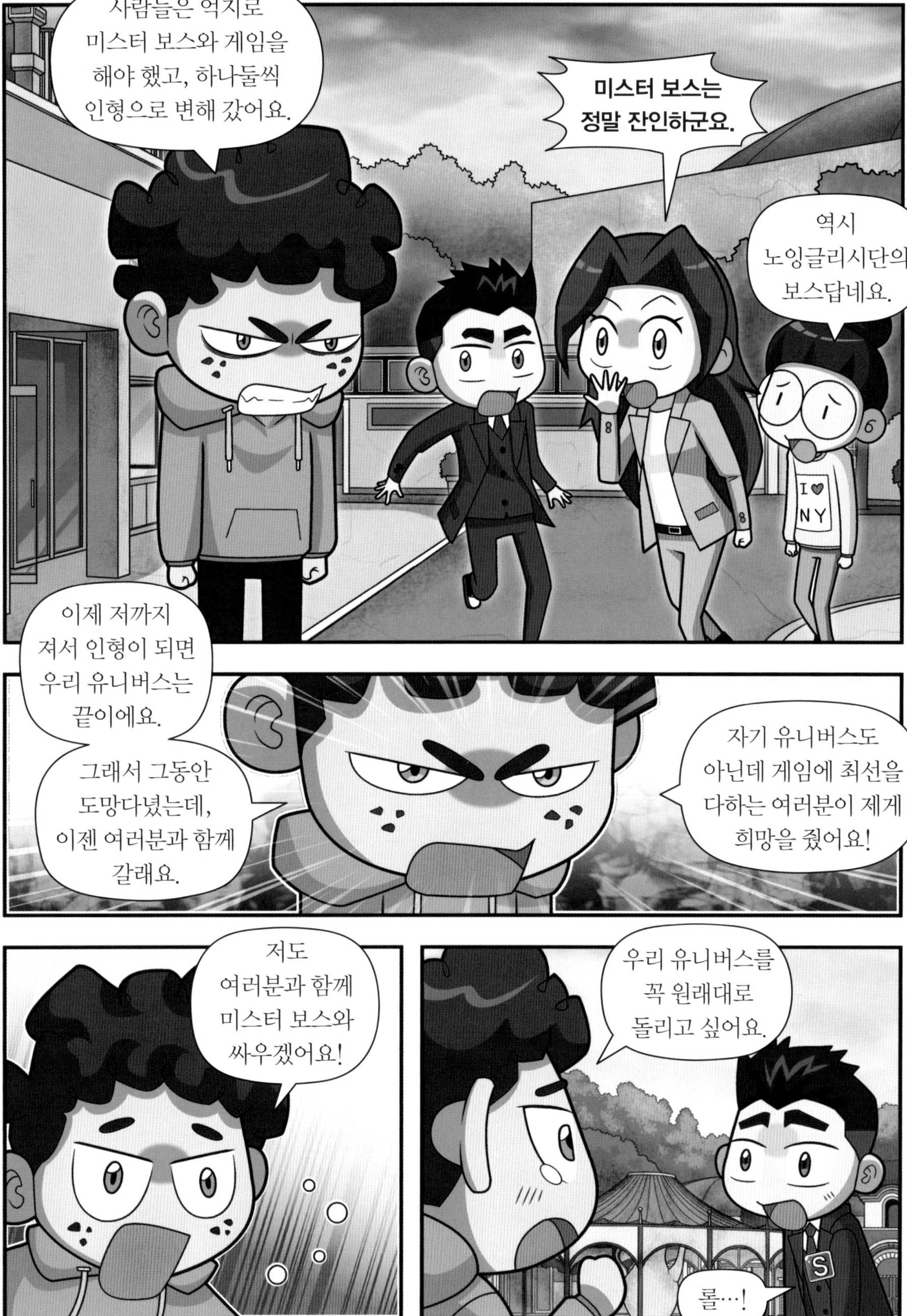
사람들은 억지로 미스터 보스와 게임을 해야 했고, 하나둘씩 인형으로 변해 갔어요.
미스터 보스는 정말 잔인하군요.
역시 노잉글리시단의 보스답네요.
이제 저까지 져서 인형이 되면 우리 유니버스는 끝이에요.
그래서 그동안 도망다녔는데, 이젠 여러분과 함께 갈래요.
자기 유니버스도 아닌데 게임에 최선을 다하는 여러분이 제게 희망을 줬어요!
저도 여러분과 함께 미스터 보스와 싸우겠어요!
우리 유니버스를 꼭 원래대로 돌리고 싶어요.
롤…!

Chapter 5

리아와 롤의 활약

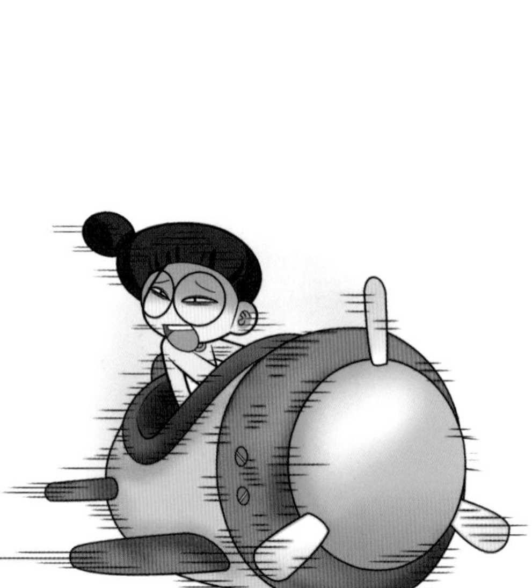

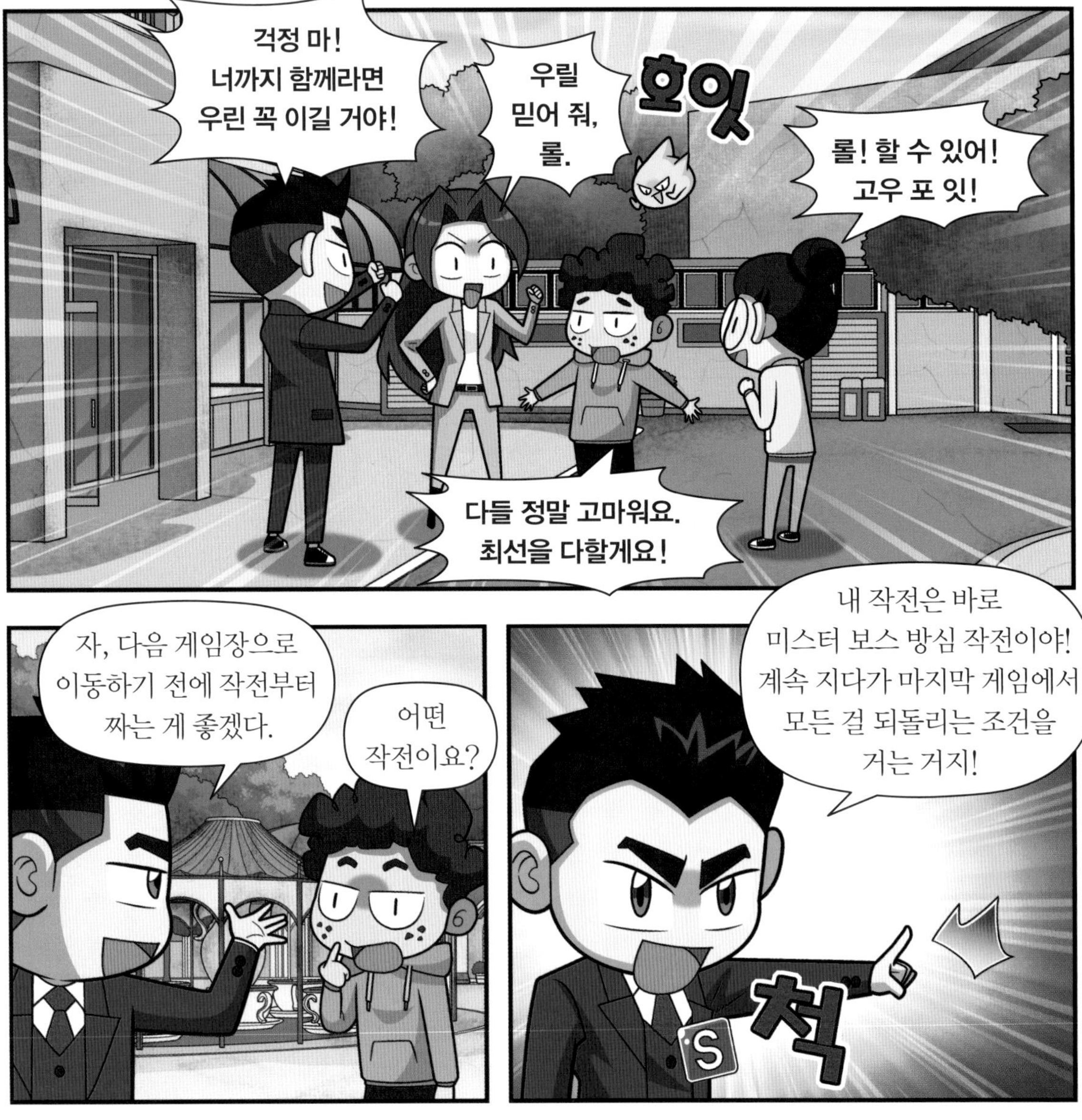

걱정 마! 너까지 함께라면 우린 꼭 이길 거야!
우릴 믿어 줘, 롤.
호잇
롤! 할 수 있어! 고우 포 잇!
다들 정말 고마워요. 최선을 다할게요!
자, 다음 게임장으로 이동하기 전에 작전부터 짜는 게 좋겠다.
어떤 작전이요?
내 작전은 바로 미스터 보스 방심 작전이야! 계속 지다가 마지막 게임에서 모든 걸 되돌리는 조건을 거는 거지!
S
척

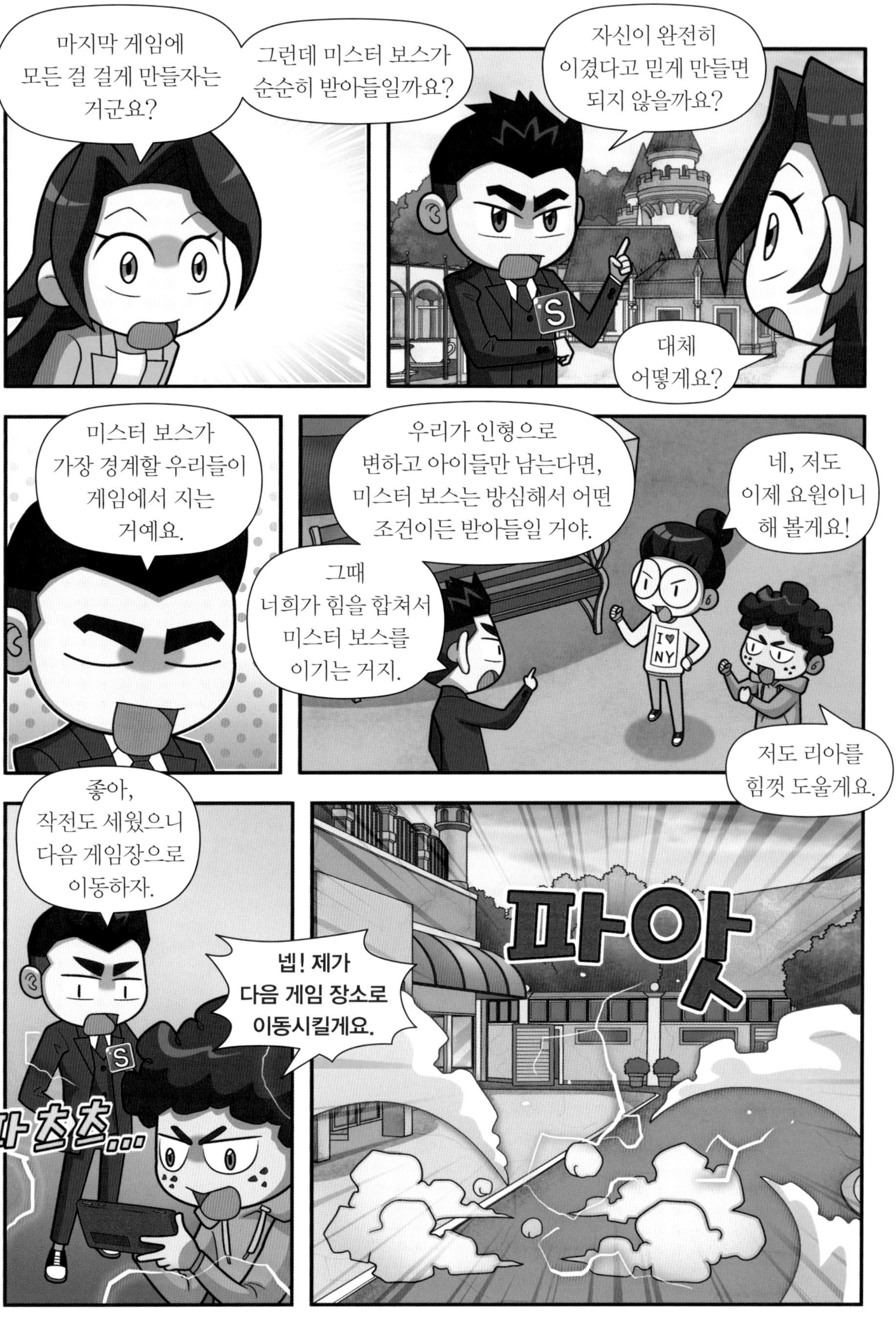

마지막 게임에 모든 걸 걸게 만들자는 거군요?
그런데 미스터 보스가 순순히 받아들일까요?
자신이 완전히 이겼다고 믿게 만들면 되지 않을까요?
대체 어떻게요?
미스터 보스가 가장 경계할 우리들이 게임에서 지는 거예요.
우리가 인형으로 변하고 아이들만 남는다면, 미스터 보스는 방심해서 어떤 조건이든 받아들일 거야.
그때 너희가 힘을 합쳐서 미스터 보스를 이기는 거지.
네, 저도 이제 요원이니 해 볼게요!
저도 리아를 힘껏 도울게요.
좋아, 작전도 세웠으니 다음 게임장으로 이동하자.
넵! 제가 다음 게임 장소로 이동시킬게요.
파츠츠...
파앗

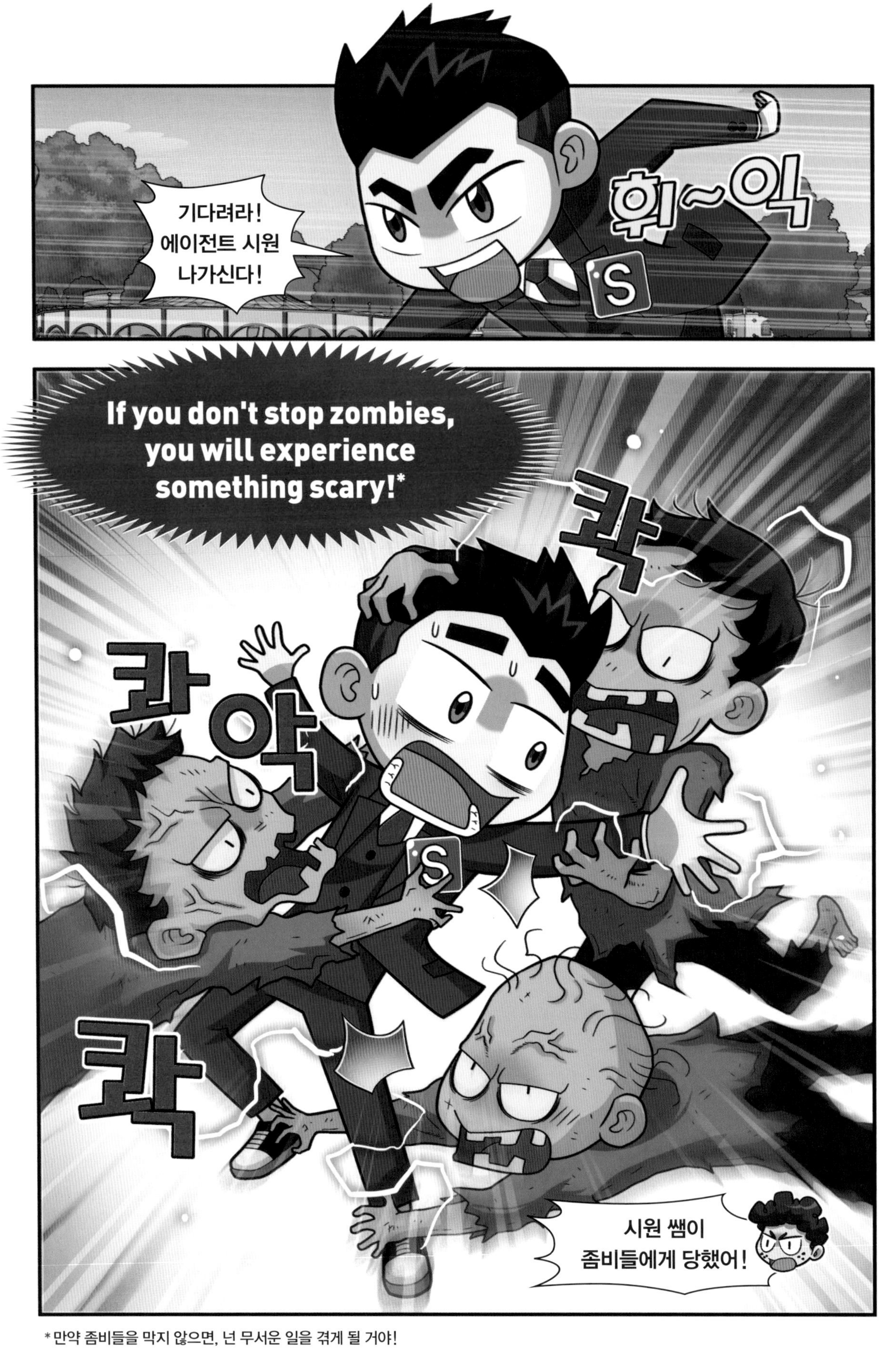
기다려라! 에이전트 시원 나가신다!
휘~익
If you don't stop zombies, you will experience something scary!*
콱
콰악
콱
시원 쌤이 좀비들에게 당했어!

* 만약 좀비들을 막지 않으면, 넌 무서운 일을 겪게 될 거야!

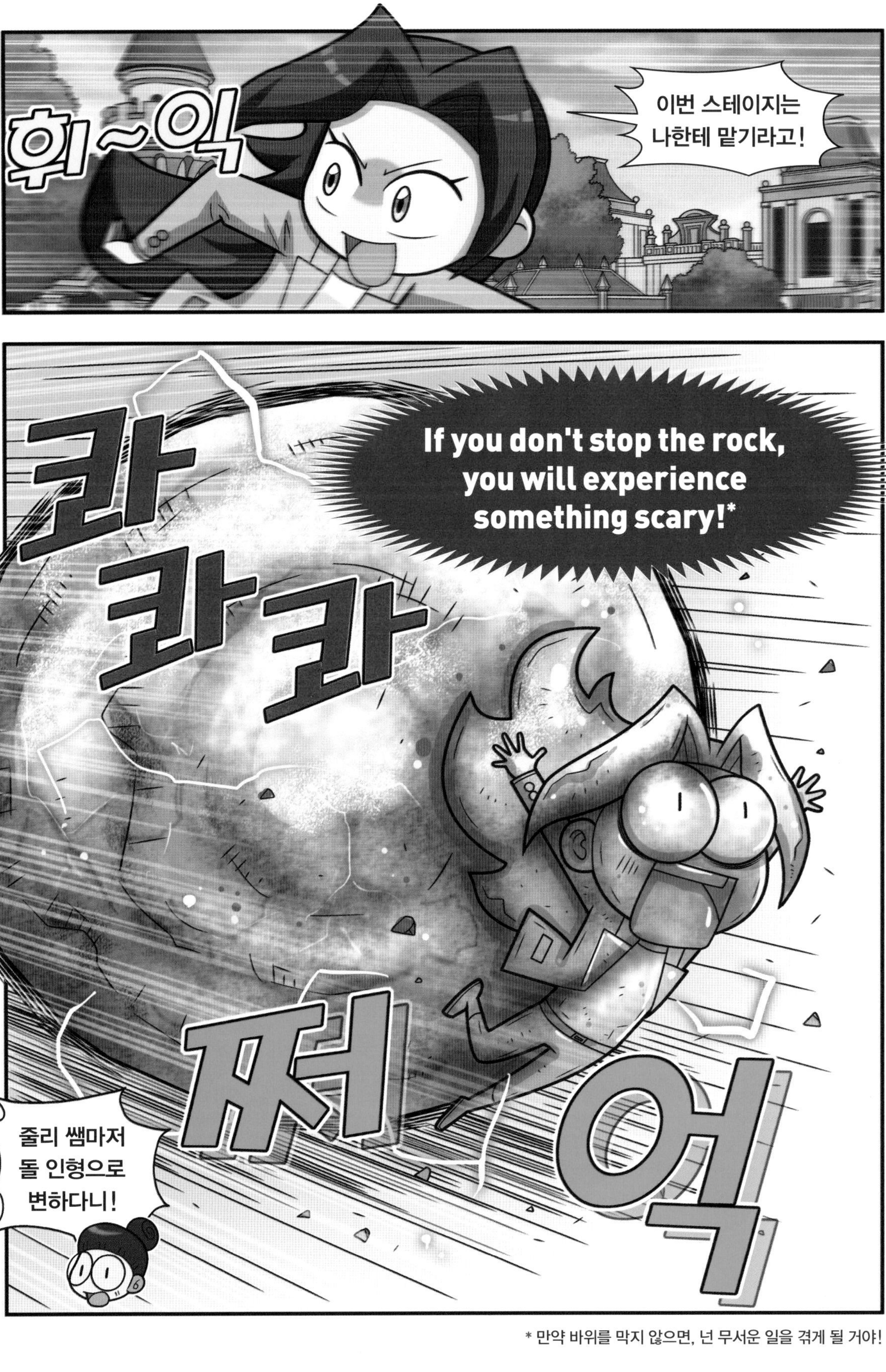
휘~익
이번 스테이지는 나한테 맡기라고!
콰콰콰콰
If you don't stop the rock, you will experience something scary!*
퍼억
줄리 쌤마저 돌 인형으로 변하다니!

* 만약 바위를 막지 않으면, 넌 무서운 일을 겪게 될 거야!

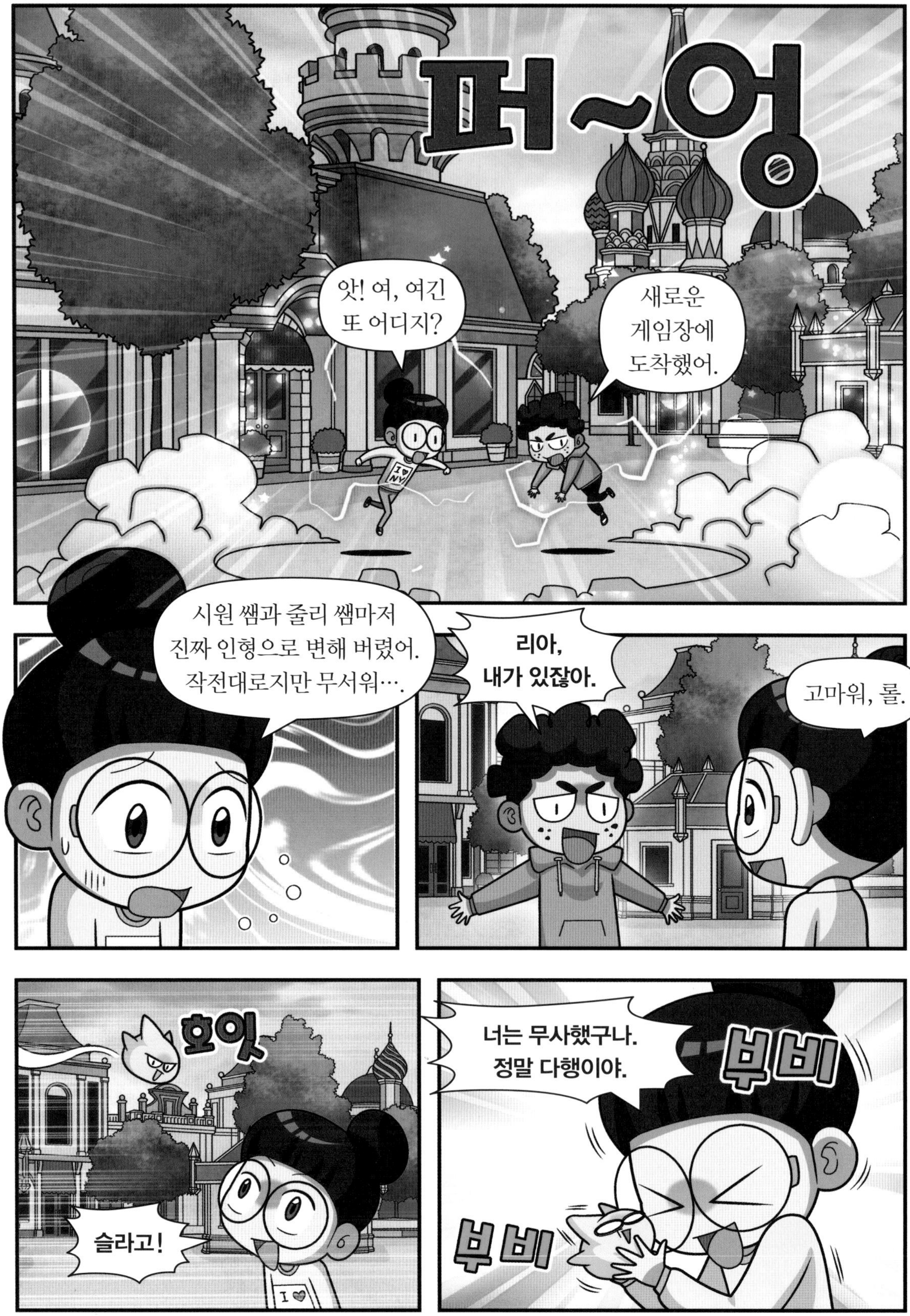

퍼~엉
앗! 여, 여긴 또 어디지?
새로운 게임장에 도착했어.
시원 쌤과 줄리 쌤마저 진짜 인형으로 변해 버렸어. 작전대로지만 무서워….
리아, 내가 있잖아.
고마워, 롤.
호잇
슬라고!
너는 무사했구나. 정말 다행이야.
부비
부비

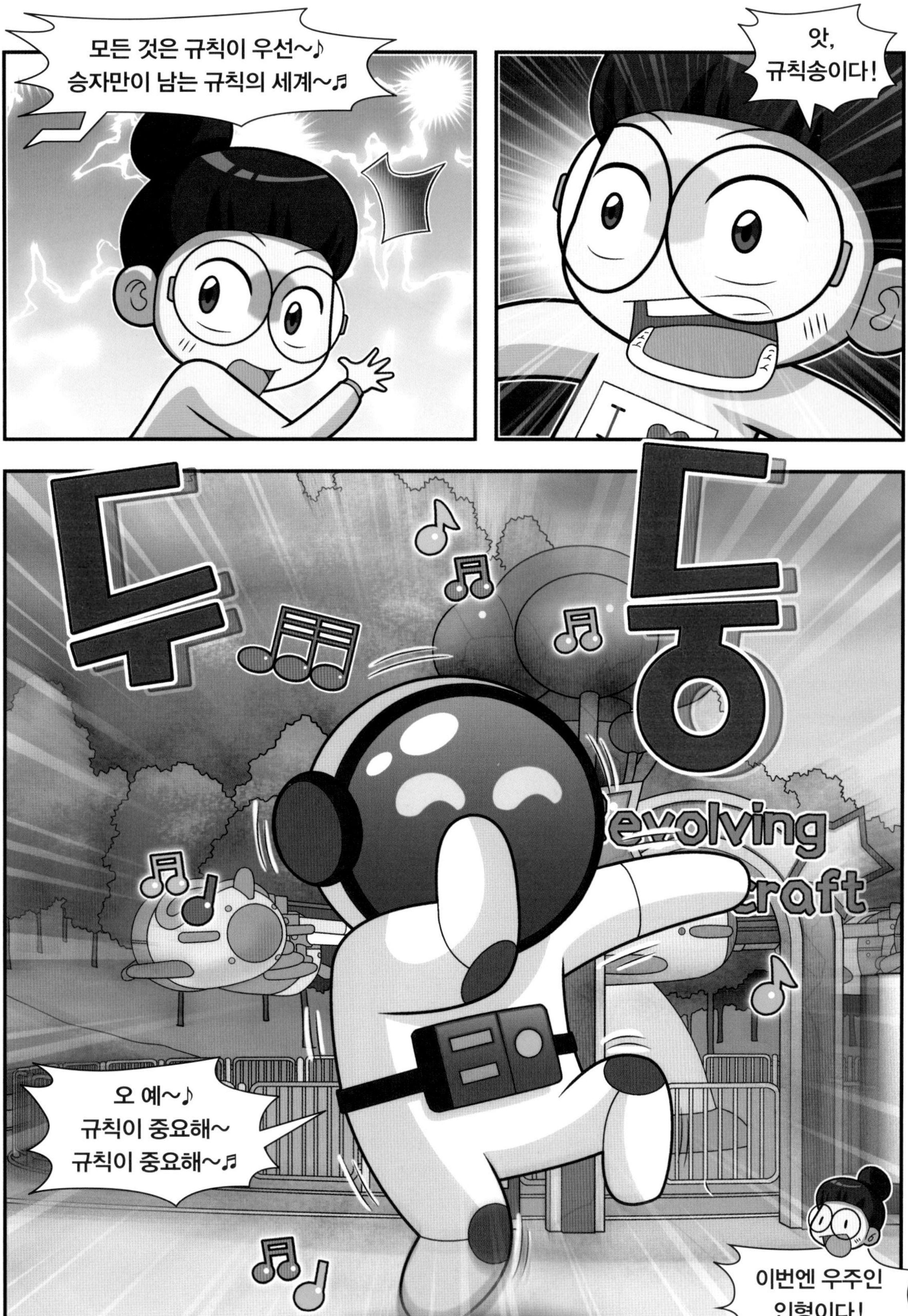
모든 것은 규칙이 우선~♪
승자만이 남는 규칙의 세계~♬
앗,
규칙송이다!
두
둥
evolving
craft
오 예~♪
규칙이 중요해~
규칙이 중요해~♬
이번엔 우주인
인형이다!

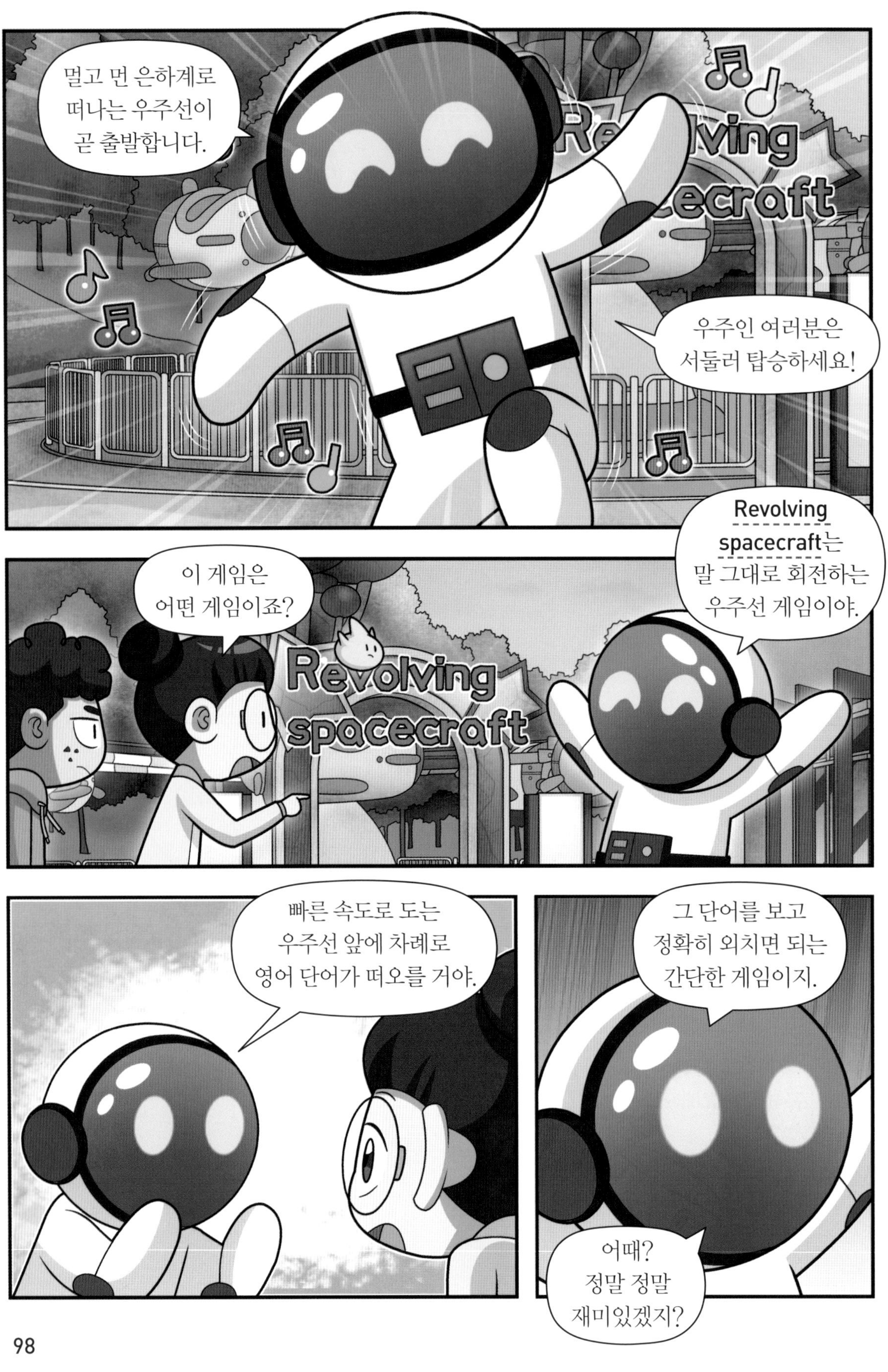
멀고 먼 은하계로 떠나는 우주선이 곧 출발합니다.
Revolving spacecraft
우주인 여러분은 서둘러 탑승하세요!
이 게임은 어떤 게임이죠?
Revolving spacecraft는 말 그대로 회전하는 우주선 게임이야.
Revolving spacecraft
빠른 속도로 도는 우주선 앞에 차례로 영어 단어가 떠오를 거야.
그 단어를 보고 정확히 외치면 되는 간단한 게임이지.
어때? 정말 정말 재미있겠지?

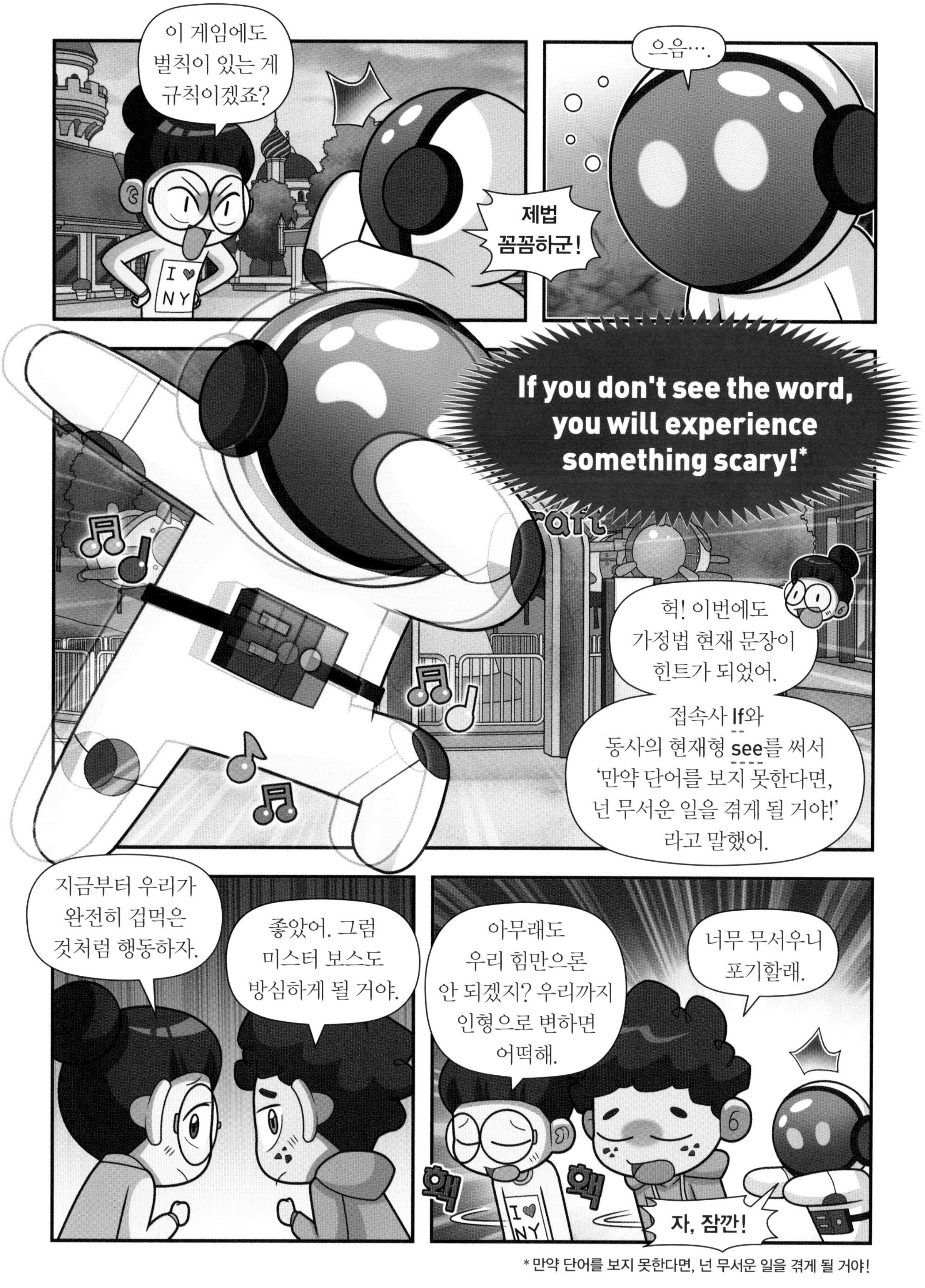
이 게임에도 벌칙이 있는 게 규칙이겠죠?
제법 꼼꼼하군!
으음….
If you don't see the word, you will experience something scary!*
헉! 이번에도 가정법 현재 문장이 힌트가 되었어.
접속사 If와 동사의 현재형 see를 써서 '만약 단어를 보지 못한다면, 넌 무서운 일을 겪게 될 거야!' 라고 말했어.
지금부터 우리가 완전히 겁먹은 것처럼 행동하자.
좋았어. 그럼 미스터 보스도 방심하게 될 거야.
아무래도 우리 힘만으론 안 되겠지? 우리까지 인형으로 변하면 어떡해.
너무 무서우니 포기할래.
홱
홱
자, 잠깐!

* 만약 단어를 보지 못한다면, 넌 무서운 일을 겪게 될 거야!

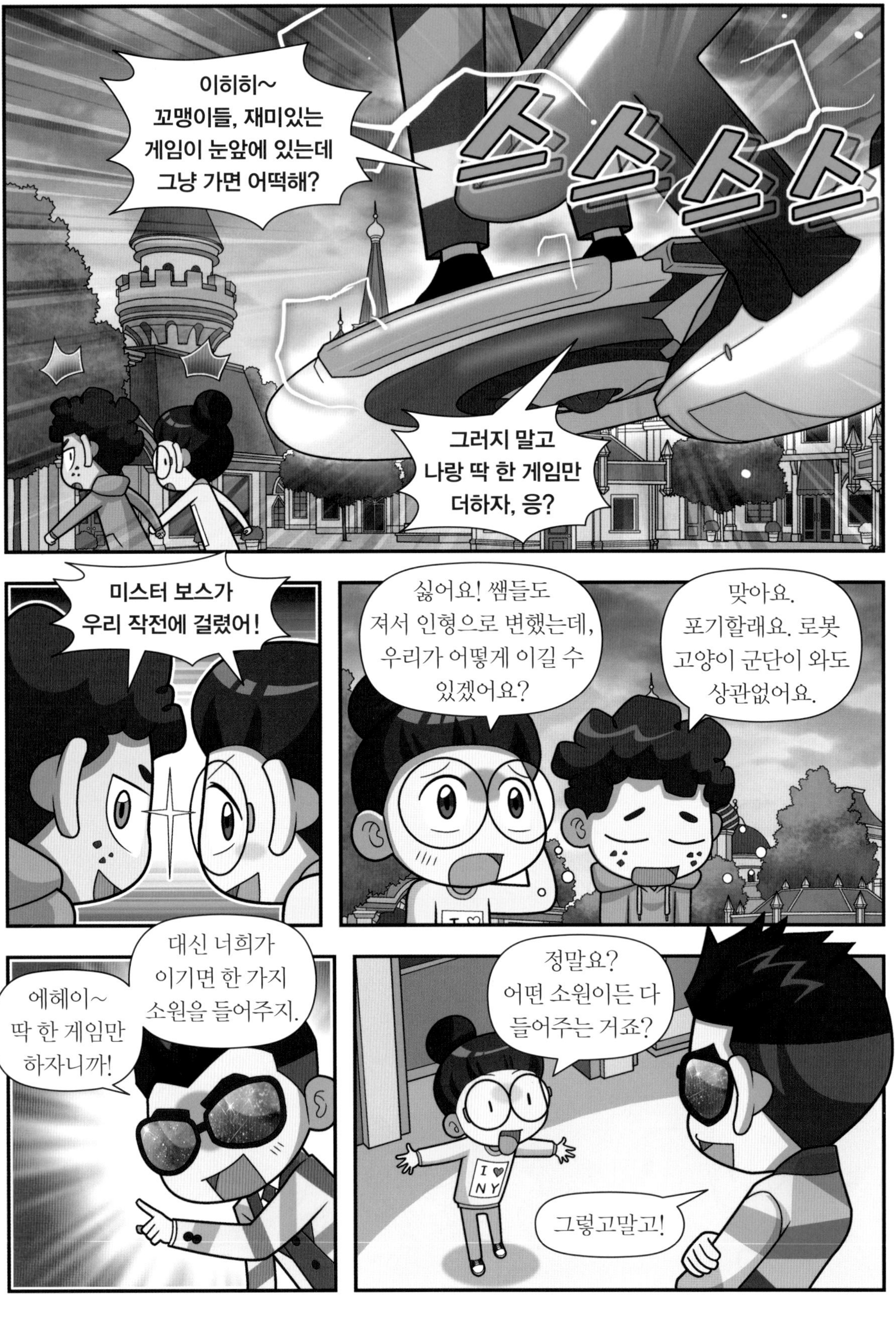
이히히~ 꼬맹이들, 재미있는 게임이 눈앞에 있는데 그냥 가면 어떡해?
스스스스
그러지 말고 나랑 딱 한 게임만 더하자, 응?
미스터 보스가 우리 작전에 걸렸어!
싫어요! 쌤들도 져서 인형으로 변했는데, 우리가 어떻게 이길 수 있겠어요?
맞아요. 포기할래요. 로봇 고양이 군단이 와도 상관없어요.
에헤이~ 딱 한 게임만 하자니까!
대신 너희가 이기면 한 가지 소원을 들어주지.
정말요? 어떤 소원이든 다 들어주는 거죠?
그렇고말고!

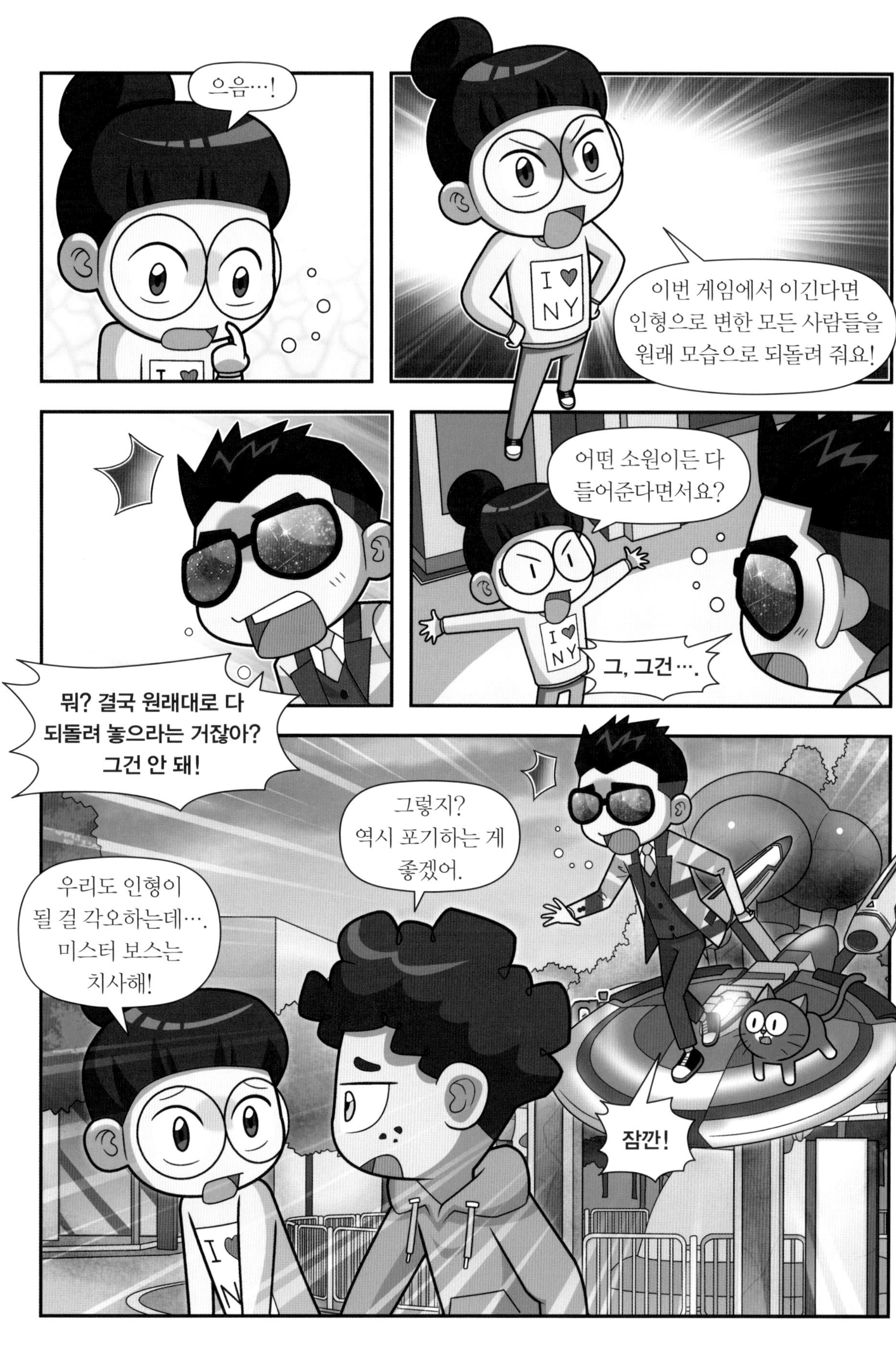

으음…!
이번 게임에서 이긴다면 인형으로 변한 모든 사람들을 원래 모습으로 되돌려 줘요!
어떤 소원이든 다 들어준다면서요?
그, 그건….
뭐? 결국 원래대로 다 되돌려 놓으라는 거잖아? 그건 안 돼!
그렇지? 역시 포기하는 게 좋겠어.
우리도 인형이 될 걸 각오하는데…. 미스터 보스는 치사해!
잠깐!

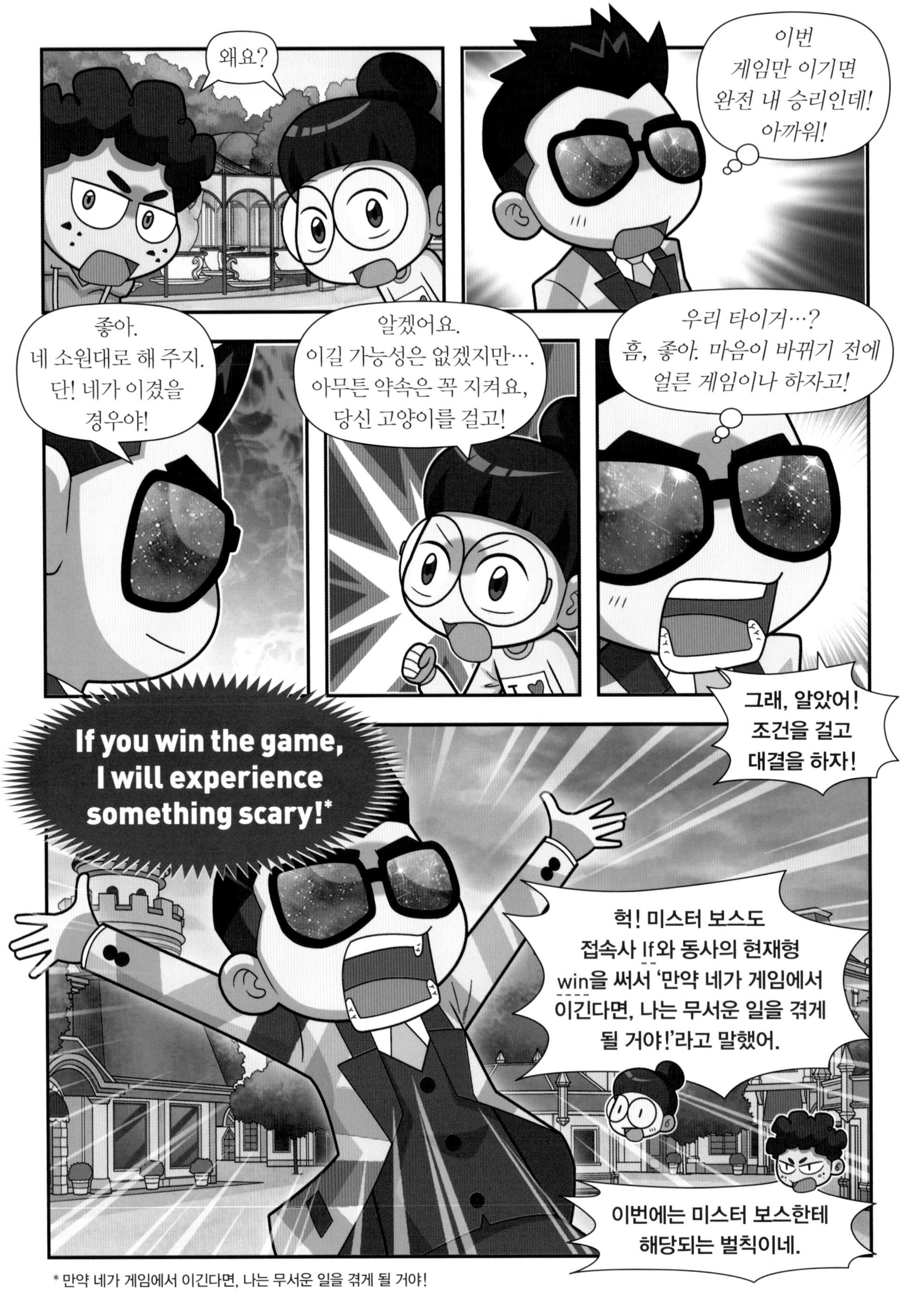

왜요?
이번 게임만 이기면 완전 내 승리인데! 아까워!
좋아. 네 소원대로 해 주지. 단! 네가 이겼을 경우야!
알겠어요. 이길 가능성은 없겠지만…. 아무튼 약속은 꼭 지켜요, 당신 고양이를 걸고!
우리 타이거…? 흠, 좋아. 마음이 바뀌기 전에 얼른 게임이나 하자고!
그래, 알았어! 조건을 걸고 대결을 하자!
If you win the game, I will experience something scary!*
헉! 미스터 보스도 접속사 If와 동사의 현재형 win을 써서 '만약 네가 게임에서 이긴다면, 나는 무서운 일을 겪게 될 거야!'라고 말했어.
이번에는 미스터 보스한테 해당되는 벌칙이네.

* 만약 네가 게임에서 이긴다면, 나는 무서운 일을 겪게 될 거야!

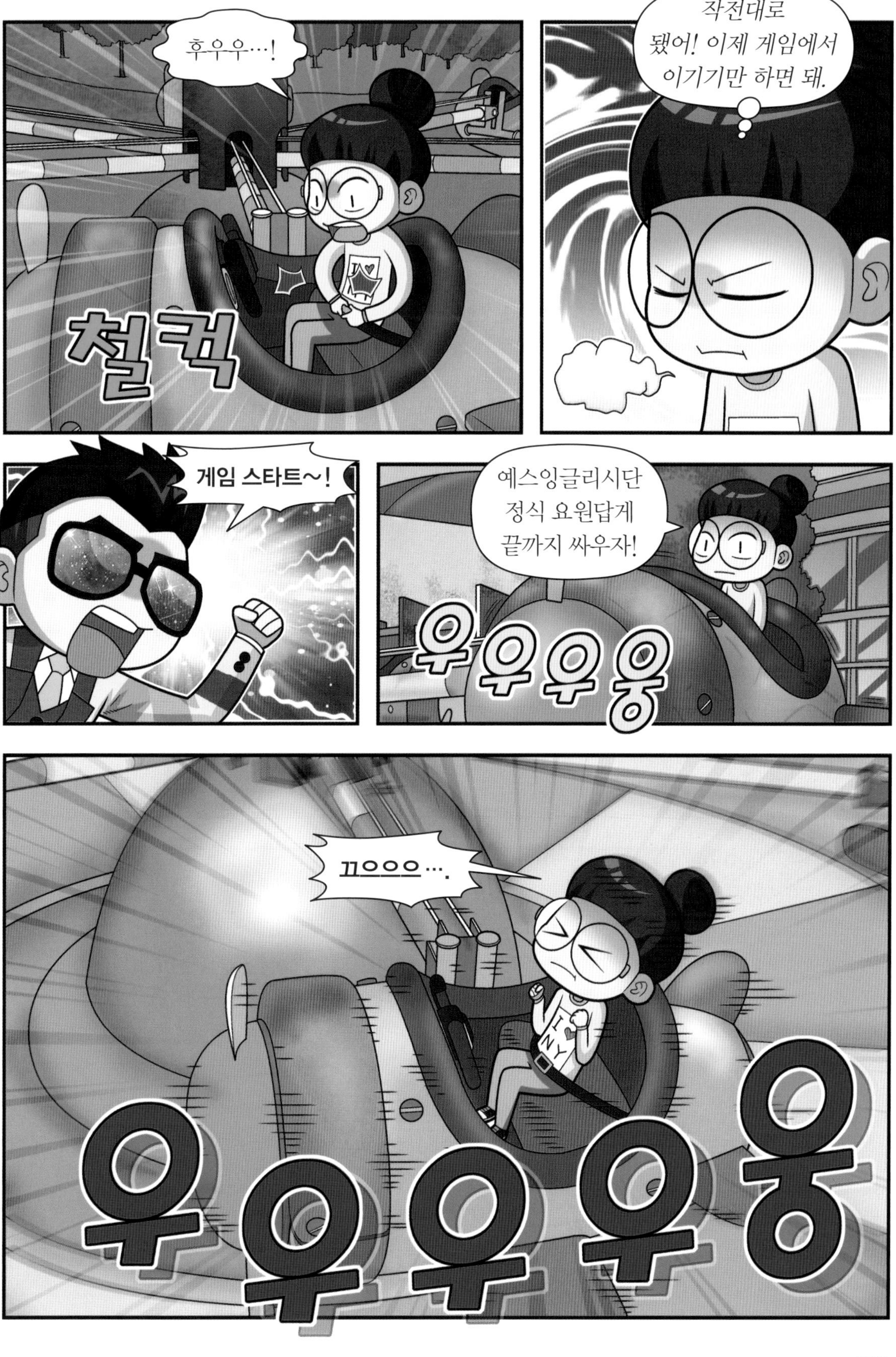

후우우…!
철컥
작전대로 됐어! 이제 게임에서 이기기만 하면 돼.
게임 스타트~!
예스잉글리시단 정식 요원답게 끝까지 싸우자!
우우우웅
끄ㅇㅇㅇ….
우우우우웅

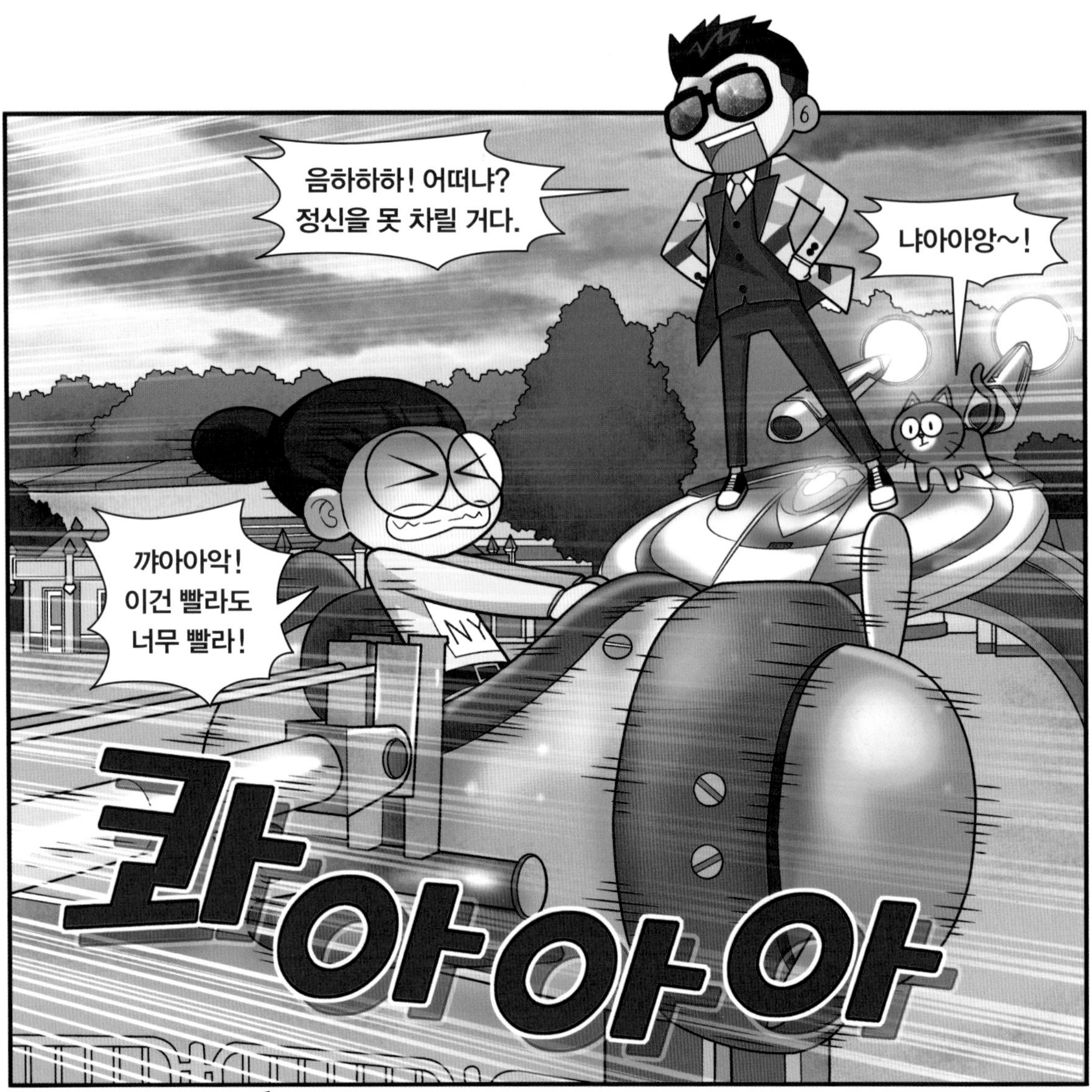
음하하하! 어떠냐?
정신을 못 차릴 거다.
냐아아앙~!
꺄아아악!
이건 빨라도
너무 빨라!
콰아아아

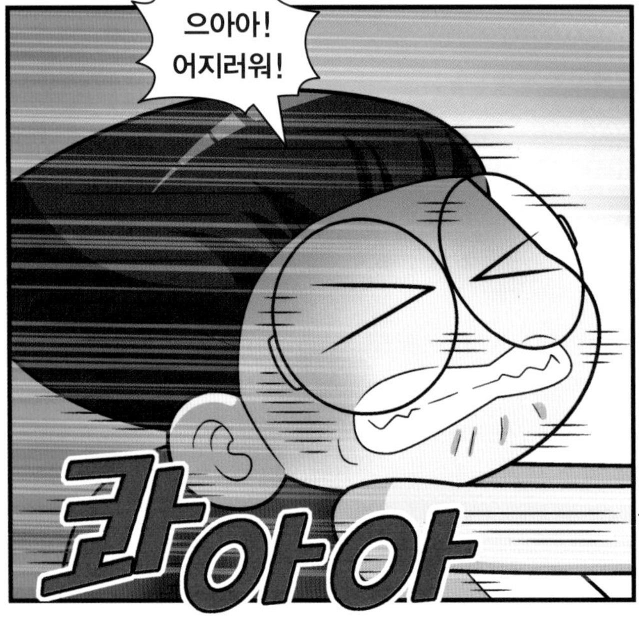
으아아!
어지러워!
콰아아

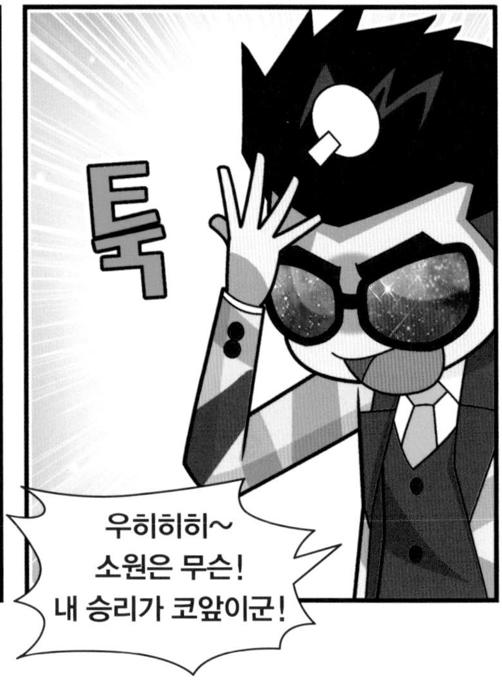
툭
우히히히~
소원은 무슨!
내 승리가 코앞이군!

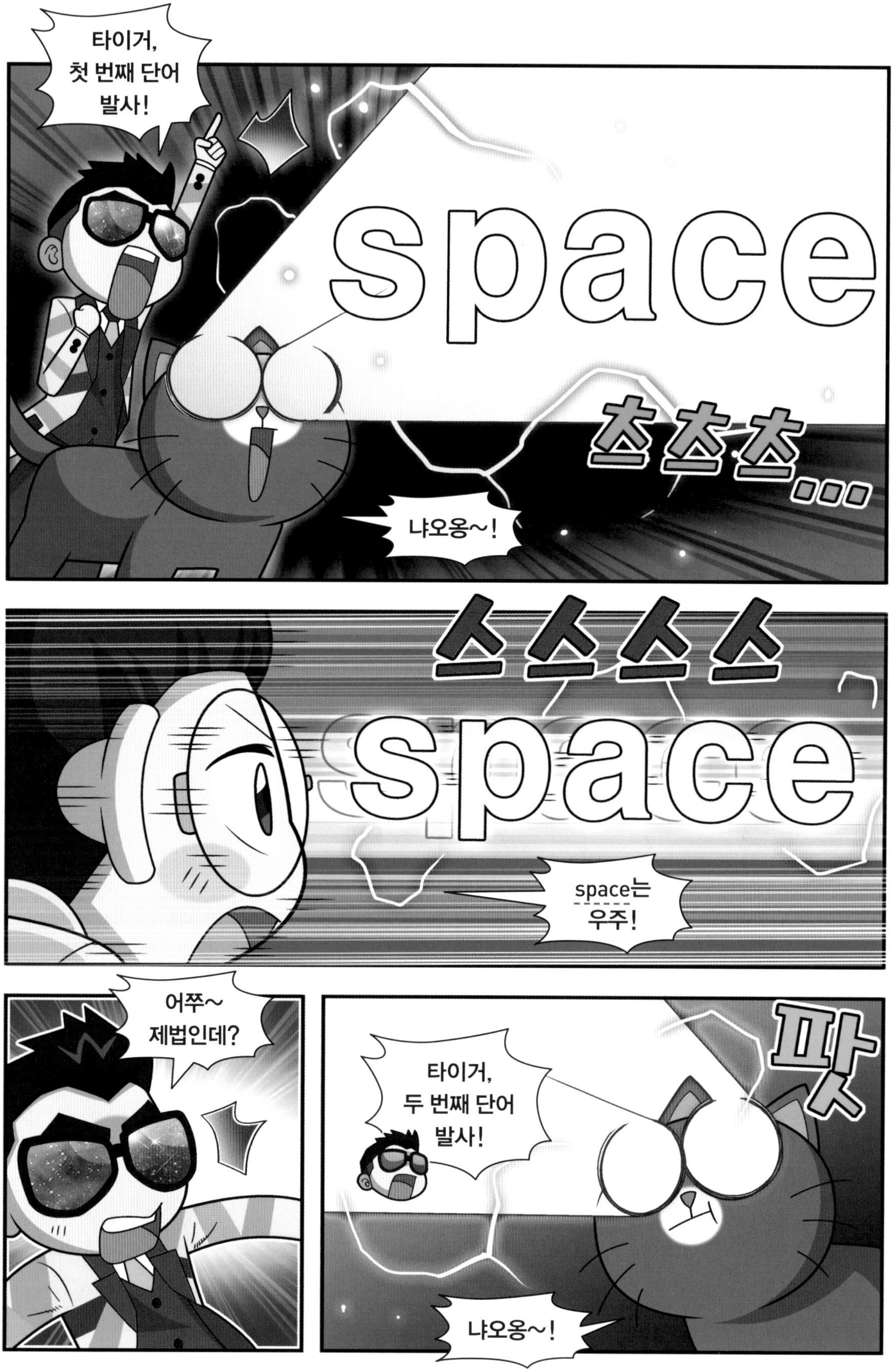
타이거,
첫 번째 단어
발사!
space
츠츠츠...
냐오옹~!
스스스스
space
space는
우주!
어쭈~
제법인데?
타이거,
두 번째 단어
발사!
파
냐오옹~!

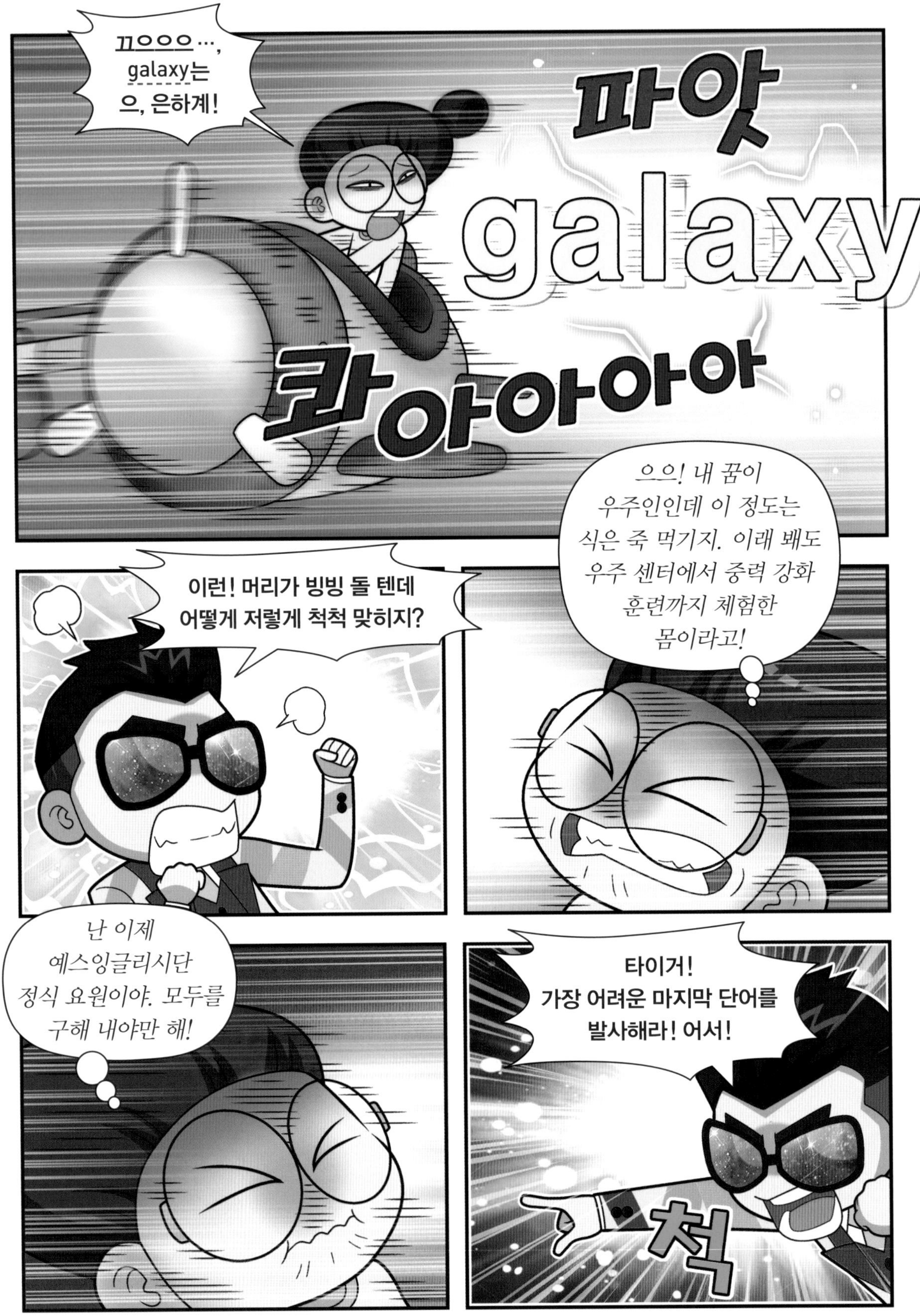

끄으으으…, galaxy는 으, 은하계!
파앗
galaxy
콰아아아아
으으! 내 꿈이 우주인인데 이 정도는 식은 죽 먹기지. 이래 봬도 우주 센터에서 중력 강화 훈련까지 체험한 몸이라고!
이런! 머리가 빙빙 돌 텐데 어떻게 저렇게 척척 맞히지?
난 이제 예스잉글리시단 정식 요원이야. 모두를 구해 내야만 해!
타이거! 가장 어려운 마지막 단어를 발사해라! 어서!
척

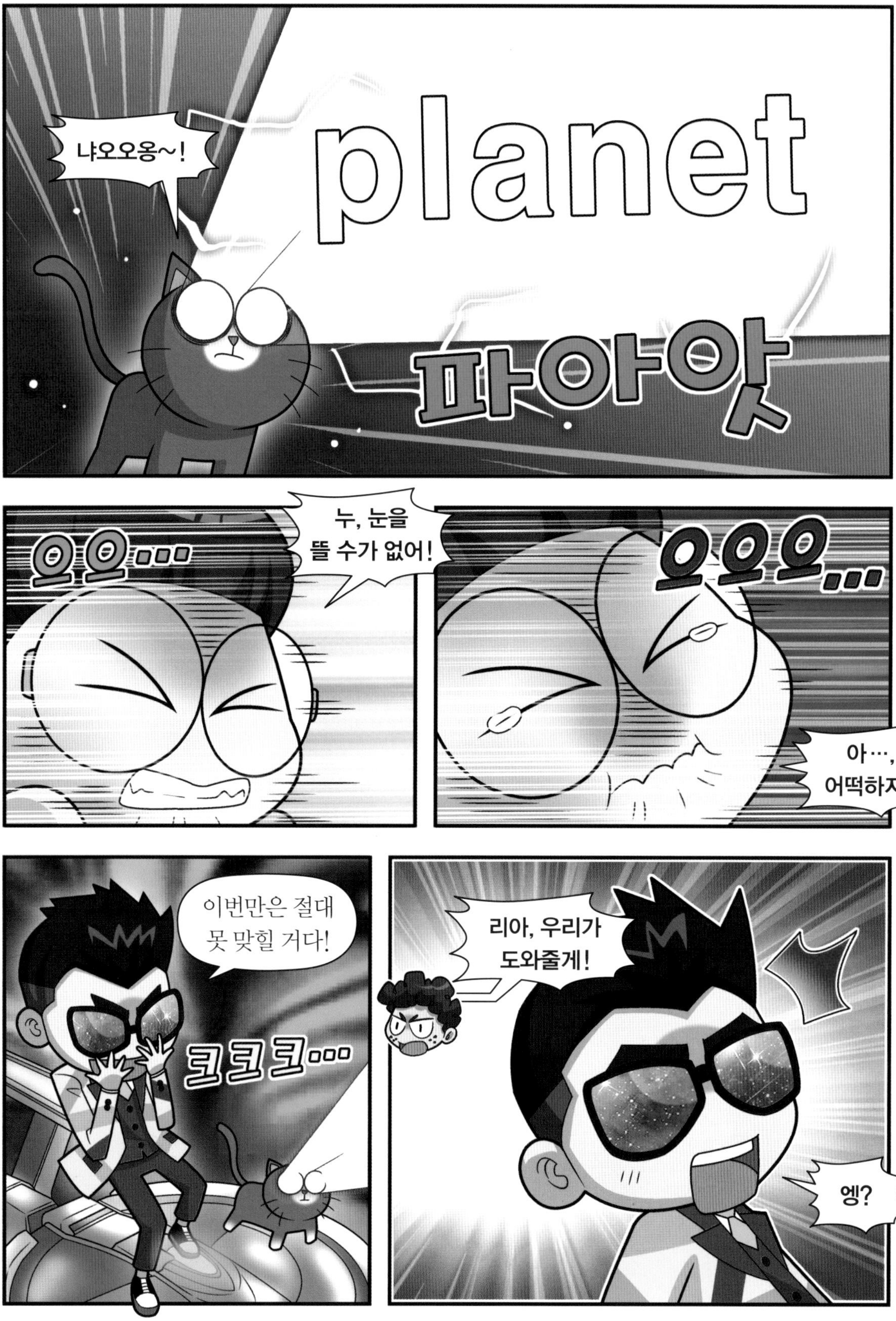
냐오오옹~!
planet
파아앗
오오...
누, 눈을
뜰 수가 없어!
오오오...
아…,
어떡하지?
이번만은 절대
못 맞힐 거다!
크크크...
리아, 우리가
도와줄게!
엥?

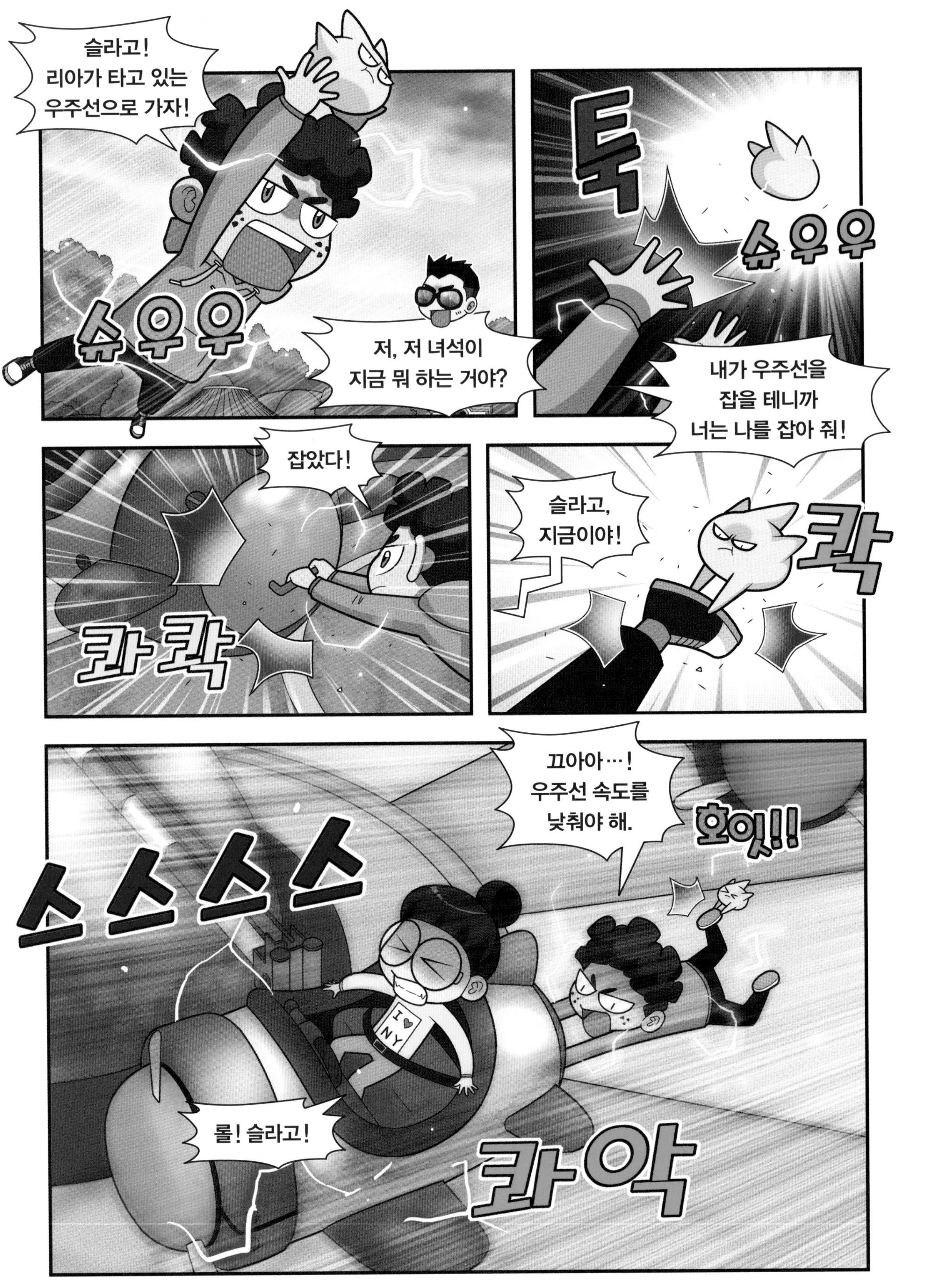
슬라고!
리아가 타고 있는 우주선으로 가자!
슈우우
저, 저 녀석이 지금 뭐 하는 거야?
툭
슈우우
내가 우주선을 잡을 테니까 너는 나를 잡아 줘!
잡았다!
콰콱
슬라고, 지금이야!
콱
끄아아…! 우주선 속도를 낮춰야 해.
호잇!!
스스스스
롤! 슬라고!
콰악

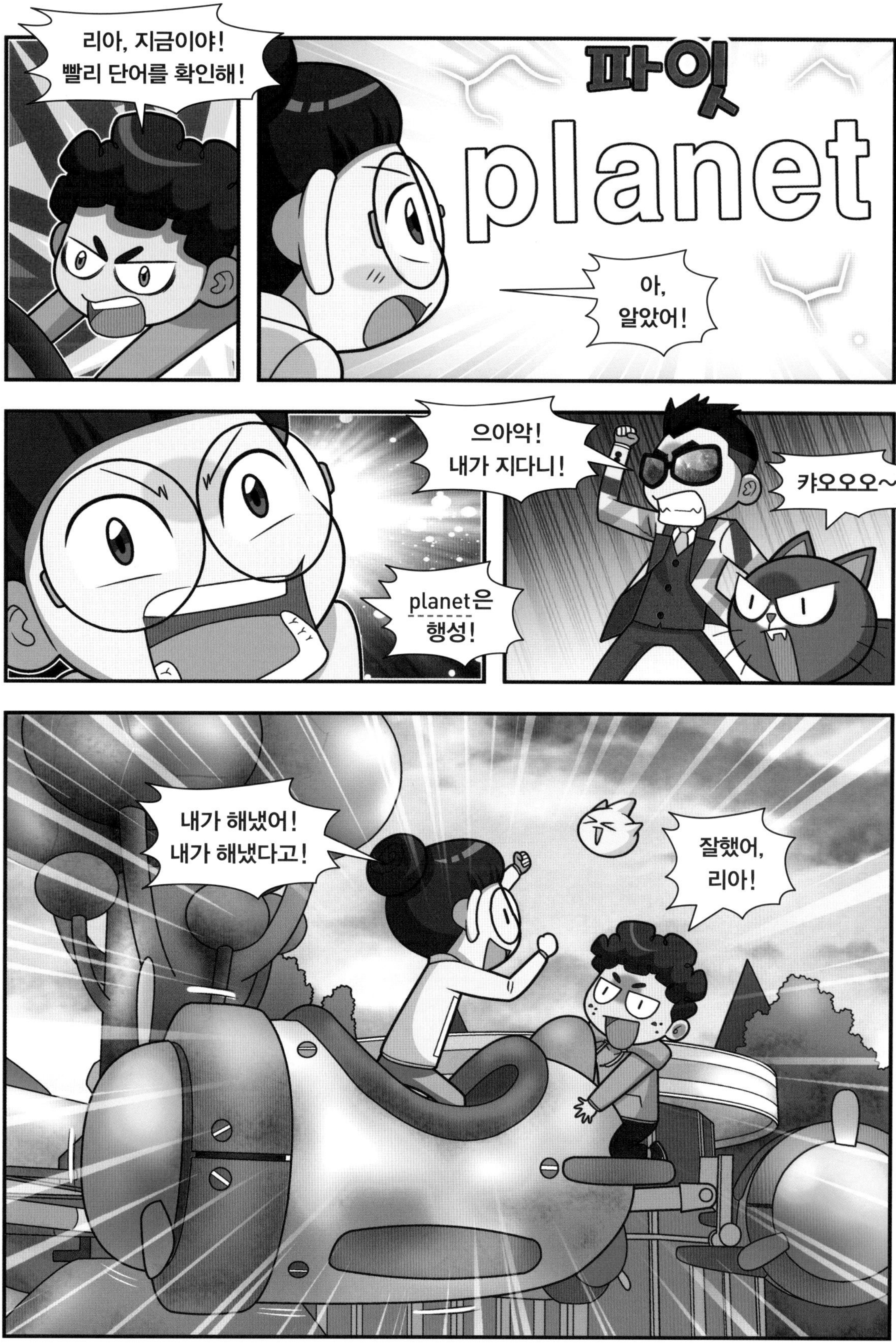
리아, 지금이야!
빨리 단어를 확인해!
파잇
planet
아, 알았어!
으아악! 내가 지다니!
캬오오오~
planet은 행성!
내가 해냈어! 내가 해냈다고!
잘했어, 리아!

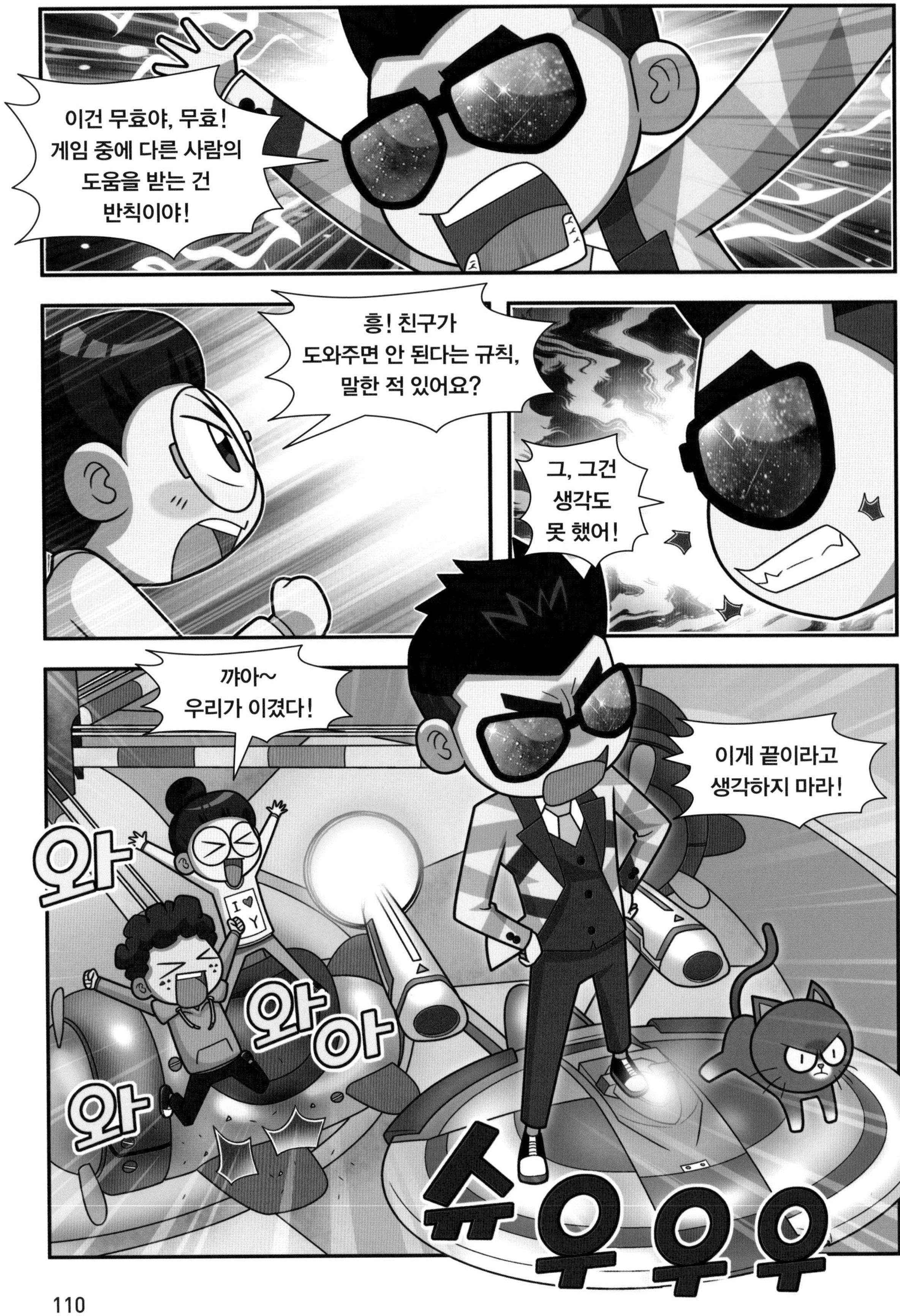

이건 무효야, 무효! 게임 중에 다른 사람의 도움을 받는 건 반칙이야!
흥! 친구가 도와주면 안 된다는 규칙, 말한 적 있어요?
그, 그건 생각도 못 했어!
꺄아~ 우리가 이겼다!
와
와아
와
이게 끝이라고 생각하지 마라!
슈우우우

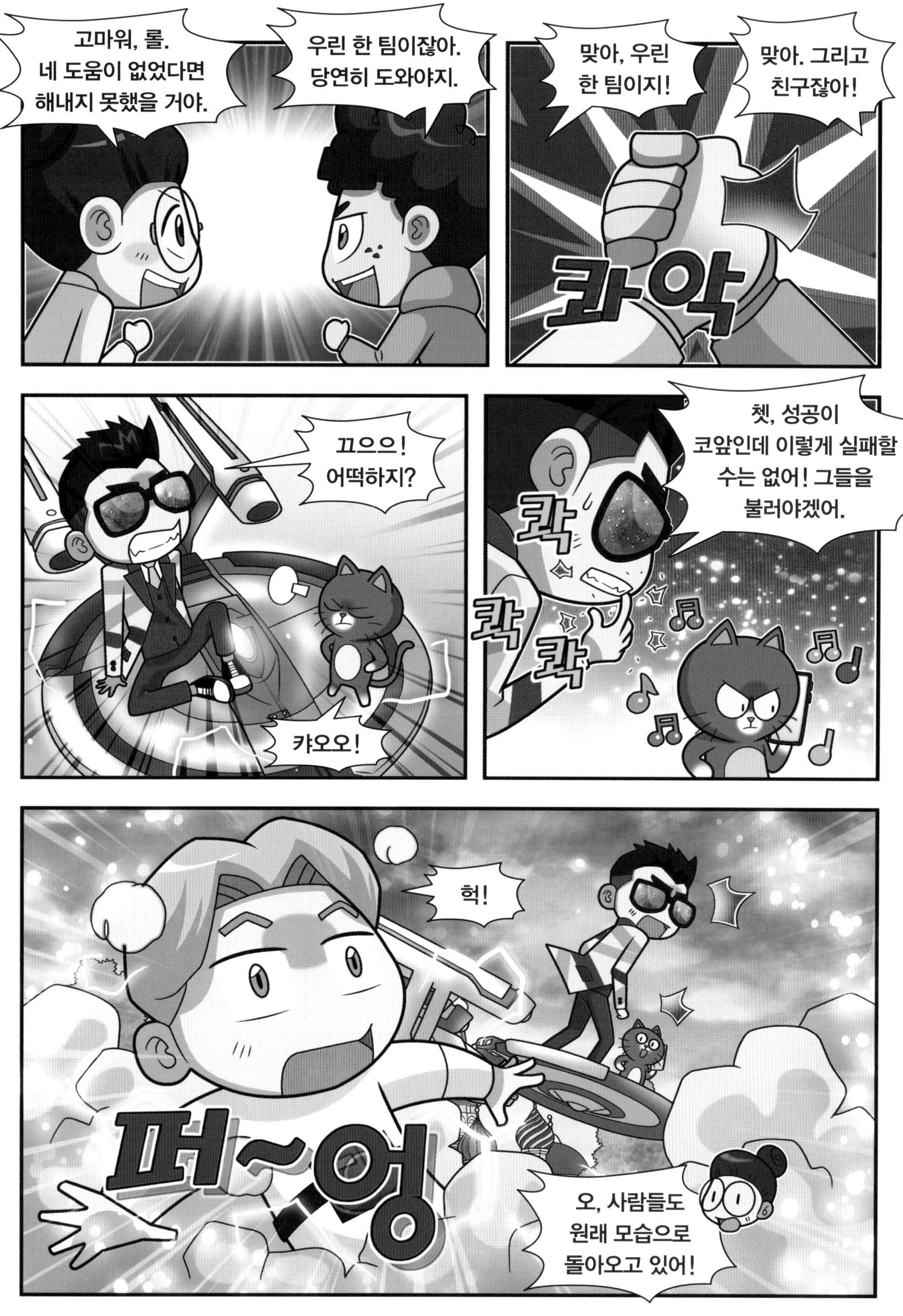
고마워, 롤.
네 도움이 없었다면
해내지 못했을 거야.
우린 한 팀이잖아.
당연히 도와야지.
맞아, 우린
한 팀이지!
맞아. 그리고
친구잖아!
콰악
끄으으!
어떡하지?
캬오오!
쳇, 성공이
코앞인데 이렇게 실패할
수는 없어! 그들을
불러야겠어.
콱
콱
콱
헉!
펴~엉
오, 사람들도
원래 모습으로
돌아오고 있어!

Chapter 6

미스터 보스의 비밀

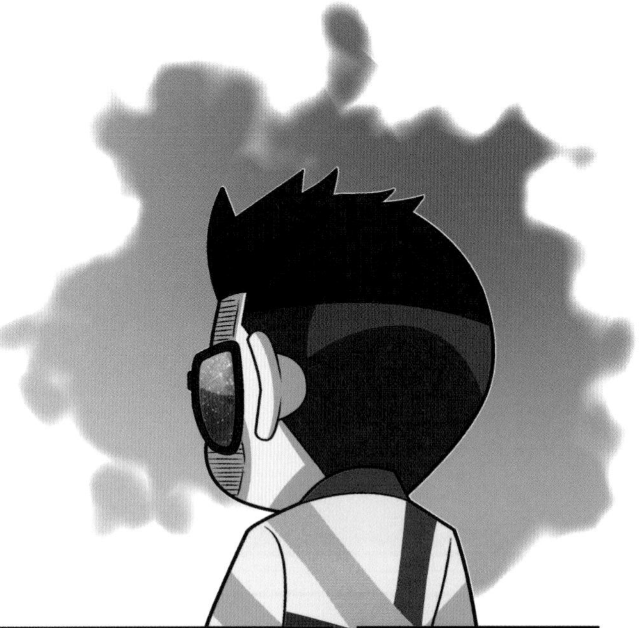

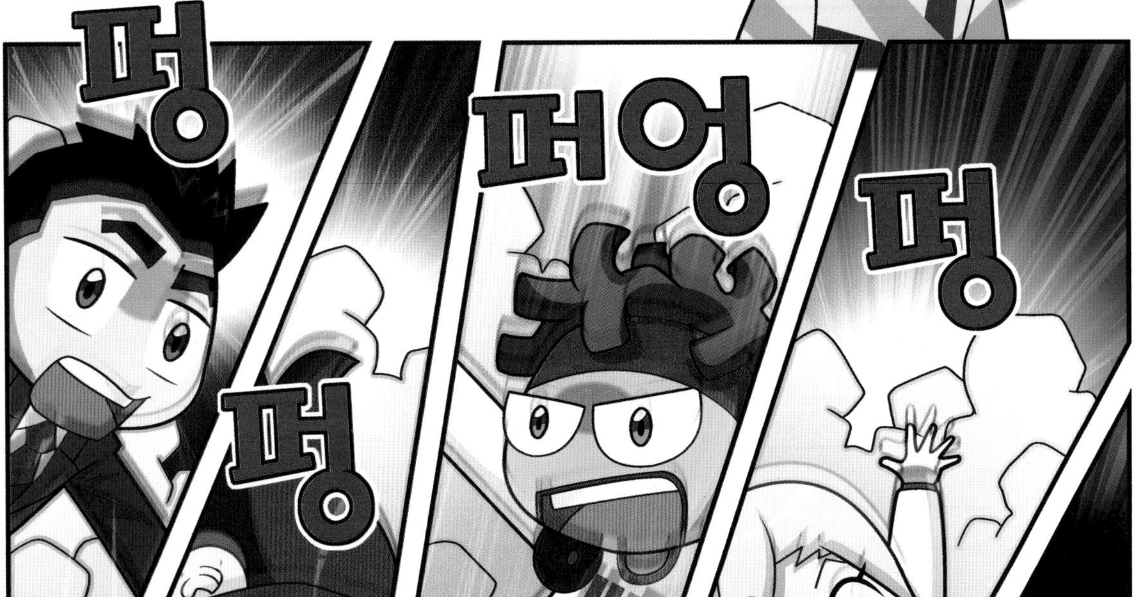
펑
펑
퍼엉
HIP HOP
펑
펑

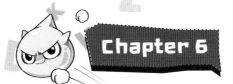

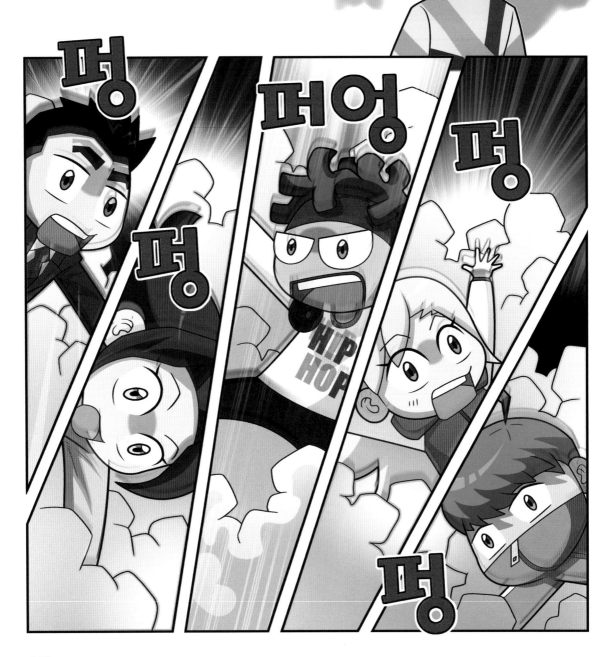

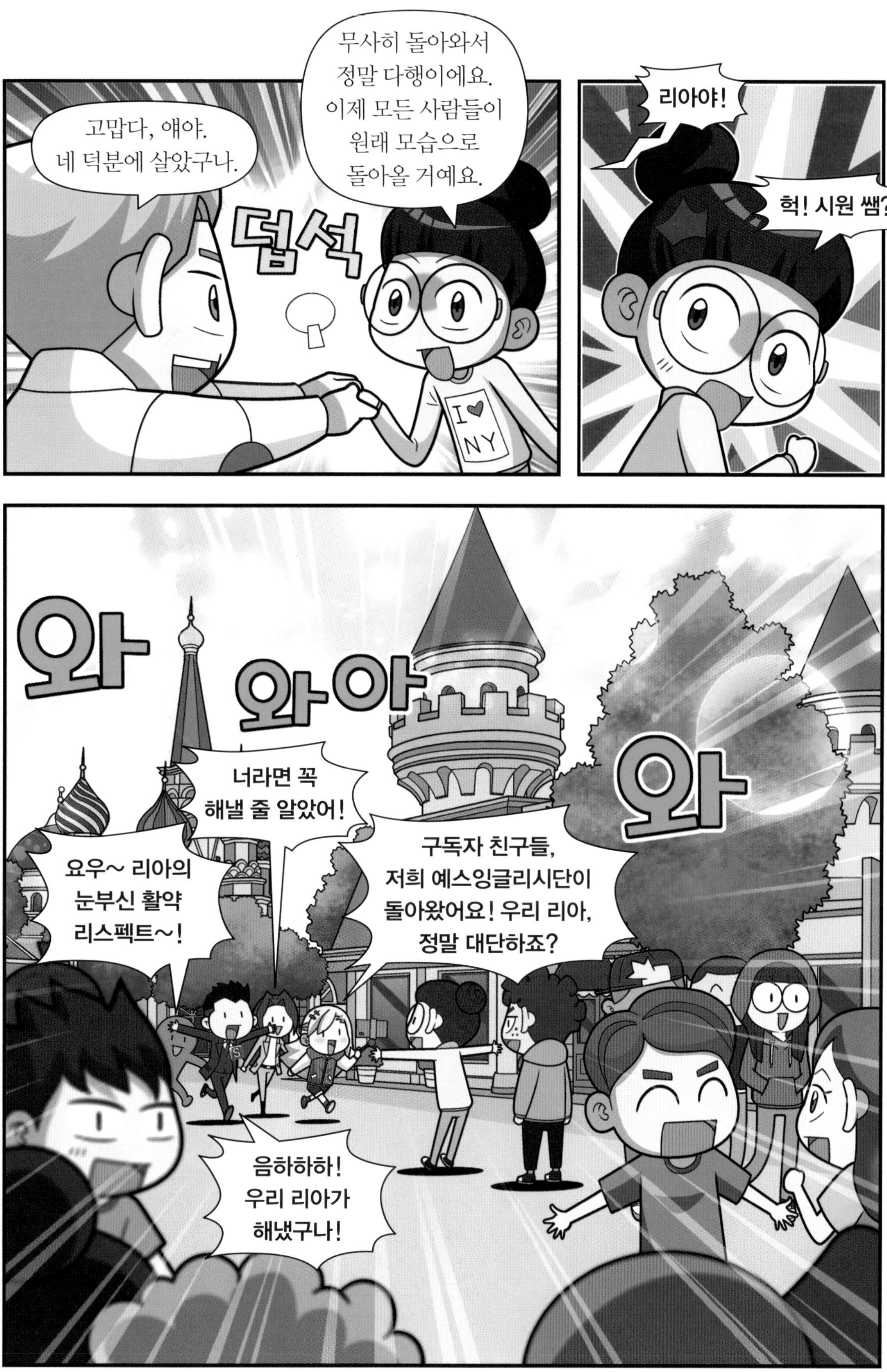

무사히 돌아와서 정말 다행이에요. 이제 모든 사람들이 원래 모습으로 돌아올 거예요.
고맙다, 얘야. 네 덕분에 살았구나.
덥석
리아야!
헉! 시원 쌤?
와
와아
와
너라면 꼭 해낼 줄 알았어!
요우~ 리아의 눈부신 활약 리스펙트~!
구독자 친구들, 저희 예스잉글리시단이 돌아왔어요! 우리 리아, 정말 대단하죠?
음하하하! 우리 리아가 해냈구나!

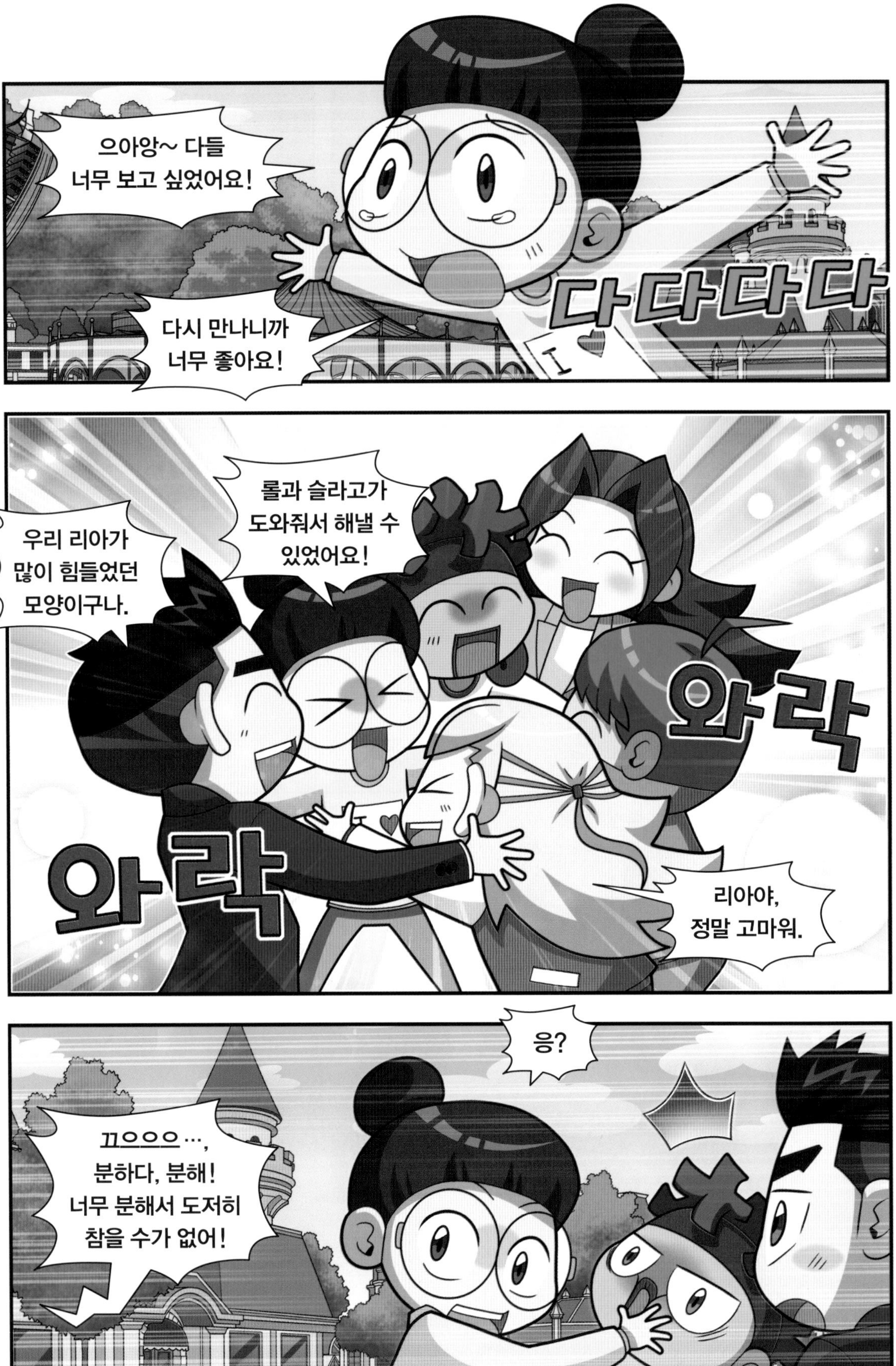
으아앙~ 다들
너무 보고 싶었어요!
다다다다다
다시 만나니까
너무 좋아요!
우리 리아가
많이 힘들었던
모양이구나.
롤과 슬라고가
도와줘서 해낼 수
있었어요!
와락
와락
리아야,
정말 고마워.
응?
끄으으으…,
분하다, 분해!
너무 분해서 도저히
참을 수가 없어!

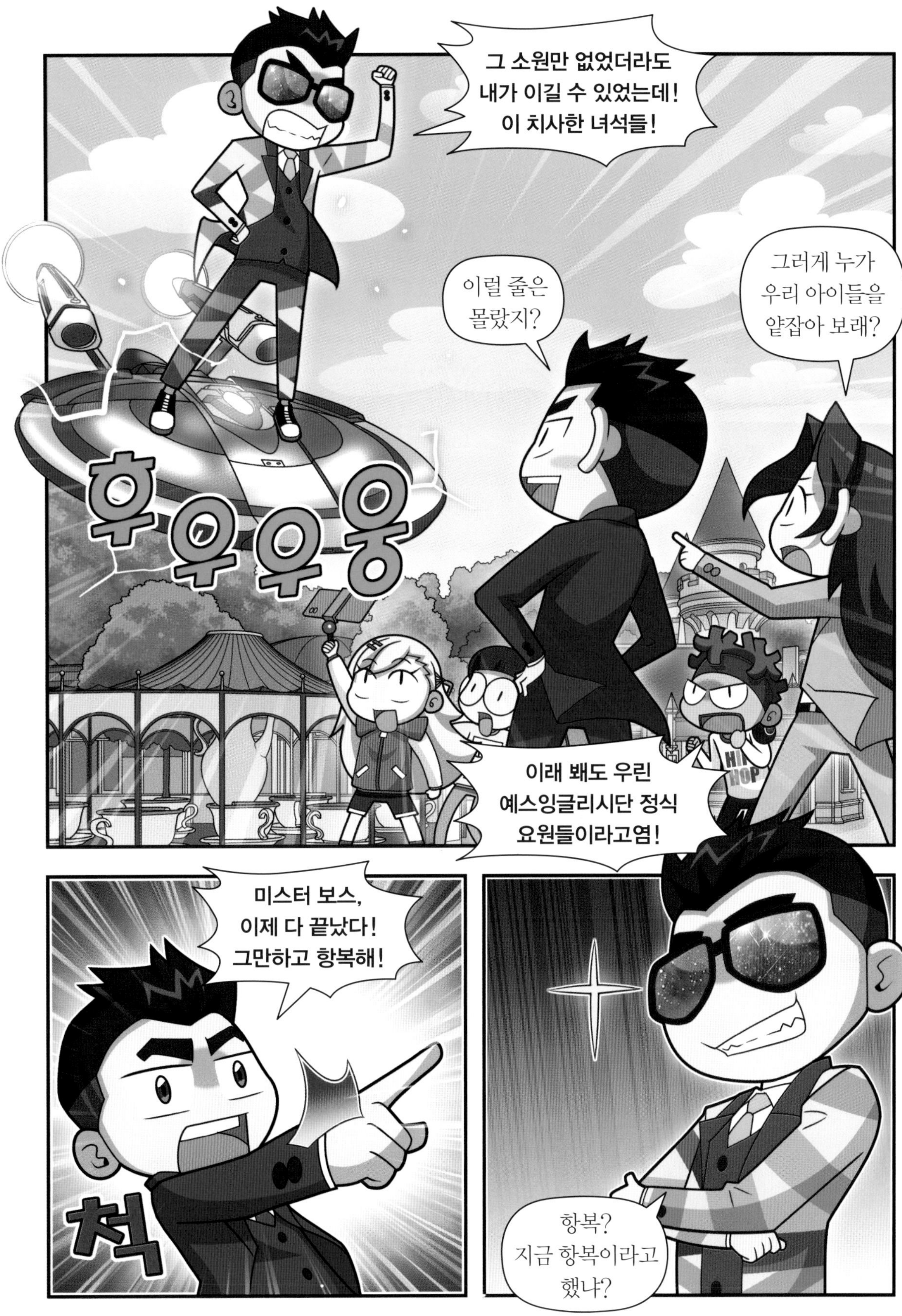
그 소원만 없었더라도
내가 이길 수 있었는데!
이 치사한 녀석들!
이럴 줄은 몰랐지?
그러게 누가 우리 아이들을 얕잡아 보래?
후우우웅
HIP HOP
이래 봬도 우린 예스잉글리시단 정식 요원들이라고염!
미스터 보스,
이제 다 끝났다!
그만하고 항복해!
척
항복?
지금 항복이라고 했냐?

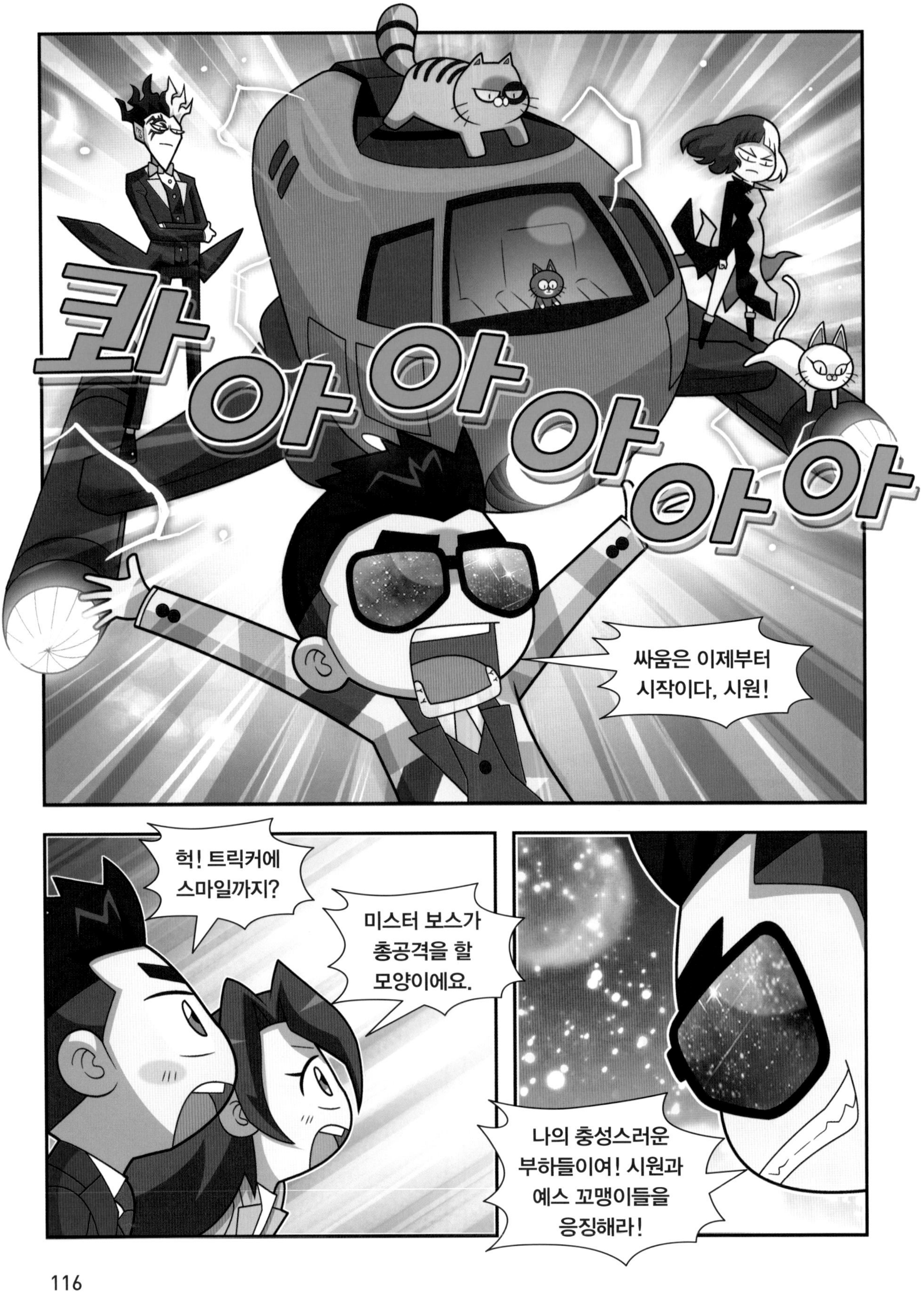
콰아아아아
싸움은 이제부터 시작이다, 시원!
헉! 트릭커에 스마일까지?
미스터 보스가 총공격을 할 모양이에요.
나의 충성스러운 부하들이여! 시원과 예스 꼬맹이들을 응징해라!

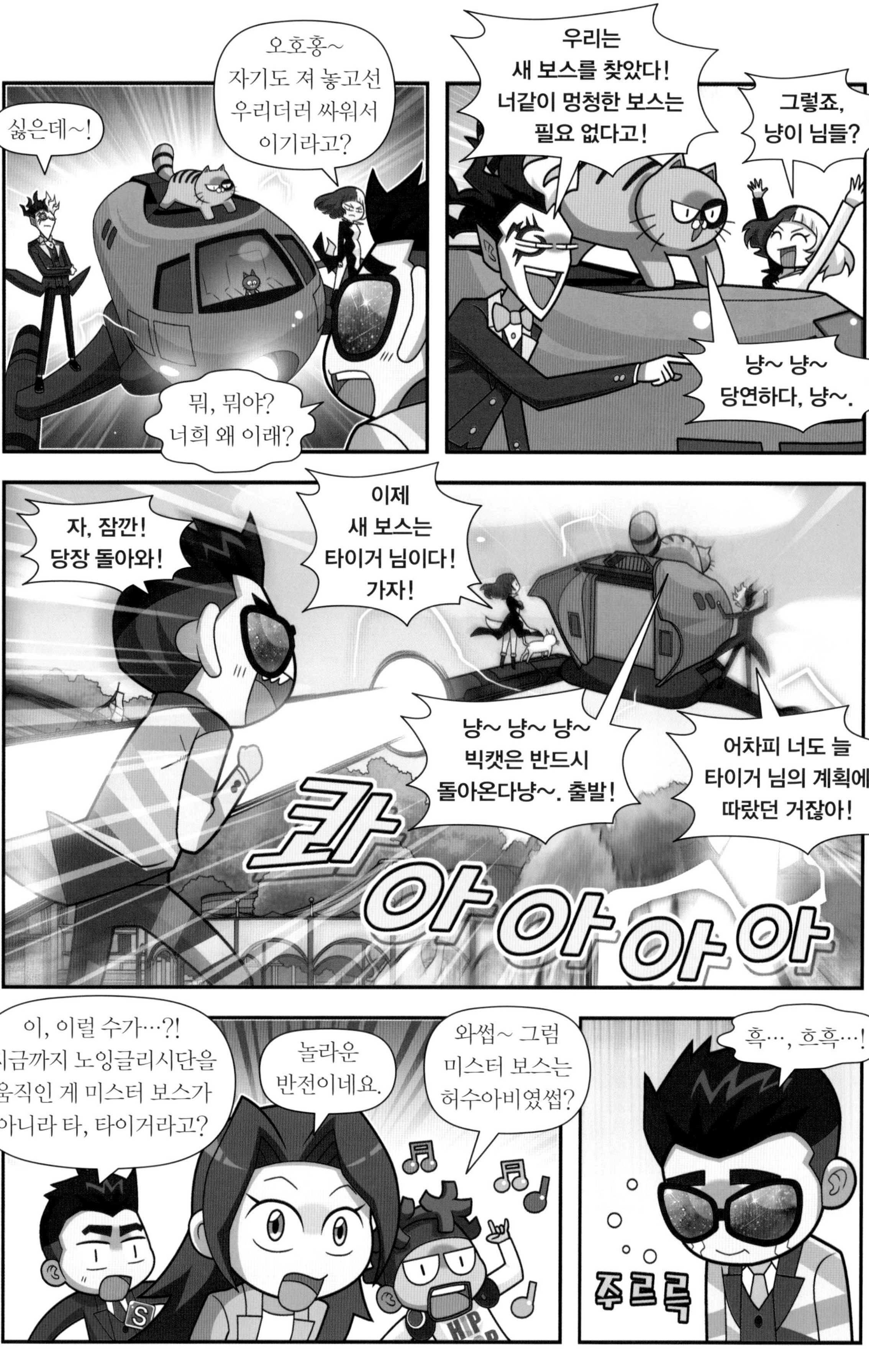

싫은데~!
오호홍~ 자기도 져 놓고선 우리더러 싸워서 이기라고?
뭐, 뭐야? 너희 왜 이래?
우리는 새 보스를 찾았다! 너같이 멍청한 보스는 필요 없다고!
그렇죠, 냥이 님들?
냥~ 냥~ 당연하다, 냥~.
자, 잠깐! 당장 돌아와!
이제 새 보스는 타이거 님이다! 가자!
냥~ 냥~ 냥~ 빅캣은 반드시 돌아온다냥~. 출발!
어차피 너도 늘 타이거 님의 계획에 따랐던 거잖아!
콰아아아아
이, 이럴 수가…?! 지금까지 노잉글리시단을 움직인 게 미스터 보스가 아니라 타, 타이거라고?
놀라운 반전이네요.
와썹~ 그럼 미스터 보스는 허수아비였썹?
흑…, 흐흑…!
주르륵

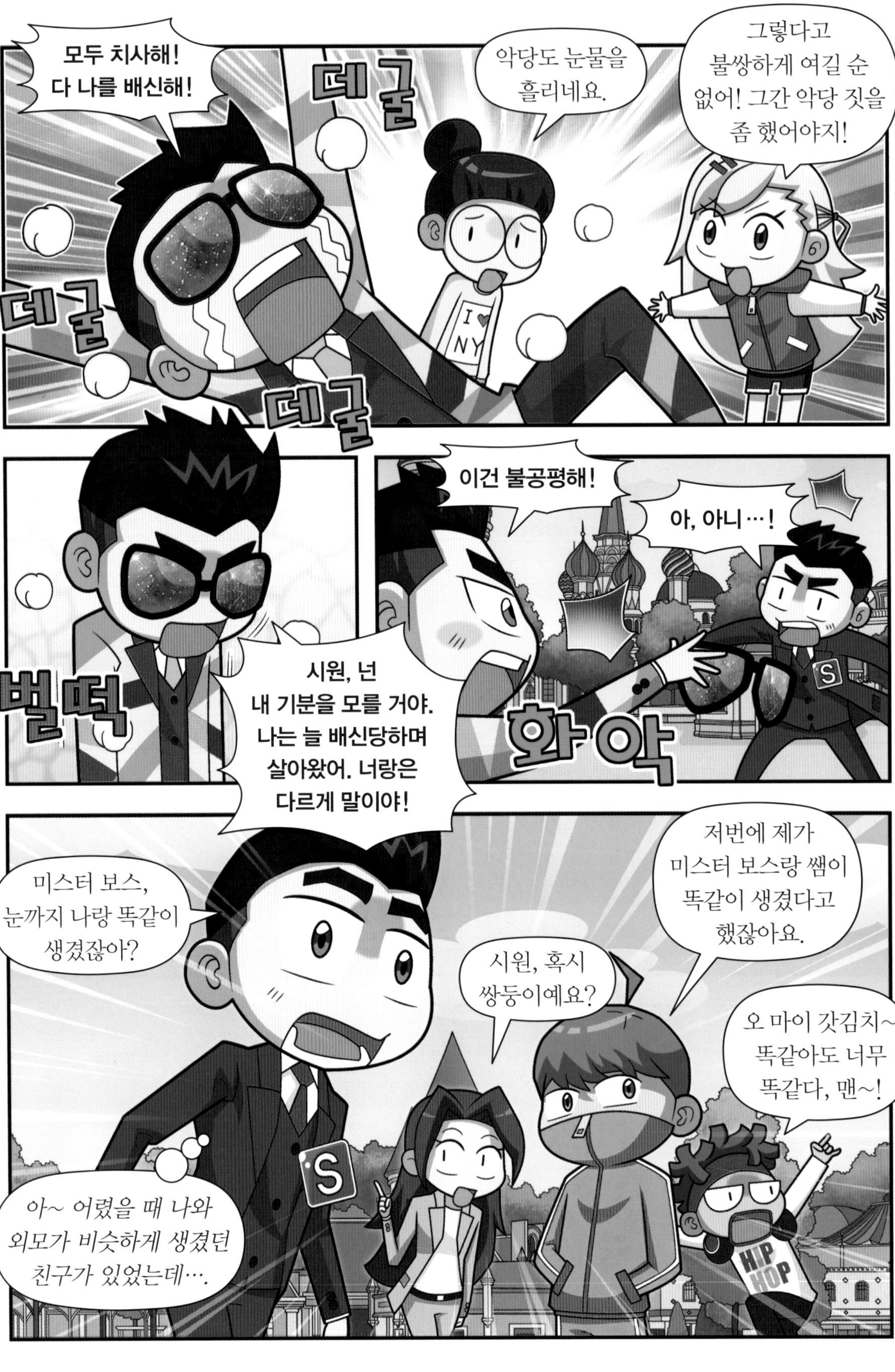
모두 치사해!
다 나를 배신해!
데굴
데굴
데굴
악당도 눈물을 흘리네요.
그렇다고 불쌍하게 여길 순 없어! 그간 악당 짓을 좀 했어야지!
벌떡
시원, 넌 내 기분을 모를 거야. 나는 늘 배신당하며 살아왔어. 너랑은 다르게 말이야!
이건 불공평해!
화악
아, 아니…!
미스터 보스, 눈까지 나랑 똑같이 생겼잖아?
저번에 제가 미스터 보스랑 쌤이 똑같이 생겼다고 했잖아요.
시원, 혹시 쌍둥이예요?
오 마이 갓김치~ 똑같아도 너무 똑같다, 맨~!
아~ 어렸을 때 나와 외모가 비슷하게 생겼던 친구가 있었는데….

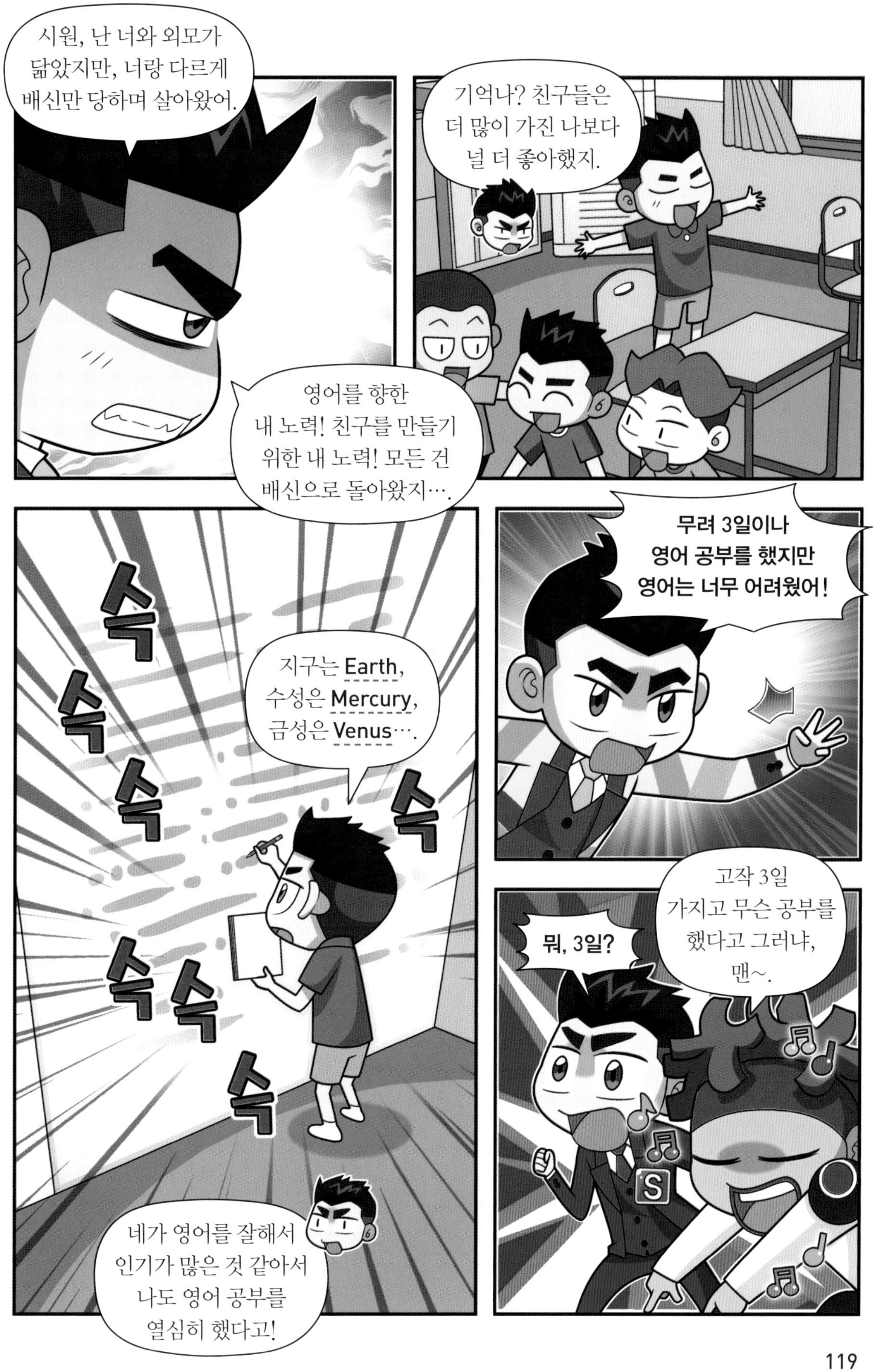
시원, 난 너와 외모가 닮았지만, 너랑 다르게 배신만 당하며 살아왔어.
기억나? 친구들은 더 많이 가진 나보다 널 더 좋아했지.
영어를 향한 내 노력! 친구를 만들기 위한 내 노력! 모든 건 배신으로 돌아왔지….
무려 3일이나 영어 공부를 했지만 영어는 너무 어려웠어!
숙
숙
숙
지구는 Earth, 수성은 Mercury, 금성은 Venus….
숙
숙
숙
숙
네가 영어를 잘해서 인기가 많은 것 같아서 나도 영어 공부를 열심히 했다고!
뭐, 3일?
고작 3일 가지고 무슨 공부를 했다고 그러냐, 맨~.
S

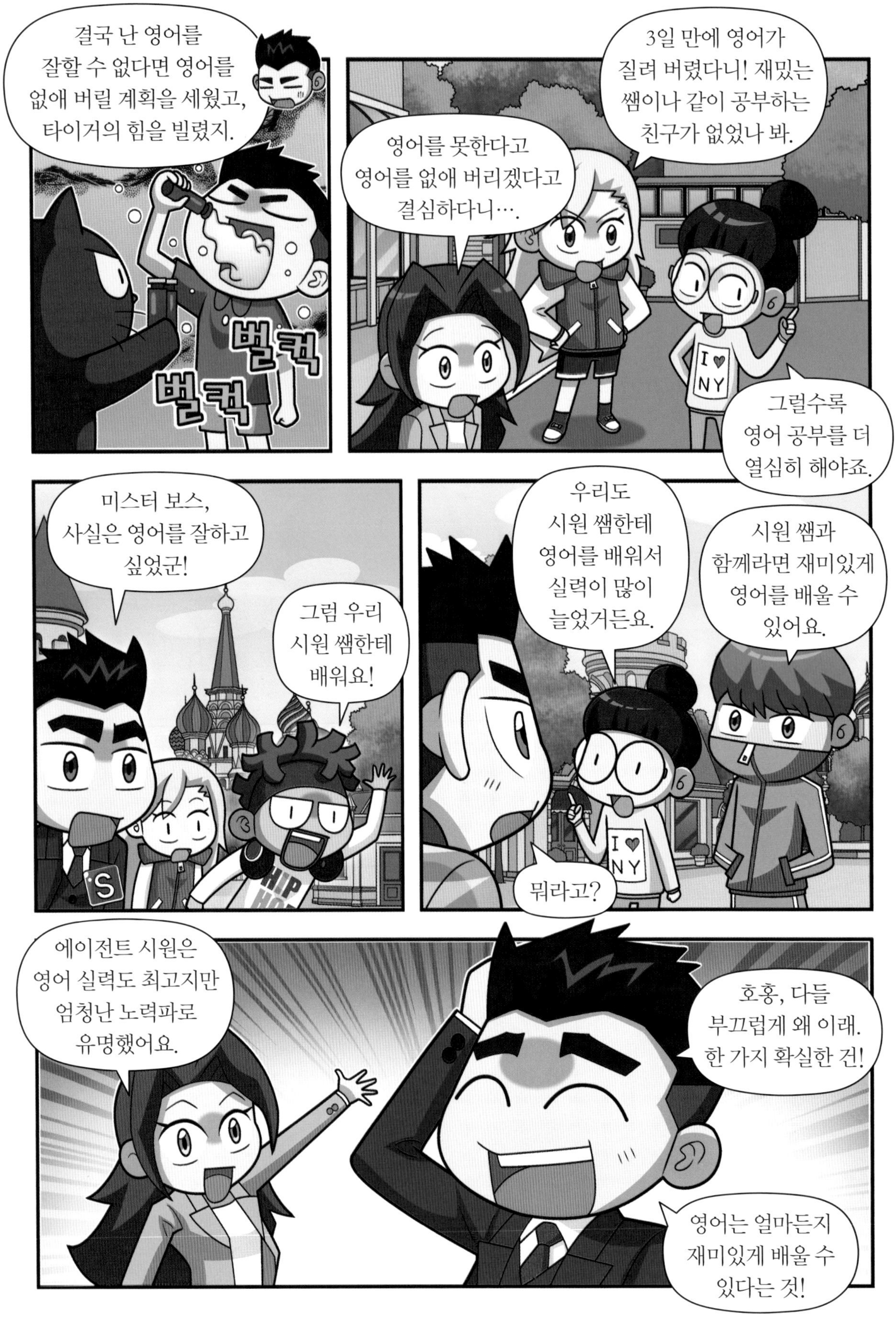

결국 난 영어를 잘할 수 없다면 영어를 없애 버릴 계획을 세웠고, 타이거의 힘을 빌렸지.
벌컥 벌컥
3일 만에 영어가 질려 버렸다니! 재밌는 쌤이나 같이 공부하는 친구가 없었나 봐.
영어를 못한다고 영어를 없애 버리겠다고 결심하다니….
그럴수록 영어 공부를 더 열심히 해야죠.
미스터 보스, 사실은 영어를 잘하고 싶었군!
그럼 우리 시원 쌤한테 배워요!
우리도 시원 쌤한테 영어를 배워서 실력이 많이 늘었거든요.
시원 쌤과 함께라면 재미있게 영어를 배울 수 있어요.
뭐라고?
에이전트 시원은 영어 실력도 최고지만 엄청난 노력파로 유명했어요.
호홍, 다들 부끄럽게 왜 이래. 한 가지 확실한 건!
영어는 얼마든지 재미있게 배울 수 있다는 것!

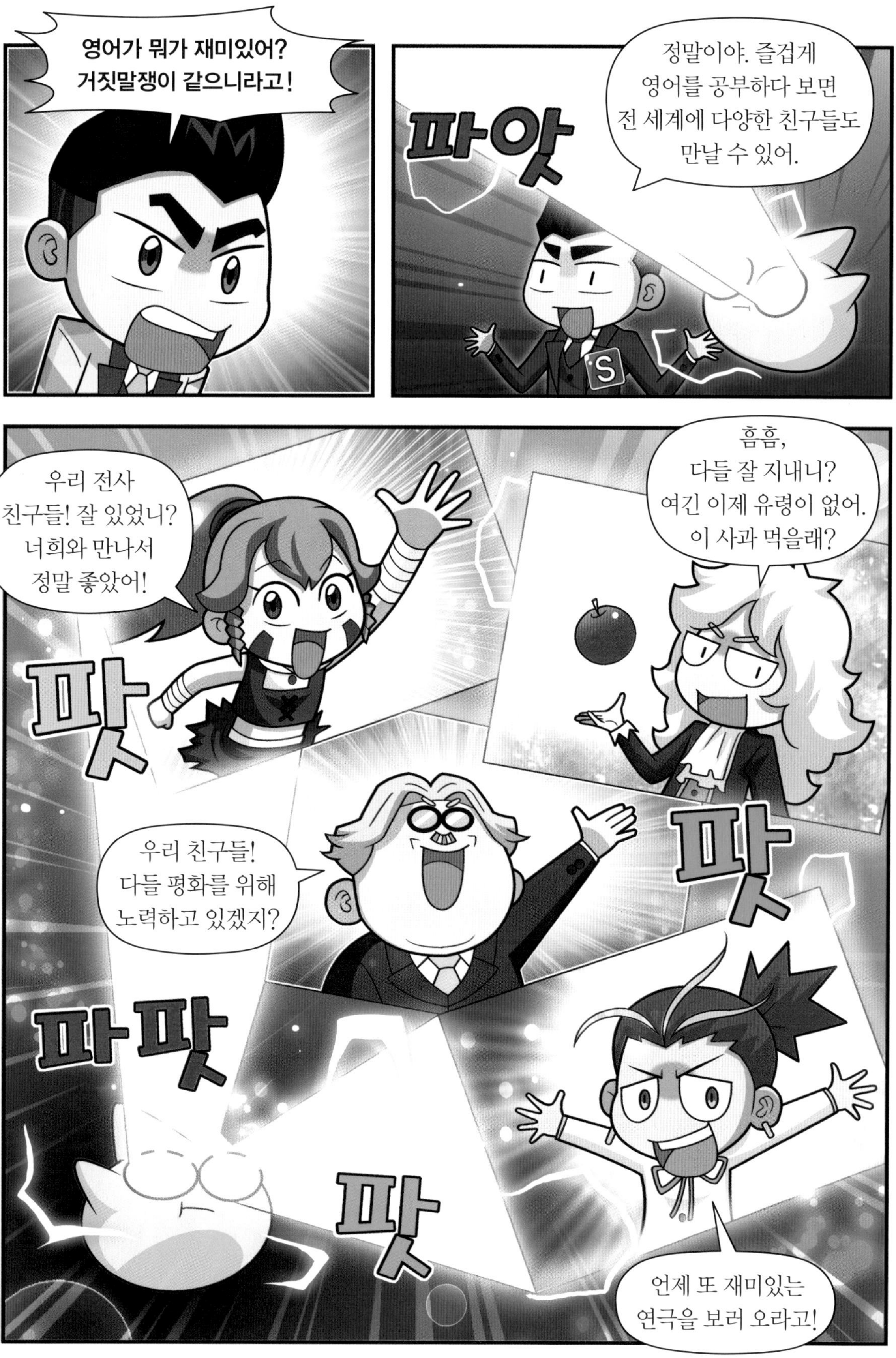
영어가 뭐가 재미있어? 거짓말쟁이 같으니라고!
정말이야. 즐겁게 영어를 공부하다 보면 전 세계에 다양한 친구들도 만날 수 있어.
파앗
우리 전사 친구들! 잘 있었니? 너희와 만나서 정말 좋았어!
흠흠, 다들 잘 지내니? 여긴 이제 유령이 없어. 이 사과 먹을래?
팟
우리 친구들! 다들 평화를 위해 노력하고 있겠지?
팟
파팟
팟
언제 또 재미있는 연극을 보러 오라고!

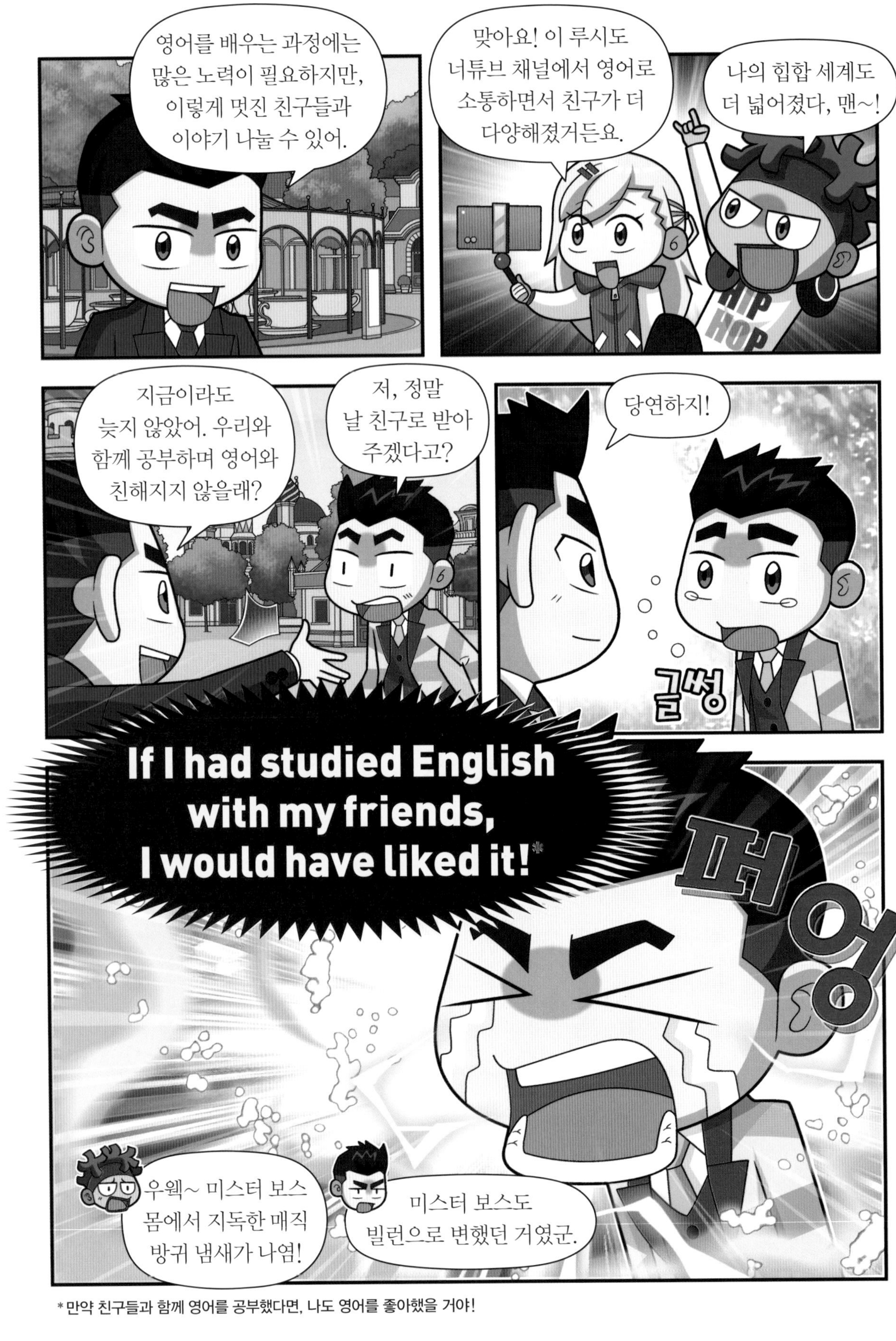
영어를 배우는 과정에는 많은 노력이 필요하지만, 이렇게 멋진 친구들과 이야기 나눌 수 있어.
맞아요! 이 루시도 너튜브 채널에서 영어로 소통하면서 친구가 더 다양해졌거든요.
나의 힙합 세계도 더 넓어졌다, 맨~!
HIP HOP
지금이라도 늦지 않았어. 우리와 함께 공부하며 영어와 친해지지 않을래?
저, 정말 날 친구로 받아 주겠다고?
당연하지!
글썽
If I had studied English with my friends, I would have liked it!*
펑
우웩~ 미스터 보스 몸에서 지독한 매직 방귀 냄새가 나염!
미스터 보스도 빌런으로 변했던 거였군.

* 만약 친구들과 함께 영어를 공부했다면, 나도 영어를 좋아했을 거야!

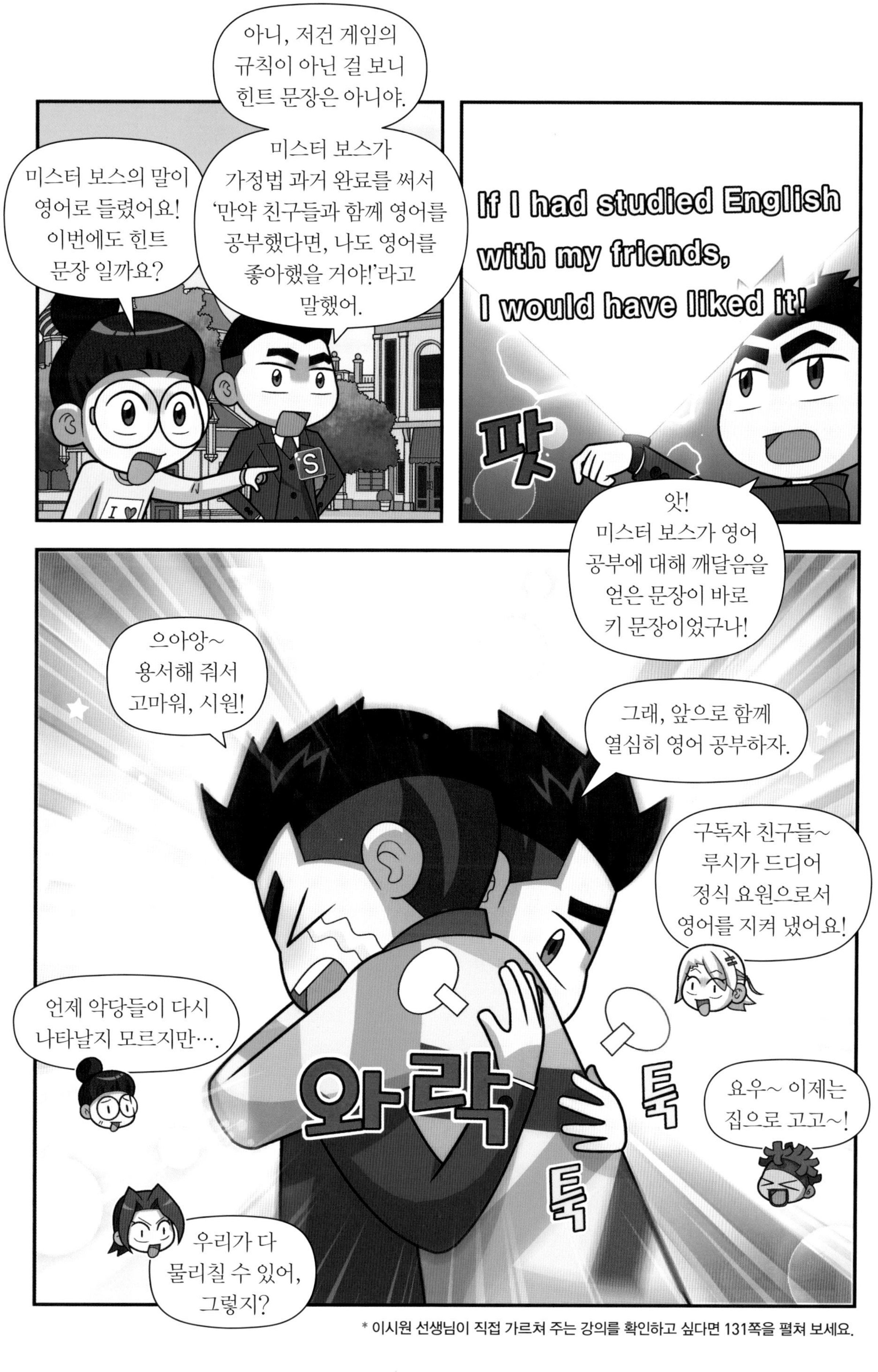
아니, 저건 게임의 규칙이 아닌 걸 보니 힌트 문장은 아니야.
미스터 보스의 말이 영어로 들렸어요! 이번에도 힌트 문장 일까요?
미스터 보스가 가정법 과거 완료를 써서 '만약 친구들과 함께 영어를 공부했다면, 나도 영어를 좋아했을 거야!'라고 말했어.
If I had studied English with my friends, I would have liked it!
팍
앗! 미스터 보스가 영어 공부에 대해 깨달음을 얻은 문장이 바로 키 문장이었구나!
으아앙~ 용서해 줘서 고마워, 시원!
그래, 앞으로 함께 열심히 영어 공부하자.
구독자 친구들~ 루시가 드디어 정식 요원으로서 영어를 지켜 냈어요!
언제 악당들이 다시 나타날지 모르지만….
와락
툭
요우~ 이제는 집으로 고고~!
툭
우리가 다 물리칠 수 있어, 그렇지?

* 이시원 선생님이 직접 가르쳐 주는 강의를 확인하고 싶다면 131쪽을 펼쳐 보세요.

예스어학원
수업 시간

1교시 ·	**단어**	Vocabulary 🔊
2교시 ·	**문법 1, 2, 3**	Grammar 1, 2, 3 ▶
3교시 ·	**게임**	Recess
4교시 ·	**읽고 쓰기**	Reading & Writing
5교시 ·	**유니버스 이야기**	Story
6교시 ·	**말하기**	Speaking
7교시 ·	**쪽지 시험**	Quiz

예스어학원의 수업 시간표야!
공부를 시작하기 전에
시간표 정도는 봐 둬야겠지?

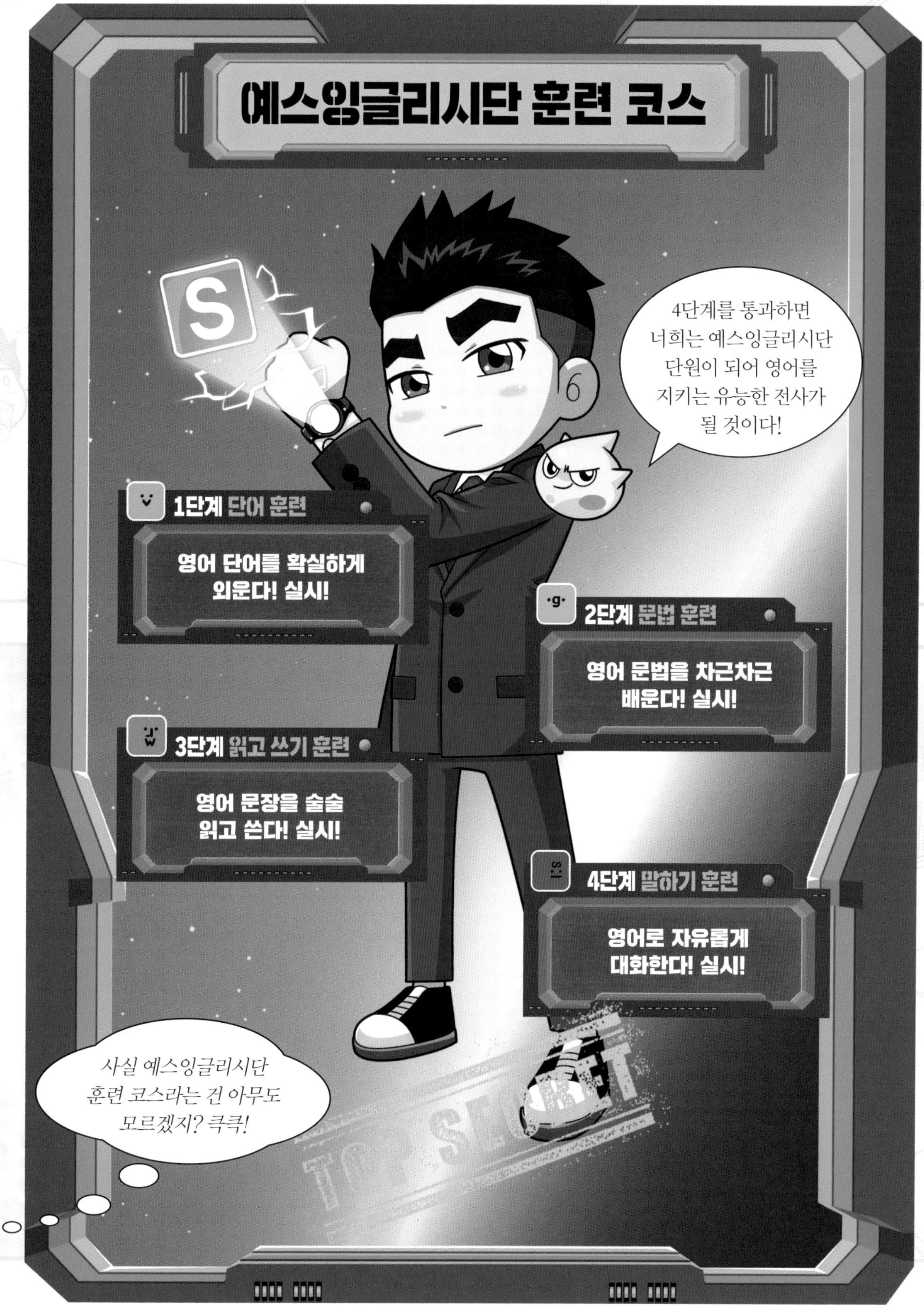
예스잉글리시단 훈련 코스
4단계를 통과하면 너희는 예스잉글리시단 단원이 되어 영어를 지키는 유능한 전사가 될 것이다!
1단계 단어 훈련
영어 단어를 확실하게 외운다! 실시!
2단계 문법 훈련
영어 문법을 차근차근 배운다! 실시!
3단계 읽고 쓰기 훈련
영어 문장을 술술 읽고 쓴다! 실시!
4단계 말하기 훈련
영어로 자유롭게 대화한다! 실시!
사실 예스잉글리시단 훈련 코스라는 건 아무도 모르겠지? 큭큭!
TOP SECRET

1교시 🙂 단어 • Vocabulary

step 1. 단어 강의

영어의 첫걸음은 단어를 외우는 것에서부터 시작된단다.
단어를 많이 알아야 영어를 잘할 수 있어. 그럼 20권의 필수 단어를 한번 외워 볼까?

No.	신체의	Physical	No.		
1	입술	lip	11	뼈	bone
2	입	mouth	12	물다	bite
3	눈	eye	13	목욕하다	bath
4	얼굴	face	14	울다	cry
5	목	neck	15	갈증	thirst
6	팔	arm	No.	사람	Human
7	피부	skin	16	성인, 어른	adult
8	심장	heart	17	두 사람, 커플	couple
9	피, 혈액	blood	18	남자, 사내	guy
10	뇌	brain	19	여자, 숙녀	lady
			20	남자, 사람	man

게임에서 이겨야 한다는 부담감에 heart가 두근두근 뛰었다고!

나도 mouth가 바짝바짝 말랐지 뭐야~.

원어민 발음 듣기
QR코드를 찍어 봐!

No.	색깔	Color
21	분홍색	pink
22	회색	gray
23	갈색	brown
24	빨간색	red
25	파란색	blue

No.	모험	Adventure
26	여행	tour
27	출입구	gate
28	길	way
29	건너다	cross
30	떠나다	leave

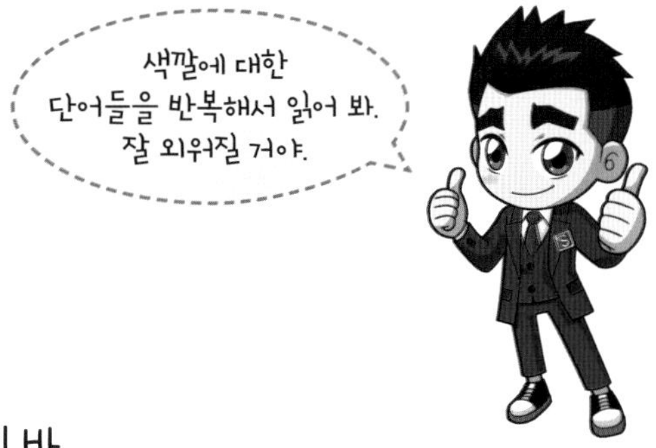
색깔에 대한
단어들을 반복해서 읽어 봐.
잘 외워질 거야.

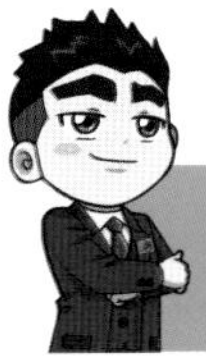

step 2. 단어 시험

단어를 확실하게 외웠는지 한번 볼까? 빈칸을 채워 봐.

- 입술 ______________________
- 얼굴 ______________________
- 피, 혈액 ______________________
- 갈증 ______________________
- 성인, 어른 ______________________
- 분홍색 ______________________
- 빨간색 ______________________
- 파란색 ______________________
- 출입구 ______________________
- 건너다 ______________________

* 정답은 146~147쪽에 있습니다.

2교시 ·g· 문법 1 · Grammar 1

step 1. 문법 강의

가정법은 어떠한 상황을 가정해서 말하는 표현법이야. '만약 ~라면, ~이다'에
해당하는 표현이지. 여기서 '만약 ~라면'은 조건절, '~이다'는 결과절이라고 해.
주로 접속사 If를 사용해 가정법 문장을 만드는데, 이때 조건절과 결과절에
어떤 시제를 사용하는지에 따라 가정법 현재·과거·과거 완료 문장을 만들 수 있어.

먼저, 가정법 현재 문장은 충분히 있을 수 있는 미래를 가정할 때 써. 이때
조건절에는 '동사의 현재형'을, 결과절에는 '조동사 현재형 will'을 써서 표현해.

가정법 현재	
조건절 (If+주어+동사의 현재형) If I go to bed late,	결과절 (주어+will+동사 원형) I will be tired in the morning.
만약 내가 늦게 자면, 나는 아침에 피곤할 것이다.	

가정법 과거 문장은 현재 사실에 반대되는 상황을 가정할 때 써. 이때 조건절에는
'동사의 과거형'을, 결과절에는 '조동사 과거형 would'를 써서 표현해.

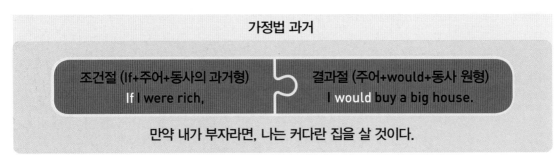

가정법 과거	
조건절 (If+주어+동사의 과거형) If I were rich,	결과절 (주어+would+동사 원형) I would buy a big house.
만약 내가 부자라면, 나는 커다란 집을 살 것이다.	

이 문장은 결국 '지금 나는 부자가 아니므로 커다란 집을 살 수 없다'는 뜻이야.
즉 현재 사실에 반대되는 상황을 가정한 문장이지.
그리고 가정법 과거 문장은 과거 시제로 해석하지 않는다는 거 꼭 기억해!

동영상 강의 보기
QR코드를 찍어 봐!

step 2. 문법 정리

가정법 현재와 가정법 과거 문장을 살펴볼까?

가정법 현재 문장	
만약 내가 열심히 공부하면, 나는 시험에 통과할 것이다.	**If I study hard, I will pass the exam.**
만약 비가 오지 않는다면, 나는 산책하러 갈 것이다.	**If it doesn't rain, I will go for a walk.**
가정법 과거 문장	
만약 내게 백만 달러가 있다면, 나는 전 세계를 여행할 것이다.	**If I had a million dollars, I would travel around the world.**
만약 우리가 가까이 산다면, 우리는 좀 더 자주 만날 것이다.	**If we lived close, we would meet more often.**
만약 네가 외식을 안 한다면, 너는 많은 돈을 절약할 것이다.	**If you didn't eat out, you would save a lot of money.**

step 3. 문법 대화

가정법 과거 문장이 나온 대화를 한번 들어 봐!

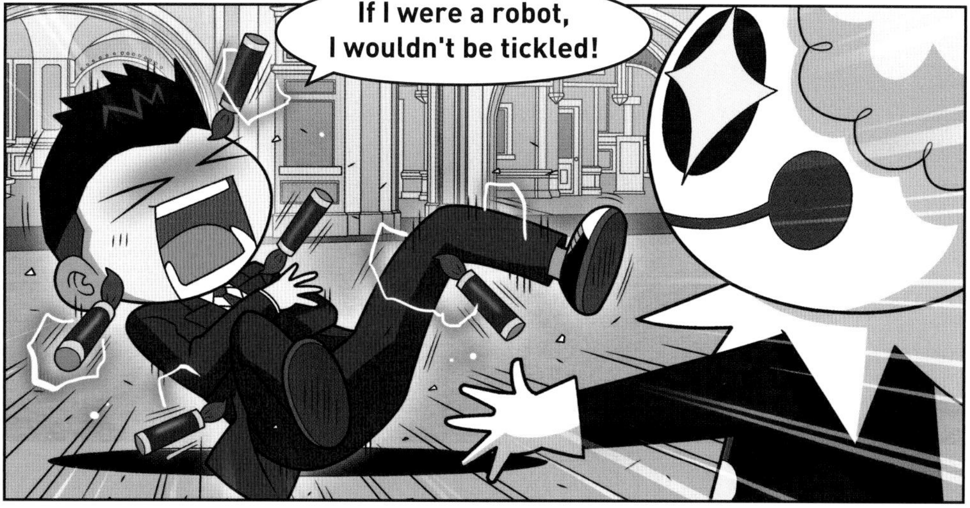
If I were a robot,
I wouldn't be tickled!

2교시 ·g· 문법 2 • Grammar 2

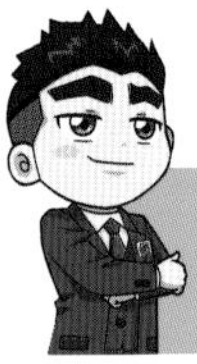

step 1. 문법 강의

다음으로 가정법 과거 완료 문장에 대해 알아보자. 가정법 과거 완료 문장은 과거 사실에 반대되는 상황을 가정할 때 써. 이때 조건절에는 'had+동사의 과거 분사'를, 결과절에는 'would+have+동사의 과거 분사'를 써서 표현해.

가정법 과거 완료

조건절 (If+주어+had+동사의 과거 분사)	결과절 (주어+would+have+동사의 과거 분사)
If I had studied harder,	I would have passed the exam.

만약 내가 더 열심히 공부했더라면, 나는 시험에 통과했을 것이다.

이 문장은 결국 '과거에 내가 더 열심히 공부하지 않았기 때문에 시험에 통과하지 못했다'는 뜻이야. 즉 과거 사실에 반대되는 상황을 가정한 문장이지.
이처럼 가정법 과거 완료 문장은 과거의 일에 대한 후회나 아쉬움을 나타내.

참고로 가정법 과거·과거 완료의 결과절에는 would 대신 could나 might를 쓸 수도 있어.
해석은 각각 다르단다.

가정법 과거 · 과거 완료 결과절에 쓰이는 조동사의 뜻

조동사	가정법 과거에 쓰일 때	가정법 과거 완료에 쓰일 때
would	~할 것이다	~했을 것이다
could	~할 수도 있을 것이다	~했을 수도 있다
might	~할지도 모른다	~했을지도 모른다

동영상 강의 보기
QR코드를 찍어 봐!

step 2. 문법 정리

가정법 과거 완료 문장을 살펴볼까?

would가 쓰인 가정법 과거 완료 문장	
만약 네가 잘 들었더라면, 너는 이해했을 것이다.	**If you had listened well, you would have understood.**
만약 비가 안 왔다면, 나는 소풍을 갔을 것이다.	**If it hadn't rained, I would have gone on a picnic.**
could가 쓰인 가정법 과거 완료 문장	
만약 우리가 알았더라면, 우리가 널 도왔을 수도 있다.	**If we had known, we could have helped you.**
might가 쓰인 가정법 과거 완료 문장	
만약 그가 돈을 절약했더라면, 그는 새 장난감을 샀을지도 모른다.	**If he had saved money, he might have bought a new toy.**

step 3. 문법 대화

가정법 과거 완료 문장이 나온 대화를 한번 들어 봐!

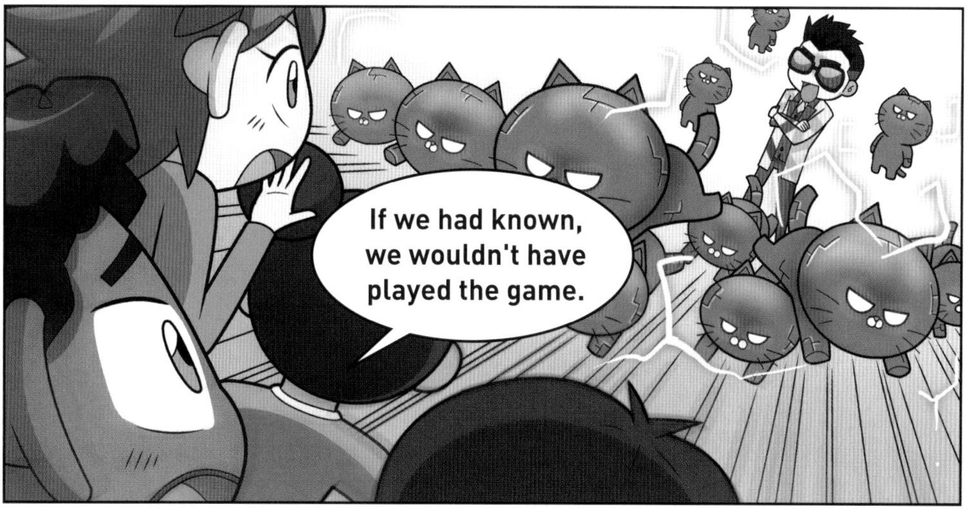
If we had known, we wouldn't have played the game.

2교시 ·g· 문법 3 • Grammar 3

step 1. 문법 강의

이번에는 I wish를 활용한 가정법에 대해 알아보자. I wish 가정법의 경우 가정법 과거와 가정법 과거 완료 두 가지 형태로 문장을 만들 수 있어.

먼저, I wish 가정법 과거 문장은 현재 사실에 반대되는 상황을 가정할 때 써. 'I wish+주어+동사의 과거형' 형태로 문장을 만들고, '(현재에) ~라면 좋을 것이다'로 해석해서 나의 바람을 나타내지.

I wish 가정법 과거

I wish	주어+동사의 과거형 I were a bird.

내가 새라면 좋을 것이다.

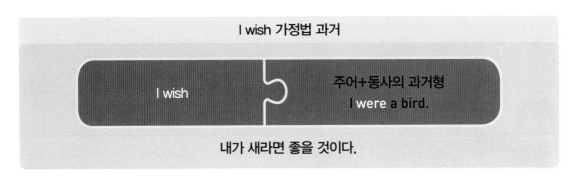

I wish 가정법 과거 완료 문장은 과거 사실에 반대되는 상황을 가정할 때 써. 'I wish+주어+had+동사의 과거 분사' 형태로 문장을 만들고, '(과거에) ~였다면 좋았을 것이다'로 해석해서 후회나 아쉬움을 나타내지.

I wish 가정법 과거 완료

I wish	주어+had+동사의 과거 분사 they had told me about the party.

그들이 파티에 대해 나에게 말해 줬다면 좋았을 것이다.

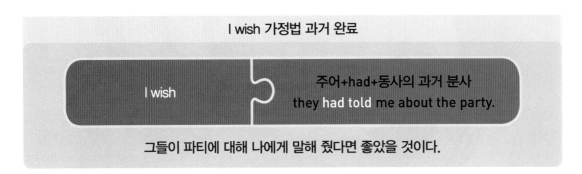

동영상 강의 보기
QR코드를 찍어 봐!

step 2. 문법 정리

I wish를 활용한 가정법 과거와 가정법 과거 완료 문장을 살펴볼까?

I wish 가정법 과거 문장	
내가 영어가 유창하다면 좋을 것이다.	**I wish I were fluent in English.**
내가 그 질문에 대한 답을 알면 좋을 것이다.	**I wish I knew the answer to that question.**
내게 새로운 노트북이 있다면 좋을 것이다.	**I wish I had a new laptop.**
I wish 가정법 과거 완료 문장	
내가 그들의 충고를 들었더라면 좋았을 것이다.	**I wish I had listened to their advice.**
네가 날 파티에 초대했다면 좋았을 것이다.	**I wish you had invited me to the party.**
소풍하는 동안 비가 안 왔다면 좋았을 것이다.	**I wish it hadn't rained during the picnic.**

step 3. 문법 대화

I wish를 활용한 가정법 과거 문장이 나온 대화를 한번 들어 봐!

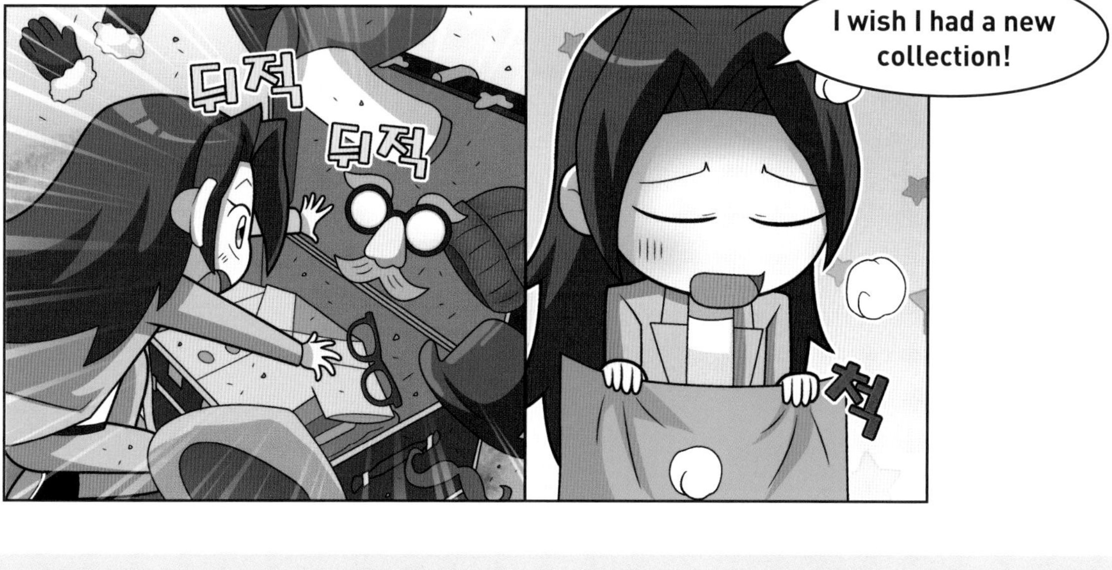

뒤적
뒤적
I wish I had a new collection!
척

알파벳 대문자가
순서 없이 배열되어 있어!
하지만 그 중에 우리가 배운
단어가 순서대로 나열되어 있지!
대문자라 눈에 잘 띄지
않을 수도 있어.

영단어를 잘 찾아서
표시해 봐! 어렵다면,
아래 박스의 뜻풀이를
참고해도 좋아!

A	J	K	T	R	S	P
T	N	N	M	O	K	C
T	P	I	N	K	I	R
O	B	R	A	I	N	O
D	G	R	Y	Q	K	S
A	L	U	E	A	B	S
L	E	A	V	E	K	E

피부　　뇌　　건너다　　떠나다

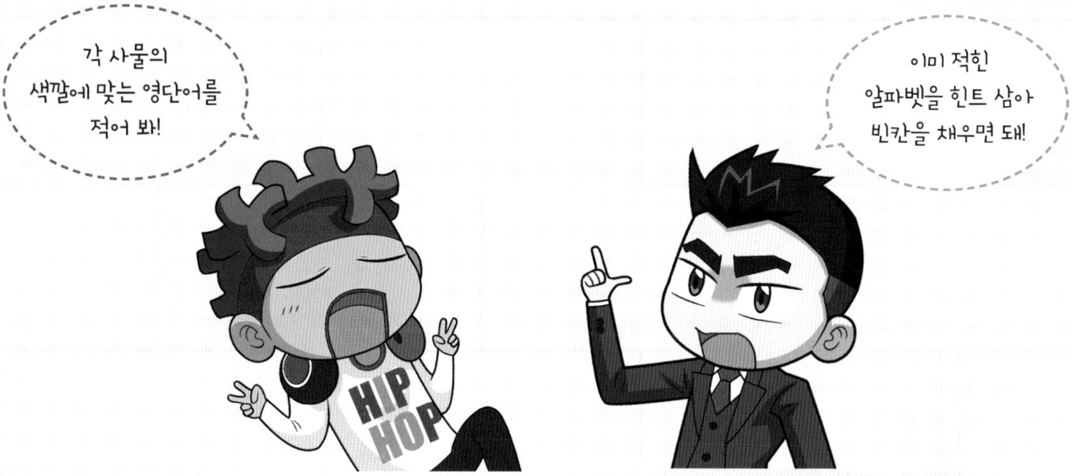
각 사물의 색깔에 맞는 영단어를 적어 봐!
이미 적힌 알파벳을 힌트 삼아 빈칸을 채우면 돼!
HIP HOP

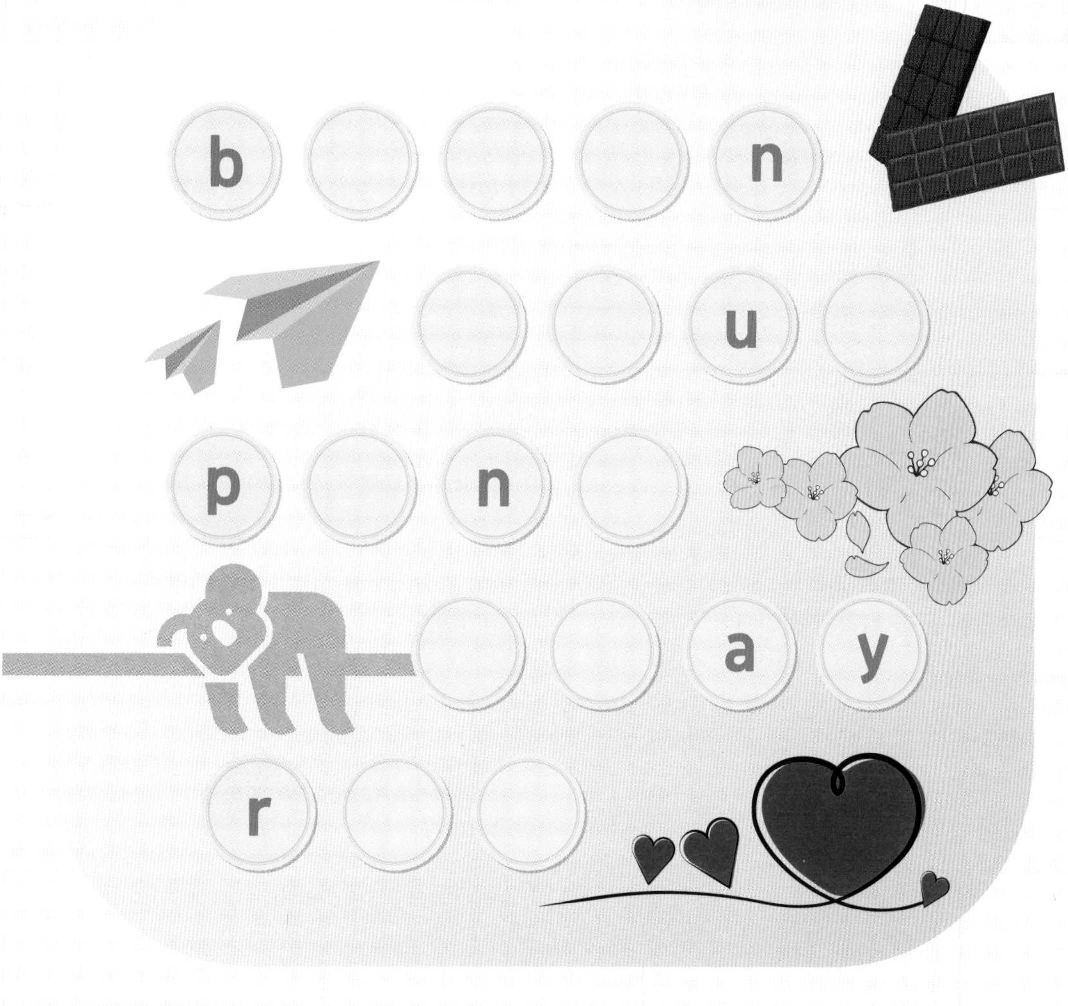
b n
u
p n
a y
r

* 정답은 146~147쪽에 있습니다.

4교시 읽고 쓰기 • Reading & Writing

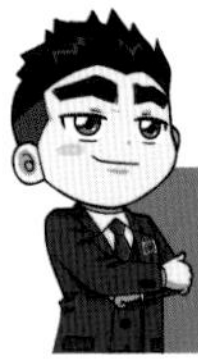

step 1. 읽기

자유자재로 영어를 읽고, 쓰고, 말하고 싶다면 문장 만들기 연습을 반복해야 하지.
먼저 다음 문장들이 익숙해질 때까지 읽어 볼까?

• 만약 내가 열심히 공부하면, 나는 시험에 통과할 것이다.	If I study hard, I will pass the exam.
• 만약 비가 오지 않는다면, 나는 산책하러 갈 것이다.	If it doesn't rain, I will go for a walk.
• 만약 내가 버스를 놓친다면, 나는 학교에 지각할 것이다.	If I miss the bus, I will be late for school.
• 만약 네가 코트를 입지 않는다면, 너는 감기에 걸릴 것이다.	If you don't wear a coat, you will catch a cold.
• 만약 내게 백만 달러가 있다면, 나는 전 세계를 여행할 것이다.	If I had a million dollars, I would travel around the world.
• 만약 우리가 가까이 산다면, 우리는 좀 더 자주 만날 것이다.	If we lived close, we would meet more often.
• 만약 네가 외식을 안 한다면, 너는 많은 돈을 절약할 것이다.	If you didn't eat out, you would save a lot of money.
• 만약 내가 너라면, 나는 파란색 원피스를 택할 것이다.	If I were you, I would choose the blue dress.
• 만약 우리에게 친구가 없다면, 우리의 삶은 외로울 것이다.	If we didn't have friends, our lives would be lonely.
• 만약 네가 사실을 알면, 너는 충격 받을 것이다.	If you knew the truth, you would be shocked.
• 만약 내가 너를 봤다면, 인사했을 것이다.	If I had seen you, I would have said hello.
• 만약 네가 잘 들었더라면, 너는 이해했을 것이다.	If you had listened well, you would have understood.

- 만약 비가 안 왔다면,
  나는 소풍을 갔을 것이다.

If it hadn't rained, I would have gone on a picnic.

- 만약 네가 일찍 잤다면,
  너는 지각하지 않았을 것이다.

If you had slept early, you wouldn't have been late.

- 만약 우리가 알았더라면,
  우리가 널 도왔을 수도 있다.

If we had known, we could have helped you.

- 만약 우리가 제때 출발했다면,
  우리는 기차를 잡아 탔을 수도 있다.

If we had left on time, we could have caught the train.

- 만약 그가 돈을 절약했더라면,
  그는 새 장난감을 샀을지도 모른다.

If he had saved money, he might have bought a new toy.

- 만약 그가 좀 더 훈련했다면,
  그는 시합에서 이겼을지도 모른다.

If he had trained more, he might have won the game.

- 내가 영어가 유창하다면 좋을 것이다.

I wish I were fluent in English.

- 내가 그 질문에 대한 답을 알면 좋을 것이다.

I wish I knew the answer to that question.

- 내게 새로운 노트북이 있다면 좋을 것이다.

I wish I had a new laptop.

- 내가 아침형 인간이라면 좋을 것이다.

I wish I were a morning person.

- 내게 커다란 곰인형이 있다면 좋을 것이다.

I wish I had a big teddy bear.

- 내가 그들의 충고를 들었더라면
  좋았을 것이다.

I wish I had listened to their advice.

- 네가 날 파티에 초대했다면 좋았을 것이다.

I wish you had invited me to the party.

- 소풍하는 동안 비가 안 왔다면
  좋았을 것이다.

I wish it hadn't rained during the picnic.

- 내가 표를 미리 샀더라면 좋았을 것이다.

I wish I had bought the tickets in advance.

- 내가 늦게 도착하지 않았더라면
  좋았을 것이다.

I wish I hadn't arrived late.

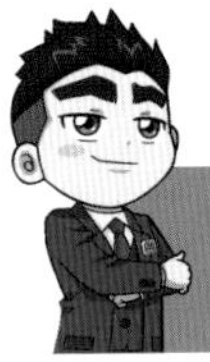

step 2. 쓰기

익숙해진 문장들을 이제 한번 써 볼까? 괄호 안의 단어를 보고, 순서에 맞게 문장을 만들어 보자.

❶ 만약 내가 열심히 공부하면, 나는 시험에 통과할 것이다.
(hard, I, If, will, I, exam, study, pass, the)

_______________, _______________.

❷ 만약 네가 코트를 입지 않는다면, 너는 감기에 걸릴 것이다.
(If, coat, you, wear, don't, a, you, catch, will, cold, a)

_______________, _______________.

❸ 만약 우리가 가까이 산다면, 우리는 좀 더 자주 만날 것이다.
(lived, If, we, meet, close, we, more, often, would)

_______________, _______________.

❹ 만약 네가 외식을 안 한다면, 너는 많은 돈을 절약할 것이다.
(eat, didn't, you, If, out, would, save, you, money, of, a, lot)

_______________, _______________.

❺ 만약 네가 잘 들었더라면, 너는 이해했을 것이다.
(you, If, would, understood, had, have, listened, well, you)

_______________, _______________.

❻ 만약 우리가 제때 출발했다면, 우리는 기차를 잡아 탔을 수도 있다.
(If, on, we, we, had, could, train, have, left, time, caught, the)

_______________, _______________.

❼ 만약 그가 좀 더 훈련했다면, 그는 시합에서 이겼을지도 모른다.
(If, he, have, the, trained, had, game, more, he, might, won)

_______________, _______________.

❽ 네가 날 파티에 초대했다면 좋았을 것이다.
(I, to, the, party, wish, had, you, invited, me)

_______________.

이제 다양한 가정법이 쓰인 문장을 영어로 써 볼까? 영작을 하다 보면 실력이 훨씬 늘 거야.
잘 모르겠으면, 아래에 있는 WORD BOX를 참고해!

❶ 만약 내가 버스를 놓친다면,
　 나는 학교에 지각할 것이다.

_____ , _____ .

❷ 만약 비가 안 왔다면,
　 나는 소풍을 갔을 것이다.

_____ , _____ .

❸ 만약 네가 일찍 잤다면,
　 너는 지각하지 않았을 것이다.

_____ , _____ .

❹ 내가 영어가 유창하다면 좋을 것이다.

_____ .

❺ 내가 아침형 인간이라면 좋을 것이다.

_____ .

❻ 내게 커다란 곰인형이 있다면 좋을 것이다.

_____ .

❼ 소풍하는 동안 비가 안 왔다면 좋았을 것이다.

_____ .

❽ 내가 늦게 도착하지 않았더라면 좋았을 것이다.

_____ .

WORD BOX

• If	• early	• big	• been	• hadn't	• wish
• be	• miss	• school	• rained	• morning	• fluent
• on	• slept	• picnic	• wouldn't	• arrived	• English
• bear	• the	• were	• bus	• will	• I
• late	• it	• in	• person	• have	• a
• you	• had	• teddy	• gone	• during	• would
• for					

* 정답은 146~147쪽에 있습니다.

5교시 유니버스 이야기 • Story

우리가 스무 번째로 다녀온 곳은 바로 규칙 유니버스란다.
영어 문법과 규칙을 담당하는 아주 중요한 곳이지! 이곳에서는 미스터 보스의 계략으로 인형으로 변한 주민들 사이에 유일한 생존자, 롤이 살고 있었어.
이곳이 어떤 곳인지 좀 더 자세히 알아볼까?

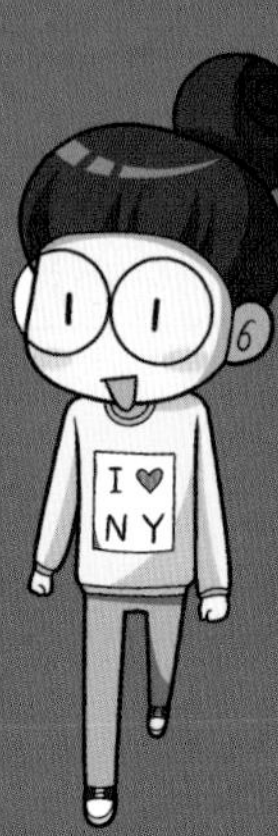
유일한 생존자,
롤마저 인형으로 변했다면
규칙 유니버스는 어떻게
되었을까요?
I ♥ NY

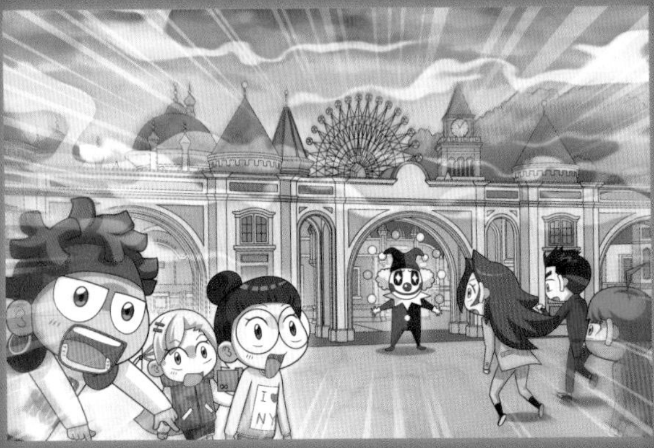

◀규칙 유니버스
위치 넘버원어학원 심화반
상황 으스스한 놀이공원에서 게임을 진행하는 인형들이 있음.
키 문장 "If I had studied English with my friends, I would have liked it!"

규칙 유니버스 이야기: 가정법

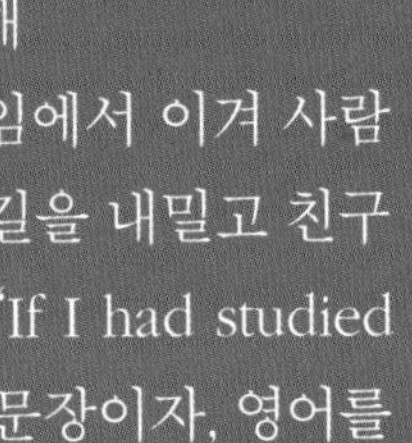
규칙 유니버스가 사라져
영어가 송두리째 파괴되는 것은 물론,
우리 지구의 영어가 혼란에
빠지게 되었을 거야!

규칙 유니버스는 원래 흥미진진한 게임과 놀이가 가득한 행복한 곳이었어요. 그런데 미스터 보스가 나타나 규칙 유니버스 주민들을 위험한 게임에 빠뜨리지요. 미스터 보스와 게임을 해서 지면 인형으로 변하는 무시무시한 벌칙이 기다리고 있었어요. 유니버스를 지키기 위해 예스잉글리스단은 위험한 게임에 도전하지요. 요원들이 차례차례 인형으로 변한 위기의 순간, 유니버스의 유일한 생존자인 롤을 만나요. 그들은 인형으로 변한 모든 사람을 원래대로 되돌리는 조건을 걸고 미스터 보스와 대결하기 위해 비밀 작전을 세우지요. 드디어 마지막 게임에서 리아와 롤의 활약으로 게임에서 이겨 사람들을 구하지요. 시원 쌤과 친구들은 혼자가 된 미스터 보스에게 화해의 손길을 내밀고 친구들과 함께 즐겁게 영어 공부를 하면 영어가 좋아질 거라고 조언해 주지요. "If I had studied English with my friends, I would have liked it!"은 규칙 유니버스의 키 문장이자, 영어를 싫어했던 미스터 보스의 후회하는 마음과 영어 공부에 대해 깨달음을 얻은 멋진 명대사예요.

우리 지구의 실제 이야기: 영어와 한국어의 규칙

모든 언어에는 나름의 규칙이 있어요. 단어가 배열되는 순서나 표현상의 특징 등이 언어마다 다르지요. 예를 들면 한국어에서는 '주어-목적어-동사'의 순서로 문장이 구성되는데, 영어에서는 '주어-동사-목적어'의 순서로 문장이 구성되지요. 영어나 한국어 모두 시작하는 말은 주어이지만, 영어에는 핵심을 먼저 드러내려는 경향이 있고 한국어에는 에둘러 표현하려는 경향이 있기 때문이에요.

또 높임법과 관련한 차이도 있어요. 한국어에서는 주어 뒤에 '-께서'를, 동사에는 '-시'를 붙이는 등 높임법이 무척 발달했어요. 반면 영어에서는 문법으로 굳어진 별도의 높임법 없이, 공손한 뉘앙스를 포함한 단어나 어구를 사용하지요. 'please'나 'Would you~?', 'Could you~?' 같은 표현들이 그 예시예요. 또 문장 중간에 'just(그저)', 'maybe(아마)', 'perhaps(어쩌면)'와 같이, 의미를 완곡하게 만들어 주는 부사 표현을 사용해 공손함을 더하기도 해요. 언어를 사용하는 사람들은 그 규칙에 맞게 소통하고 있기 때문에 그 언어의 규칙을 잘 따라 주어야 의사소통을 원활히 할 수 있어요.

한국어와 순서가 다른 영어 표현

일상적으로 많이 쓰는 어구 중에서 한국어와는 다른 순서로 배열된 영어 표현들이 있어요. 예를 들면 한국어에서는 '동서남북(東西南北)'이라고 하지만 영어에서는 'north(북쪽), south(남쪽), east(동쪽), and west(서쪽)'라고 표현해요. 또, 한국어의 '좌우(左右)', '빈부(貧富)', '전후(前後)'를 각각 영어에서는 'right and left', 'rich and poor', 'back and forth'라고 정반대의 순서로 표현하지요.

6교시 말하기 • Speaking

step 1. 대화 보기

만화에서 나오는 대사, '고우 포 잇(Go for it)!'은 어떨 때 쓰는 말일까?

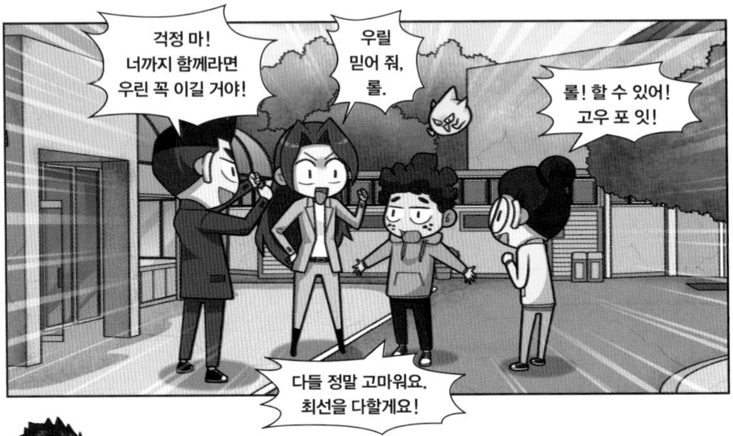

걱정 마! 너까지 함께라면 우린 꼭 이길 거야!
우릴 믿어 줘, 롤.
롤! 할 수 있어! 고우 포 잇!
다들 정말 고마워요. 최선을 다할게요!

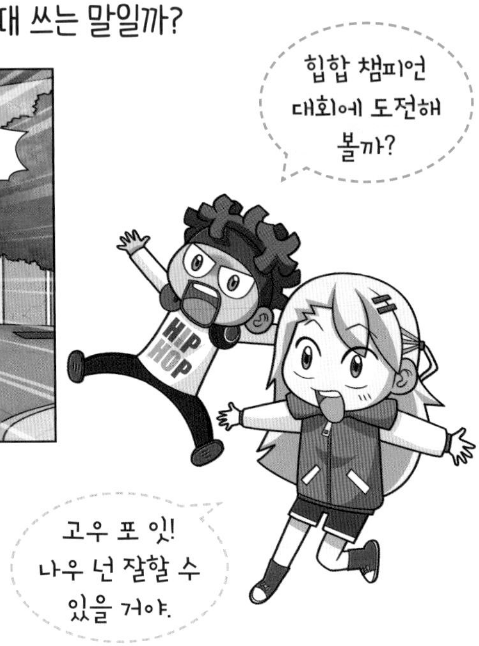

힙합 챔피언 대회에 도전해 볼까?
고우 포 잇! 나우 넌 잘할 수 있을 거야.

step 2. 대화 더하기

'고우 포 잇(Go for it)!'은 '한번 해 봐!'라는 뜻이야. 망설이는 사람에게 주저하지 말고 일단 해 보라고 격려할 때 쓰는 표현이지. 그렇다면 이와 비슷한 의미로 쓰이는 영어 표현들은 뭐가 있을까? 친구들이 하는 말을 듣고 따라 해 보렴.

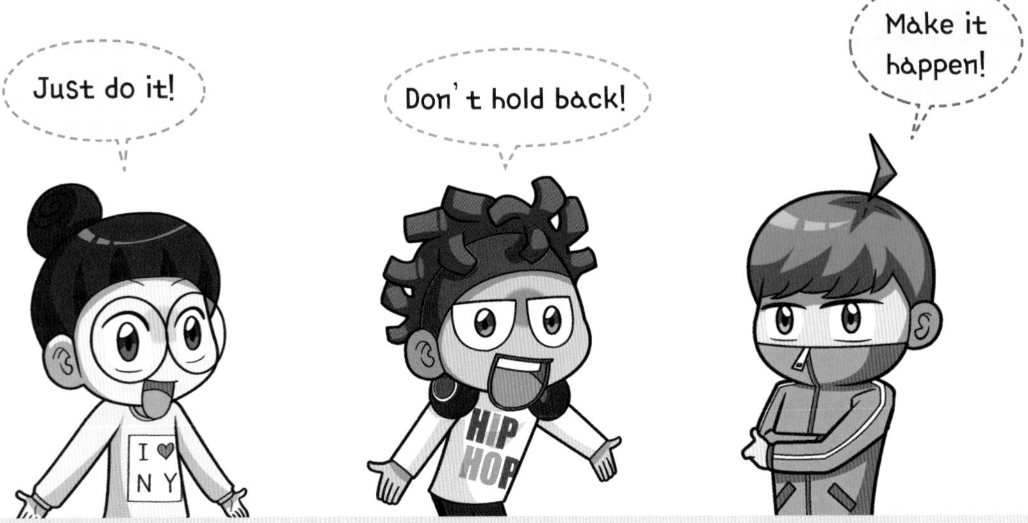

Just do it!
Don' t hold back!
Make it happen!

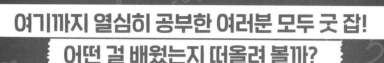
한눈에 보는 이번 수업 핵심 정리

여기까지 열심히 공부한 여러분 모두 굿 잡!
어떤 걸 배웠는지 떠올려 볼까?

1. 가정법 현재를 배웠어.

가정법 현재 문장은 충분히 있을 수 있는 미래를 가정할 때 써.
이때 조건절에는 '동사의 현재형'을, 결과절에는 '조동사 현재형 will'을 쓰지.

조건절	결과절
If+주어+동사의 현재형	주어+will+동사원형

2. 가정법 과거를 배웠어.

가정법 과거 문장은 현재 사실에 반대되는 상황을 가정할 때 써.
이때 조건절에는 '동사의 과거형'을, 결과절에는 '조동사 과거형 would'를 쓰지.

조건절	결과절
If+주어+동사의 과거형	주어+would+동사원형

3. 가정법 과거 완료를 배웠어.

가정법 과거 완료 문장은 과거 사실에 반대되는 상황을 가정할 때 써.
이때 조건절에는 'had + 동사의 과거 분사'를,
결과절에는 'would + have + 동사의 과거 분사'를 쓰지.

조건절	결과절
If+주어+had+동사의 과거 분사	주어+would+have+동사의 과거 분사

어때, 쉽지? 다음 시간에 또 보자!

쪽지 시험 • Quiz

수업 시간에 잘 들었는지 쪽지 시험을 한번 볼까?

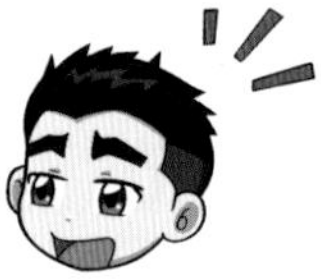

1. 다음 중 신체 부위를 가리키는 단어가 아닌 것은 무엇일까요?

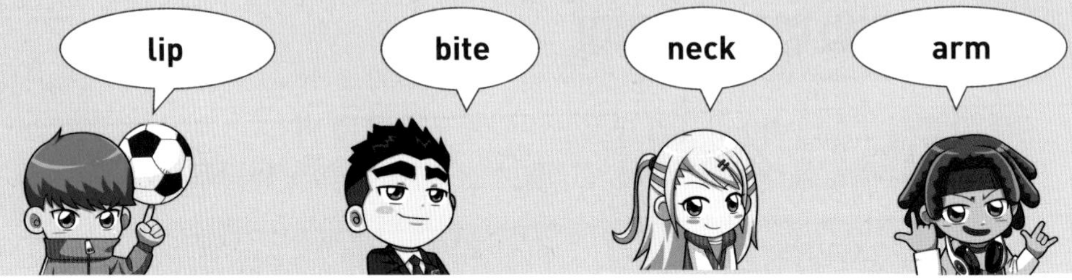
lip
bite
neck
arm

2. 다음 중 사람을 가리키는 단어는 무엇일까요?

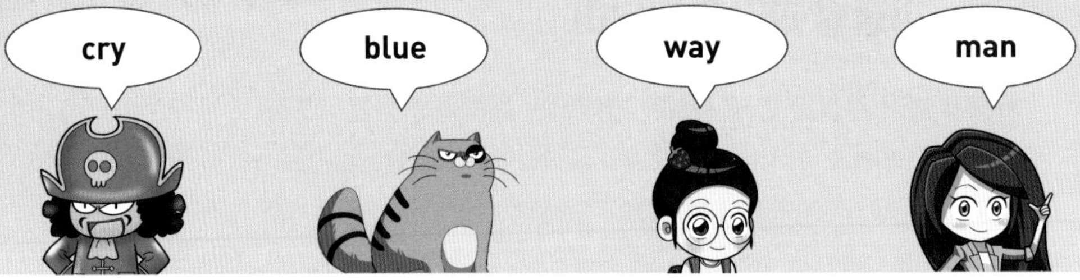
cry
blue
way
man

3. 다음 중 색깔을 가리키는 단어가 아닌 것은 무엇일까요?

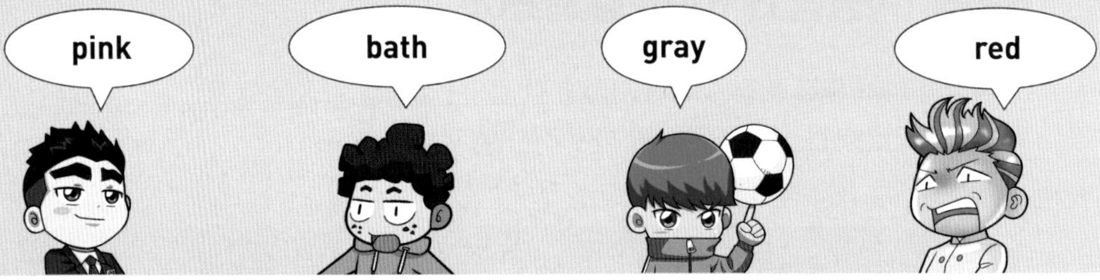
pink
bath
gray
red

4. 다음 중 틀린 말은 어느 것일까요?

① 접속사 if를 활용해서 가정법 문장을 만들 수 있다.
② 가정법 현재 문장은 충분히 있을 수 있는 미래를 가정할 때 쓴다.
③ 가정법 과거 문장은 과거 사실에 반대되는 상황을 가정할 때 쓴다.
④ 가정법 과거 완료의 결과절에 would 대신 다른 조동사를 사용할 수 있다.

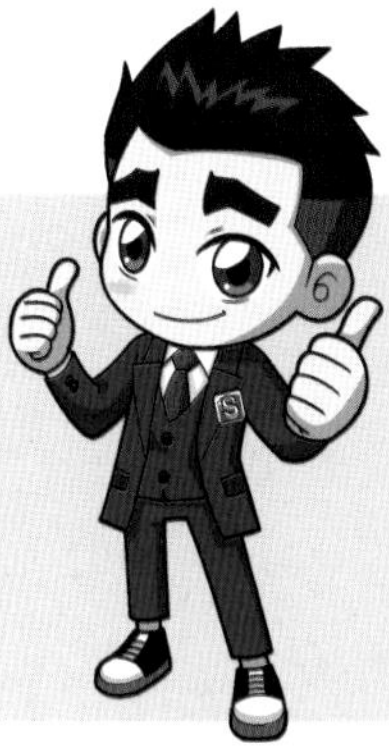

5. 다음 중 올바른 문장은 무엇일까요?

① **If it doesn't rain, I would have gone for a walk.**

② **If I would have been you, I would choose the blue dress.**

③ **If I miss the bus, I would late for school.**

④ **If we had known, we could have helped you.**

6. 다음 중 틀린 문장은 무엇일까요?

① **If I had a million dollars, I would travel around the world.**

② **If we didn't have friends, our lives would be lonely.**

③ **If you knew the truth, you would be shocked.**

④ **If he save money, he might have bought a new toy.**

7. 문장의 빈칸을 완성해 보세요.

① 만약 내가 너를 봤다면, 인사했을 것이다.

(   ) I had (   ) you, I (   ) have said hello.

② 만약 그가 좀 더 훈련했다면, 그는 시합에서 이겼을지도 모른다.

If he (   ) trained more, he (   ) have won the game.

③ 내가 표를 미리 샀더라면 좋았을 것이다.

I (   ) I (   ) bought the tickets in advance.

8. 다음 문장을 완성해 보세요.

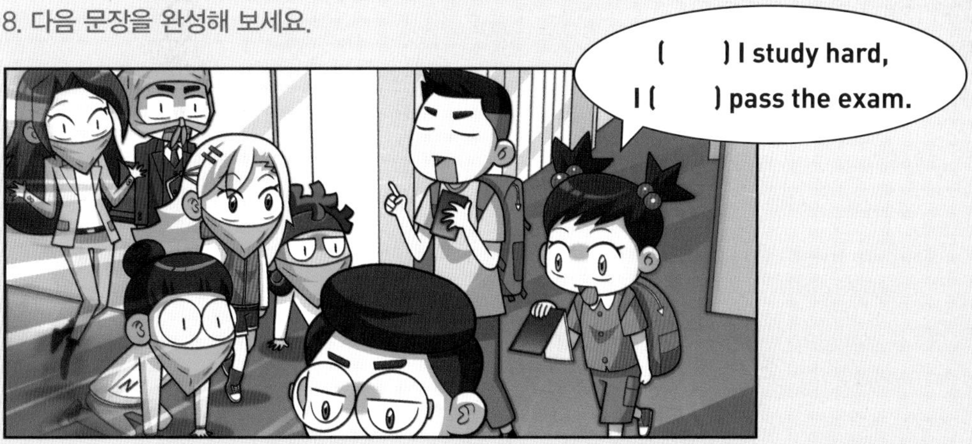
( ) I study hard,
I ( ) pass the exam.

* 정답은 146~147쪽에 있습니다.

수업 끝!

정답 • Answer

P 127

• 입술	lip	• 분홍색	pink
• 얼굴	face	• 빨간색	red
• 피, 혈액	blood	• 파란색	blue
• 갈증	thirst	• 출입구	gate
• 성인, 어른	adult	• 건너다	cross

P 134~135

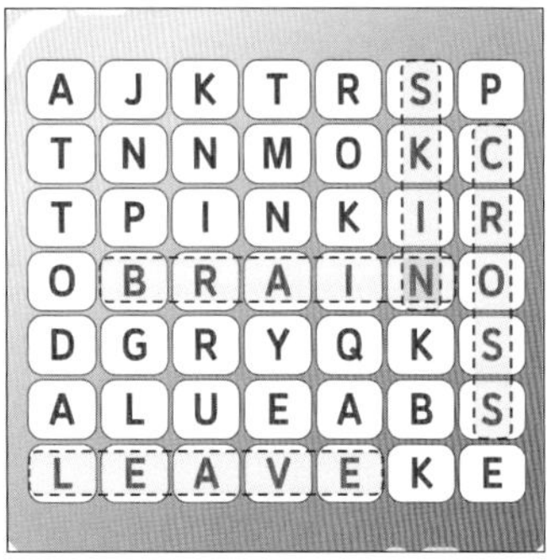
A J K T R S P
T N N M O K C
T P I N K I R
O B R A I N O
D G R Y Q K S
A L U E A B S
L E A V E K E

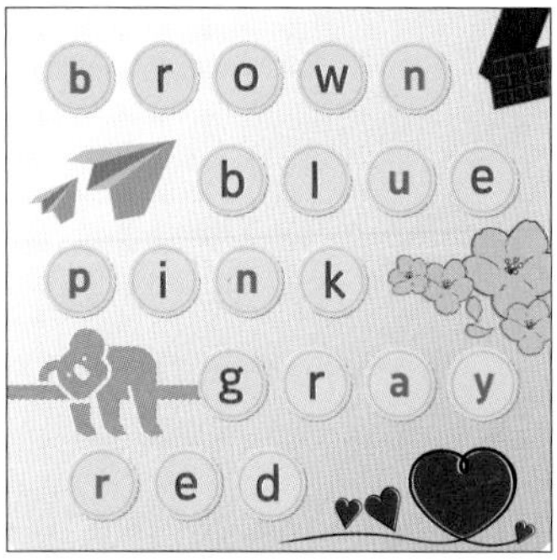
b r o w n
b l u e
p i n k
g r a y
r e d

P 138

❶ If I study hard, I will pass the exam

❷ If you don't wear a coat, you will catch a cold

❸ If we lived close, we would meet more often

❹ If you didn't eat out, you would save a lot of money

❺ If you had listened well, you would have understood

❻ If we had left on time, we could have caught the train

❼ If he had trained more, he might have won the game

❽ I wish you had invited me to the party

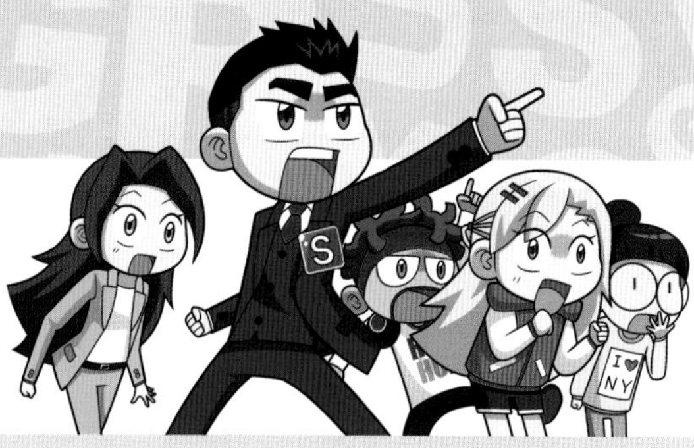

P 139

❶ If I miss the bus, I will be late for school

❷ If it hadn't rained, I would have gone on a picnic

❸ If you had slept early, you wouldn't have been late

❹ I wish I were fluent in English

❺ I wish I were a morning person

❻ I wish I had a big teddy bear

❼ I wish it hadn't rained during the picnic

❽ I wish I hadn't arrived late

P 144

1.

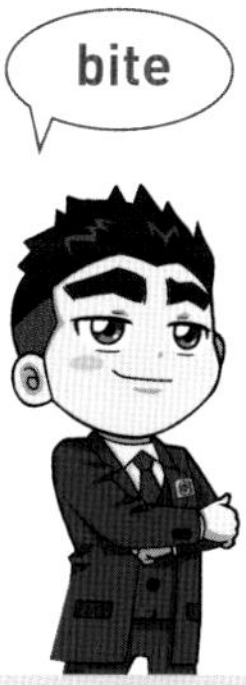
bite

2.

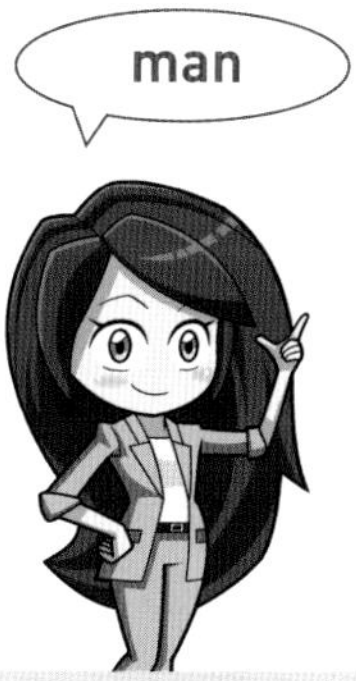
man

3.

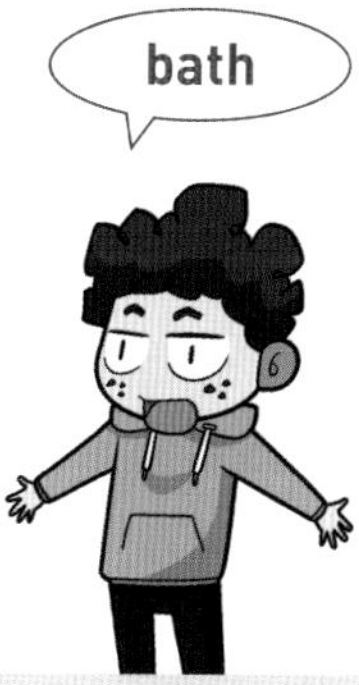
bath

4. ③

P 145

5. ④

6. ④

7. ① (If) (seen) (would)
② (had) (might)
③ (wish) (had)

8. (If)
(will)

지령서

WARNING

규칙 유니버스에서의 작전 실패로 피해가 크다.
노잉글리시단은 더 이상 미스터 보스를
따르지 않는다. 지금부터 노잉글리시단은
이 타이거 님이 직접 나서서 지휘할 것이다.
악당이란 무엇인지 본때를 보여 주마!

목적지: 물색 중
위치: 미정
특징: 영어를 사라지게 만들 수 있는 어느 곳이든지

새 보스의 특별 지시

트릭커와 스마일,
적을 알고 나를 알아야 승리하는 법이니
너희는 영어를 공부해라.
예스잉글리시단만큼 열심히 해야 해!
영어를 싫어하는 아이가 있는 한
우리 노잉글리시단은 언젠가 돌아온다.

추신: 반드시, 꼭, 기필코!

노잉글리시단
타이거

일타강사 시원 쌤.jpg
당연하지! 아이들이 줄을 서다니 꿈만 같구나.
누구나 영어를 쉽게 배울 수 있대.
쌤, 그렇게 좋아요?
여기가 그렇게 잘 가르친다며?
웅성
큭큭큭
영어 공부 하는 사람이 왜 이렇게 많냐옹?
에이전트로 거듭 난 친구들.jpg
트릭커는 다시 돌아온다!
와썹~ 경례!
앞으로도 영어를 잘 지켜보자!
구독자 여러분~ 저 정말 멋지지 않나요?

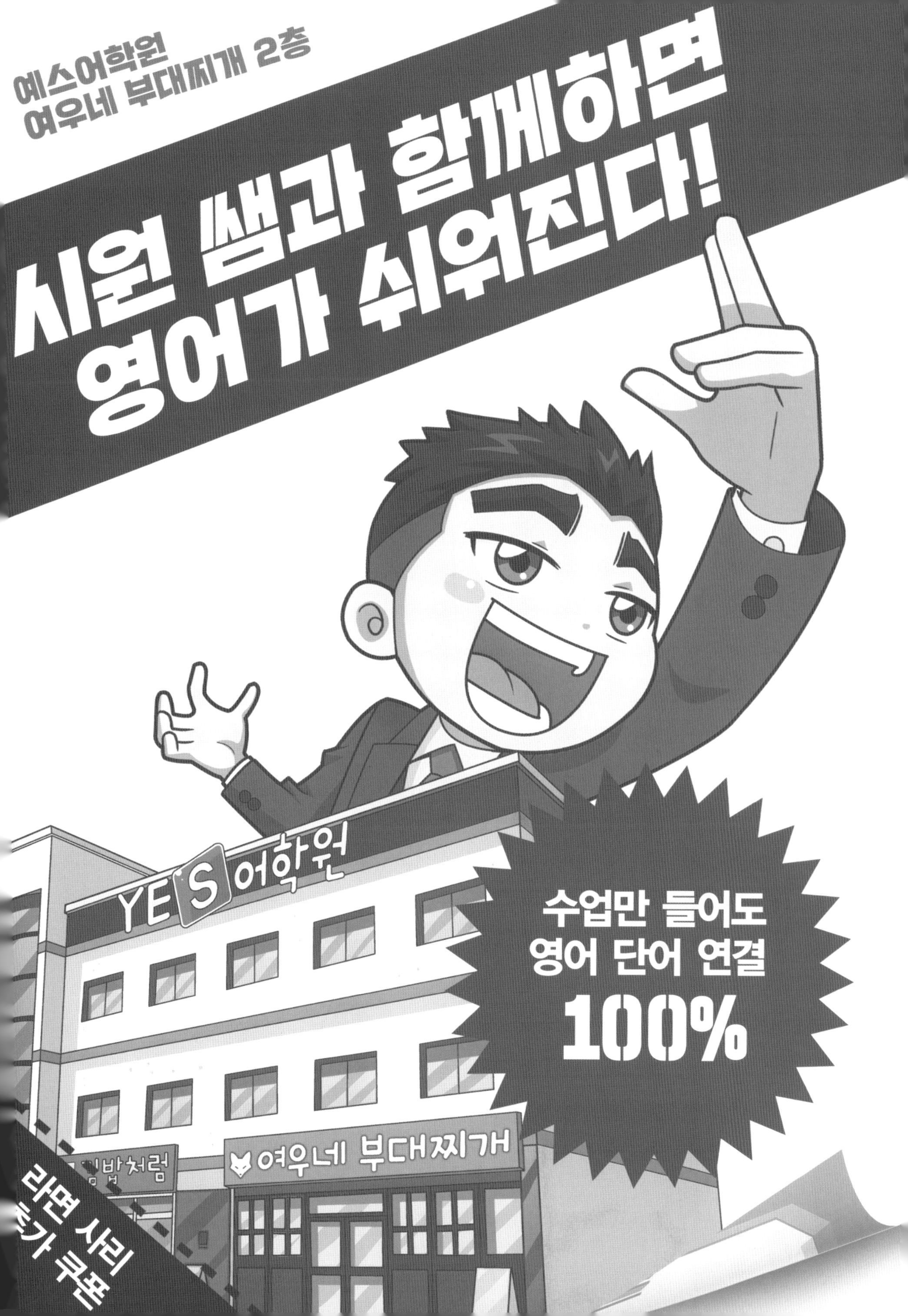
예스어학원
여우네 부대찌개 2층
시원 쌤과 함께하면
영어가 쉬워진다!
YES어학원
여우네 부대찌개
수업만 들어도
영어 단어 연결
100%
라면 사리
추가 쿠폰

예스잉글리시 신입 단원 모집

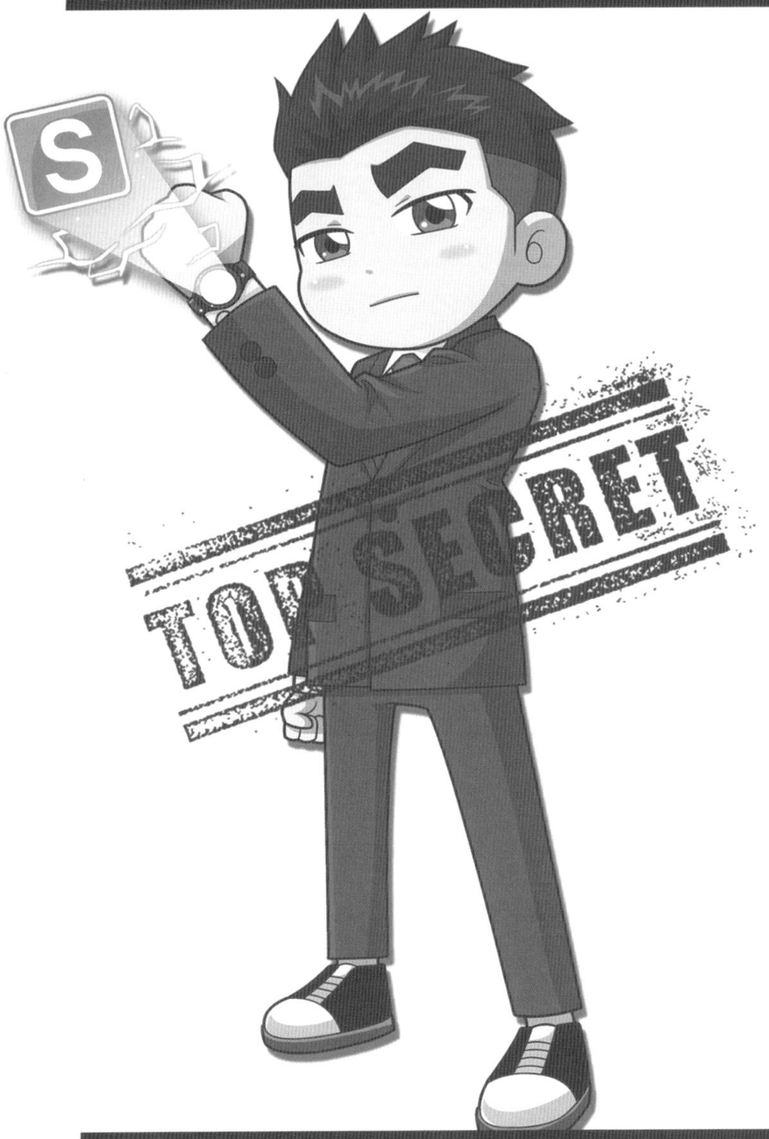
TOP SECRET

코드 네임 : 에스원 요원과
영어 유니버스를 구하라!